# Dr. Oetker Backbuch

Dr. Oetker

# Backbuch

Weltbild

# VORWORT

Wenn die lieben Freunde zum gemütlichen Kaffeeklatsch, die Verwandten zur Tortenschlacht und die große Liebe zum kleinen Tête-à-Tête geladen sind, dann muss man schon ordentlich auftischen. Egal, ob Blech- oder Napfkuchen, ob Torte, Plätzchen oder Konfekt, das Beste aus der eigenen Backstube ist gerade gut genug. Lassen Sie sich vom Ehrgeiz packen und von unseren erprobten Rezepten animieren – oder besser noch faszinieren.
Wenn Sie dann noch bereit sind, Präzision mit Fantasie zu mischen, Geduld und Geschick einzubringen und den vielen professionellen Tipps und Tricks, die wir Ihnen gern verraten, zu folgen, dann werden Sie schon bald ein Meister der Backkunst sein. Ein Kenner unter Könnern. Und umgekehrt!

# KLASSIKER

Was den Literaten ihr Goethe, ist den Leckermäulern Omas Guglhupf. Was den Musikern ihr Mozart, ist den Naschkatzen Mutters Schwarzwälder Kirschtorte. Gott sei Dank, es gibt sie, die echten, die heißgeliebten Klassiker aus der Backstube. Was wäre der Sonntag auch ohne den unvergleichlichen Käsekuchen mit Streuseln – von denen er nie genug haben und wir nie genug kriegen können –, ohne feine Obsttörtchen, diese beerenstarken Gesellen beim Kaffeekränzchen im Freien, ohne Wiener Apfelstrudel und Philadelphia-Torte, ohne Löffelbiskuits und Schweineöhrchen?

# KUCHEN

Die Mischung macht's. Man nehme ein Drittel mit Kakao dunkel gefärbte Rührmasse und ziehe diese unter die verbleibenden zwei Drittel hellen Teiges. Und schon ist das Meisterwerk so gut wie fertig: der klassische Marmorkuchen. Ein Rezept, das wie kein anderes so einfach und seit Jahrzehnten so erfolgreich ist. Dabei mussten unsere Großmütter noch ordentlich dafür schuften, sprich, stundenlang den Teig in ein und derselben Richtung rühren. Heutzutage sind wir vom Genuss nur eine Stunde entfernt. Gelobt sei die moderne Küchentechnik.

## Marmorkuchen

| | |
|---|---|
| **Für den Teig** | |
| 300 g weiche Butter oder Margarine | mit Handrührgerät mit Rührbesen auf höchster Stufe geschmeidig rühren, nach und nach |
| 275 g Zucker<br>1 Päckchen Vanillin-Zucker<br>1 Fläschchen Rum-Aroma<br>1 Prise Salz | uterrühren, so lange rühren, bis eine gebundene Masse entstanden ist |
| 5 Eier | nach und nach unterrühren (jedes Ei etwa 1/2 Minute) |
| 375 g Weizenmehl<br>4 gestrichenen TL Backpulver | mit<br>mischen, sieben, abwechselnd esslöffelweise mit |
| etwa 3 EL Milch | auf mittlerer Stufe unterrühren (nur so viel Milch verwenden, dass der Teig schwer reißend von einem Löffel fällt) 2/3 des Teiges in eine gefettete Rohrbodenform (Durchmesser etwa 24 cm) füllen |
| 20 g Kakao<br>20 g Zucker<br>2–3 EL Milch | sieben, mit<br>unter den Rest des Teiges rühren, sodass er wieder schwer reißend vom Löffel fällt, den dunklen Teig auf dem hellen Teig verteilen, mit einer Gabel spiralförmig durch die Teigschichten ziehen, damit ein Marmormuster entsteht. |
| Ober-/Unterhitze | 170–200 °C (vorgeheizt) |
| Heißluft | 160–170 °C (nicht vorgeheizt) |
| Gas | Stufe 2–3 (nicht vorgeheizt) |
| Backzeit | 50–65 Minuten |
| Puderzucker | Den erkalteten Kuchen mit bestäuben. |

# Käsekuchen mit Streusel

(Foto Seite 8/9)

**Für den Teig**

| | |
|---|---|
| 150 g Weizenmehl | mit |
| ½ gestrichenen TL Backpulver | mischen, in eine Rührschüssel sieben |
| 75 g Zucker<br>1 Päckchen Vanillin-Zucker<br>1 Prise Salz<br>1 Ei<br>75 g weiche Butter | hinzufügen, die Zutaten mit Handrührgerät mit Knethaken zunächst kurz auf niedrigster, dann auf höchster Stufe gut durcharbeiten, anschließend auf der Arbeitsfläche zu einem glatten Teig verkneten, sollte er kleben, ihn eine Zeit lang kalt stellen, gut ⅔ des Teiges auf dem gefetteten Boden einer Springform (Durchmesser etwa 28 cm) ausrollen, unter den Rest des Teiges |
| 1 gestrichenen EL Weizenmehl | kneten, zu einer Rolle formen, sie als Rand auf den Teigboden legen, so an die Form drücken, dass ein etwa 3 cm hoher Rand entsteht, den Teigboden mehrmals mit einer Gabel einstechen. |
| Ober-/Unterhitze | 200–220 °C (vorgeheizt) |
| Heißluft | 180–200 °C (nicht vorgeheizt) |
| Gas | Stufe 3–4 (vorgeheizt) |
| Backzeit | etwa 10 Minuten |

**Für die Füllung**

| | |
|---|---|
| 750 g Speisequark | mit |
| 150 g Zucker<br>3 EL Zitronensaft<br>50 g Speisestärke<br>3 Eigelb | gut verrühren |
| 3 Eiweiß | steif schlagen |
| 200 ml Schlagsahne | steif schlagen, beide Zutaten unter die Quarkmasse heben, gleichmäßig auf den vorgebackenen Boden streichen. |

**Für die Streusel**

| | |
|---|---|
| 100 g Weizenmehl | in eine Rührschüssel sieben |
| 75 g Zucker<br>1 Päckchen Vanillin-Zucker<br>75 g weiche Butter | hinzufügen, mit dem Handrührgerät mit Knethaken zu Streuseln von gewünschter Größe verarbeiten, gleichmäßig auf der Füllung verteilen. |
| Ober-/Unterhitze | etwa 170 °C (vorgeheizt) |
| Heißluft | etwa 150 °C (nicht vorgeheizt) |
| Gas | Stufe 2–3 (nicht vorgeheizt) |
| Backzeit | 70–80 Minuten |

Den Kuchen nach der Backzeit (Backofen ausschalten) noch 15 Minuten bei geöffneter Backofentür im Backofen stehen lassen.

# Frankfurter Kranz

| | |
|---|---|
| **Für den Teig** | |
| 125 g weiche Margarine oder Butter | mit Handrührgerät mit Rührbesen auf höchster Stufe geschmeidig rühren, nach und nach |
| 175 g Zucker<br>1 Päckchen Vanillin-Zucker<br>4 Tropfen Backöl Zitrone<br>oder<br>½ Fläschchen Rum-Aroma | unterrühren, so lange rühren, bis eine gebundene Masse entstanden ist |
| 4 Eier | nach und nach unterrühren (jedes Ei etwa ½ Minute) |
| 200 g Weizenmehl | mit |
| 50 g Speisestärke<br>2 ½ gestrichenen TL Backpulver | mischen, sieben, esslöffelweise auf mittlerer Stufe unterrühren, den Teig in eine gefettete Kranzform (Durchmesser 24 cm) füllen. |
| Ober-/Unterhitze | 170–200 °C (vorgeheizt) |
| Heißluft | 160–170 °C (nicht vorgeheizt) |
| Gas | Stufe 2–3 (vorgeheizt) |
| Backzeit | 35–45 Minuten |
| **Für die Buttercreme** | aus |
| 1 Päckchen Pudding-Pulver Vanille-Geschmack<br>75–100 g Zucker<br>500 ml (½ l) kalter Milch | nach der Anleitung auf dem Päckchen einen Pudding zubereiten, kalt stellen, ab und zu durchrühren |
| 250 g Butter | geschmeidig rühren, den Pudding esslöffelweise daruntergeben (darauf achten, dass weder Fett noch Pudding zu kalt sind, da dann die sogenannte Gerinnung eintritt). |
| **Für den Krokant** | |
| 1 TL Butter | in einer Pfanne zerlassen, mit |
| 75 g Zucker<br>150 g abgezogenen, gehackten Mandeln | unter Rühren so lange erhitzen, bis der Krokant genügend gebräunt ist, ihn auf ein Stück Alufolie geben, erkalten lassen, zerbröckeln, den Kranz zwei Mal durchschneiden, die untere Gebäcklage evtl. mit |
| roter Konfitüre z. B. Kirschkonfitüre | bestreichen, die 3 Gebäcklagen mit Buttercreme zu einem Kranz zusammensetzen, ihn mit Creme bestreichen (etwas zurücklassen), mit Krokant bestreuen, mit zurückgelassener Creme verzieren, mit |
| Kirschen oder roter Konfitüre | garnieren (das Gebäck am besten einen Tag vor dem Verzehr füllen). |

# Guglhupf

| | |
|---|---|
| 1 Päckchen Trocken-Backhefe | mit |
| 1 TL Zucker<br>200 ml lauwarmer Schlagsahne | in einem Schüsselchen sehr sorgfältig anrühren, etwa 15 Minuten bei Zimmertemperatur stehen lassen |
| 500 g Weizenmehl | in eine Rührschüssel sieben, in die Mitte eine Vertiefung eindrücken |
| 125 g Zucker<br>1 Päckchen Vanillin-Zucker<br>6 Tropfen Backöl Zitrone<br>1 Prise Salz<br>75 g abgezogene, gemahlene Mandeln<br>3 Eier<br>200 g zerlassene, abgekühlte Margarine oder Butter | an den Rand des Mehls geben, die angesetzte Hefe in die Vertiefung geben, die Zutaten mit Handrührgerät mit Knethaken zunächst auf niedrigster, dann auf höchster Stufe in etwa 5 Minuten zu einem Teig verarbeiten, den Teig abgedeckt an einem warmen Ort so lange stehen lassen, bis er sich sichtbar vergrößert hat, ihn dann auf höchster Stufe nochmals gut durchkneten |
| 150 g Rosinen | verlesen, kurz auf mittlerer Stufe unterkneten, den Teig in eine gefettete mit |
| Semmelbröseln | ausgestreute Napfkuchenform (Durchmesser 24 cm) füllen, nochmals so lange an einem warmen Ort gehen lassen, bis er sich sichtbar vergrößert hat. |
| Ober-/Unterhitze | 170–200 °C (vorgeheizt) |
| Heißluft | 160–170 °C (nicht vorgeheizt) |
| Gas | Stufe 2–3 (nicht vorgeheizt) |
| Backzeit | etwa 50 Minuten |

# Elsässer Guglhupf

(Foto)

| | |
|---|---|
| 1 Päckchen Trocken-Backhefe | mit |
| 1 TL Zucker<br>200 ml lauwarmer Milch | in einem Schüsselchen sorgfältig anrühren, etwa 15 Minuten bei Zimmertemperatur stehen lassen, |
| 500 g Weizenmehl | in eine Rührschüssel sieben, in die Mitte eine Vertiefung eindrücken |
| 100 g Zucker<br>1 gestrichenen TL Salz<br>50 g abgezogene, gemahlene Mandeln<br>2 Eier<br>200 g zerlassene, abgekühlte Butter oder Margarine | an den Rand des Mehls geben, die angesetzte Hefe in die Vertiefung geben, die Zutaten mit Handrührgerät mit Knethaken zunächst auf niedrigster, dann auf höchster Stufe in etwa 5 Minuten zu einem Teig verarbeiten, den Teig abgedeckt so lange an einem warmen Ort stehen lassen, bis er sich sichtbar vergrößert hat, ihn dann auf höchster Stufe nochmals gut durchkneten |
| 50 g Rosinen | verlesen, kurz auf mittlerer Stufe unterkneten, den Teig in eine gebutterte, mit |
| abgezogenen, gehobelten Mandeln | ausgestreute Guglhupfform (Durchmesser 24 cm) füllen, nochmals so lange an einem warmen Ort gehen lassen, bis er sich sichtbar vergrößert hat. |
| Ober-/Unterhitze | 170–200 °C (vorgeheizt) |
| Heißluft | 160–170 °C (nicht vorgeheizt) |
| Gas | Stufe 2–3 (nicht vorgeheizt) |
| Backzeit | etwa 45 Minuten |

# Bismarck-Eiche

| | |
|---|---|
| **Für den Teig** | |
| **4 Eier** | |
| **3–4 EL heißes Wasser** | mit Handrührgerät mit Rührbesen auf höchster Stufe in 1 Minute schaumig schlagen |
| **125 g Zucker** | mit |
| **1 Päckchen Vanillin-Zucker** | mischen, in 1 Minute einstreuen, dann noch etwa 2 Minuten schlagen |
| **75 g Weizenmehl** | mit |
| **50 g Speisestärke** | |
| **1 Messerspitze Backpulver** | mischen, die Hälfte davon auf die Eiercreme sieben, kurz auf niedrigster Stufe unterrühren, den Rest des Mehl-Gemisches auf dieselbe Weise unterarbeiten, den Teig etwa 1 cm dick auf ein gefettetes, mit Backpapier belegtes Backblech streichen, an der offenen Seite des Blechs das Papier unmittelbar vor dem Teig zur Falte knicken, sodass ein Rand entsteht. |
| **Ober-/Unterhitze** | 200–220 °C (vorgeheizt) |
| **Heißluft** | 180–200 °C (nicht vorgeheizt) |
| **Gas** | Stufe 3–4 (vorgeheizt) |
| **Backzeit** | 10–15 Minuten |
| | Den Biskuit nach dem Backen sofort auf ein mit |
| **Zucker** | bestreutes Geschirrtuch stürzen, das Backpapier mit kaltem Wasser bestreichen, vorsichtig, aber schnell abziehen, den Biskuit mit dem Geschirrtuch aufrollen, kalt stellen. |
| **Für die Buttercreme** | |
| | aus |
| **1 Päckchen Puddingpulver Feiner Schokoladenpudding** | |
| **75–100 g Zucker** | |
| **500 ml (½ l) Milch** | nach Anleitung auf dem Päckchen einen Pudding zubereiten, kalt stellen, ab und zu durchrühren |
| **200 g Butter** | geschmeidig rühren, den Pudding esslöffelweise daruntergeben (darauf achten, dass weder Butter noch Pudding zu kalt sind, da dann die sogenannte Gerinnung eintritt), die ausgekühlte Rolle vorsichtig auseinanderrollen, mit der Buttercreme (etwas zum Garnieren zurücklassen) gleichmäßig bestreichen, aufrollen, die äußere braune Haut entfernen, die Rolle mit der restlichen Creme bestreichen, die Rolle durch wellenförmige Längsstriche mithilfe einer Gabel verzieren. |

# Biskuitrolle

(Foto)

| | |
|---|---|
| **Für den Teig** | |
| **3 Eier** | |
| **5–6 EL heißes Wasser*** | mit Handrührgerät mit Rührbesen auf höchster Stufe in 1 Minute schaumig schlagen |
| **150 g Zucker** | mit |
| **1 Päckchen Vanillin-Zucker** | mischen, in 1 Minute einstreuen, dann noch etwa 2 Minuten schlagen |
| **100 g Weizenmehl** | mit |
| **50 g Speisestärke** | |
| **1 gestrichenen TL Backpulver** | mischen, die Hälfte davon auf die Eiercreme sieben, kurz auf niedrigster Stufe unterrühren, den Rest des Mehl-Gemisches auf dieselbe Weise unterarbeiten, den Teig etwa 1 cm dick auf ein mit Backpapier belegtes Backblech streichen, an der offenen Seite des Blechs das Papier unmittelbar vor dem Teig zur Falte knicken, sodass ein Rand entsteht. |
| **Ober-/Unterhitze** | 200–220 °C (vorgeheizt) |
| **Heißluft** | 180–200 °C (nicht vorgeheizt) |
| **Gas** | Stufe 3–4 (vorgeheizt) |
| **Backzeit** | 10–15 Minuten |
| | Den Biskuit sofort nach dem Backen auf ein mit |
| **Zucker** | bestreutes Geschirrtuch stürzen, das Backpapier mit kaltem Wasser bestreichen, vorsichtig, aber schnell abziehen, den Biskuit sofort gleichmäßig mit |
| **250–375 g Konfitüre** | bestreichen, von der kürzeren Seite her aufrollen, die Rolle mit |
| **Puderzucker** | bestäuben. |

* Bei kleinen Eiern die größere Wassermenge, bei großen Eiern die kleinere nehmen.

# Rehrücken

| | |
|---|---|
| **Für den Teig** | |
| 100 g weiche Margarine oder Butter | mit Handrührgerät mit Rührbesen auf höchster Stufe geschmeidig rühren, nach und nach |
| 150 g Zucker<br>1 Päckchen Vanillin-Zucker<br>1 Prise Salz | unterrühren, so lange rühren, bis eine gebundene Masse entstanden ist |
| 3–4 Eier | nach und nach unterrühren (jedes Ei etwa ½ Minute) |
| 100 g Schokolade | reiben ❶ |
| 75 g abgezogene, gemahlene Mandeln | beide Zutaten unterrühren |
| 50 g Weizenmehl<br>1 Päckchen Schokoladen-Puddingpulver<br>2 gestrichenen TL Backpulver | mit<br>mischen, sieben ❷ |
| | abwechselnd esslöffelweise mit |
| 2 EL Milch | auf mittlerer Stufe unterrühren (nur so viel Milch verwenden, dass der Teig schwer reißend vom Löffel fällt), den Teig in eine gefettete Rehrückenform (30 cm) füllen. |
| Ober-/Unterhitze | 170–200 °C (vorgeheizt) |
| Heißluft | 150–180 °C (nicht vorgeheizt) |
| Gas | Stufe 2–3 (vorgeheizt) |
| Backzeit | 50–60 Minuten |

| | |
|---|---|
| **Für den Guss** | |
| 100 g Zartbitter-Schokolade<br>etwas Kokosfett | in kleine Stücke brechen, mit<br>in einem kleinen Topf im Wasserbad bei schwacher Hitze zu einer geschmeidigen Masse verrühren, den erkalteten Kuchen damit überziehen ❸, mit |
| 40 g abgezogenen, gesplitterten Mandeln | ❹ spicken. |
| **Tipp** | Mit gehackten Pistazien bestreuen. |

❶

❷

❸

❹

# Rodonkuchen

| | |
|---|---|
| **Für den Teig** | |
| 250 g weiche Margarine oder Butter | mit Handrührgerät mit Rührbesen auf höchster Stufe geschmeidig rühren, nach und nach |
| 200 g Zucker<br>1 Päckchen Vanillin-Zucker<br>1 Prise Salz | unterrühren, so lange rühren, bis eine gebundene Masse entstanden ist |
| 5 Eier | nach und nach unterrühren (jedes Ei etwa ½ Minute) |
| 500 g Weizenmehl | mit |
| 4 gestrichenen TL Backpulver | mischen, sieben, abwechselnd esslöffelweise mit |
| gut 3 EL Milch | auf mittlerer Stufe unterrühren (nur so viel Milch verwenden, dass der Teig schwer reißend von einem Löffel fällt) |
| 150 g Korinthen<br>150 g Rosinen | verlesen, vorsichtig auf mittlerer Stufe unter den Teig rühren, ihn in eine gefettete Napfkuchenform (Durchmesser etwa 24 cm) füllen. |
| Ober-/Unterhitze | 170–200 °C (vorgeheizt) |
| Heißluft | 150–170 °C (nicht vorgeheizt) |
| Gas | Stufe 2–3 (nicht vorgeheizt) |
| Backzeit | 50–60 Minuten |
| Puderzucker | Den erkalteten Kuchen mit bestäuben. |

## Quarkstollen

| | |
|---|---|
| 500 g Rosinen | verlesen, mit |
| 100 ml Rum | beträufeln, mehrere Stunden (am besten über Nacht) stehen lassen |
| 500 g Weizenmehl | mit |
| 1 Päckchen Backpulver | mischen, in eine Rührschüssel sieben |
| 150 g Zucker<br>1 Päckchen Vanillin-Zucker<br>1 Prise Salz<br>4 Tropfen Backöl Bittermandel<br>je 1 Messerspitze gemahlene Nelken, gemahlenen Kardamom, gemahlenen Ingwer, gemahlene Muskatnuss, gemahlenen Zimt<br>etwas abgeriebene Orangenschale (unbehandelt)<br>2 Eier<br>175 g weiche Butter<br>250 g Speisequark | hinzufügen, die Zutaten mit Handrührgerät mit Knethaken zunächst kurz auf niedrigster, dann auf höchster Stufe durcharbeiten, anschließend auf der Arbeitsfläche nochmals gut durchkneten |
| 250 g abgezogene, gemahlene Mandeln<br>150 g gewürfeltes Zitronat (Sukkade)<br>100 g gewürfeltes Orangeat | und die Rosinen unterkneten, alles zu einem glatten Teig verkneten, den Teig zu einem Stollen formen, auf ein mit Backpapier belegtes Backblech legen. |
| Ober-/Unterhitze | 160–180 °C (vorgeheizt) |
| Heißluft | 140–160 °C (nicht vorgeheizt) |
| Gas | Stufe 2–3 (vorgeheizt) |
| Backzeit | 50–60 Minuten |
| | Den Stollen sofort nach dem Backen mit |
| 100 g zerlassener Butter | bestreichen, mit |
| 50 g Puderzucker | bestäuben. |

## Rosenkuchen

(Foto)

| | |
|---|---|
| **Für die Füllung** | |
| 125 g Speisequark (Magerstufe) | mit |
| etwas abgeriebener Zitronenschale (unbehandelt)<br>50 g Zucker<br>4–5 Tropfen Backöl Bittermandel<br>1 Ei | verrühren. |
| **Für den Teig** | |
| 125 g Speisequark (Magerstufe) | mit |
| 6 EL Milch<br>6 EL Speiseöl<br>3 EL Zucker | verrühren |
| Mark von 1 Vanilleschote<br>1 Prise Salz | hinzufügen |
| 300 g Weizenmehl | mit |
| 4 gestrichenen TL Backpulver | mischen, über die Quarkmasse sieben, alles zu einem geschmeidigen Teig verarbeiten, den Teig zu einem Rechteck von 30 x 50 cm ausrollen, die Füllung auf den Teig streichen |
| 80 g abgezogene, gehobelte Mandeln<br>75 g verlesene Rosinen oder Korinthen | gleichmäßig darüberstreuen, den Teig aufrollen, die Rolle in 13–14 Scheiben schneiden, diese in eine gefettete Springform (Durchmesser 24 cm) legen |
| 1 Eigelb | mit |
| 1 EL Wasser | verschlagen, den Teig damit bestreichen, mit |
| 10 g abgezogenen, gehobelten Mandeln | bestreuen. |
| Ober-/Unterhitze | etwa 170 °C (vorgeheizt) |
| Heißluft | etwa 150 °C (vorgeheizt) |
| Gas | etwa Stufe 3 (vorgeheizt) |
| Backzeit | etwa 35 Minuten |

# Hefezopf

| | |
|---|---|
| 500 g Weizenmehl | in eine Rührschüssel sieben, mit |
| 1 Päckchen Trocken-Backhefe | sorgfältig vermischen |
| 50 g Zucker<br>1 Päckchen Vanillin-Zucker<br>1 Prise Salz<br>2 Eier<br>1 Eiweiß<br>250 ml (1/4 l) lauwarme Schlagsahne | hinzufügen, die Zutaten mit Handrührgerät mit Knethaken zunächst auf niedrigster, dann auf höchster Stufe in etwa 5 Minuten zu einem Teig verarbeiten, sollte er kleben, noch etwas Mehl hinzufügen (aber nicht zu viel, Teig muss weich bleiben), den Teig so lange an einem warmen Ort stehen lassen, bis er sich sichtbar vergrößert hat, ihn dann auf der Arbeitsfläche nochmals gut durchkneten, aus 2/3 des Teiges 3 etwa 40 cm lange Rollen formen ❶, einen Zopf flechten ❷, auf ein gefettetes Backblech legen, mit einem Rollholz der Länge nach eine Vertiefung eindrücken ❸ |
| 1 Eigelb | mit |
| 1 EL Milch | verschlagen, die Vertiefung damit bestreichen, von dem Rest des Teiges 3 etwa 35 cm lange Rollen formen, daraus einen Zopf flechten, auf den größeren legen ❹, ebenfalls mit Eigelbmilch bestreichen, den Zopf nochmals so lange an einem warmen Ort gehen lassen, bis er sich sichtbar vergrößert hat. |
| Ober-/Unterhitze | 170–200 °C (vorgeheizt) |
| Heißluft | 150–170 °C (nicht vorgeheizt) |
| Gas | Stufe 3–4 (vorgeheizt) |
| Backzeit | etwa 35 Minuten |

❶

❷

❸

❹

# Schichtkuchen

(Grillkuchen)

**Für den Teig**
**250 g weiche Margarine oder Butter** mit Handrührgerät mit Rührbesen auf höchster Stufe geschmeidig rühren, nach und nach
**250 g Zucker**
**1 Päckchen Vanillin-Zucker**
**2 Eier**
**4 Eigelb**
**4 EL Rum** hinzugeben
**150 g Weizenmehl**
**100 g Speisestärke**
**3 gestrichene TL Backpulver** mischen, sieben, esslöffelweise auf mittlerer Stufe unterrühren
**4 Eiweiß** steif schlagen, zuletzt unter den Teig heben, den gefetteten Boden einer Kastenform (35 x 11 cm) mit Backpapier auslegen, 1 gut gehäuften Esslöffel Teig gleichmäßig mit einem Pinsel daraufstreichen, die Form auf dem Rost in den Backofen schieben (Abstand zwischen Grill und Teigschicht etwa 20 cm), die Teigschicht unter dem vorgeheizten Grill hellbraun backen.

**Grillzeit**
**Ober-/Unterhitze** etwa 2 Minuten
**Gas** etwa 2 Minuten

Als zweite Schicht wieder 1–2 Esslöffel Teig auf die gebackene Schicht streichen, die Form wieder unter den Grill schieben, auf diese Weise den ganzen Teig verarbeiten (die Einschubhöhe nach Möglichkeit so verändern, dass der Abstand von etwa 20 cm zwischen Grill und Teigschicht bestehen bleibt), den fertigen Kuchen mit einem Messer vorsichtig vom Rand der Form lösen, auf ein Backblech stürzen, das Papier abziehen, sofort noch etwa 5 Minuten in den heißen Backofen schieben.

**Für den Guss**
**150 g Kuvertüre (Halbbitter oder Vollmilch)** in einem kleinen Topf im Wasserbad bei schwacher Hitze zu einer geschmeidigen Masse verrühren, abkühlen lassen, nochmals erwärmen, den erkalteten Kuchen damit überziehen.

**Tipp** Für Kleingebäck den Kuchen in vier Stangen schneiden. Jede Stange mit Guss überziehen.

## Königskuchen

| | |
|---|---|
| **Für den Teig** | |
| 300 g weiche Margarine oder Butter | mit Handrührgerät mit Rührbesen auf höchster Stufe geschmeidig rühren, nach und nach |
| 250 g Zucker<br>1 Beutel Vanille-Aroma<br>½ Fläschchen Backöl Zitrone oder<br>1 Fläschchen Rum-Aroma<br>1 Prise Salz | unterrühren, so lange rühren, bis eine gebundene Masse entstanden ist |
| 5 Eier | nach und nach unterrühren (jedes Ei etwa ½ Minute) |
| 500 g Weizenmehl | mit |
| 4 gestrichenen TL Backpulver | mischen, sieben, abwechselnd esslöffelweise mit |
| 2–3 EL Milch | auf mittlerer Stufe unterrühren (nur so viel Milch verwenden, dass der Teig schwer reißend von einem Löffel fällt) |
| 250 g Rosinen | verlesen, mit |
| 50 g feingewürfeltem Zitronat (Sukkade)<br>50 g Belegkirschen (in kleine Stücke geschnitten) | vorsichtig auf mittlerer Stufe unter den Teig rühren, ihn in eine gefettete, mit Backpapier ausgelegte Kastenform (35 x 11 cm) füllen. |
| Ober-/Unterhitze | 160–180 °C (vorgeheizt) |
| Heißluft | 140–150 °C (nicht vorgeheizt) |
| Gas | Stufe 2–3 (nicht vorgeheizt) |
| Backzeit | 80–100 Minuten |

## Obstkuchen auf Französische Art

(Foto)

| | |
|---|---|
| **Für den Teig** | |
| 200 g Weizenmehl | in eine Rührschüssel sieben |
| 1 Päckchen Vanillin-Zucker<br>1 Prise Salz<br>1 Ei<br>100 g weiche Butter | hinzufügen, die Zutaten mit Handrührgerät mit Knethaken zunächst kurz auf niedrigster, dann auf höchster Stufe gut durcharbeiten, anschließend auf der Arbeitsfläche zu einem glatten Teig verkneten, ihn eine Zeit lang kalt stellen, den Teig auf einem bemehlten Küchentuch ausrollen, eine gefettete Tarte-Form (Durchmesser 26 cm) damit auslegen. |
| **Für den Belag** | |
| 250 g Aprikosen<br>3 mittelgroße Äpfel<br>2 Birnen | schälen, vierteln, entkernen, in Spalten schneiden, den Teig mit dem Obst belegen. |
| **Für den Guss** | |
| 2 Eigelb<br>250 ml (¼ l) Schlagsahne | verschlagen |
| 60 g Zucker<br>1 Päckchen Vanillin-Zucker<br>2 gestrichene EL Speisestärke | unterrühren, die Masse über das Obst verteilen. |
| Ober-/Unterhitze | 170–200 °C (vorgeheizt) |
| Heißluft | 160–170 °C (nicht vorgeheizt) |
| Gas | Stufe 3–4 (nicht vorgeheizt) |
| Backzeit | etwa 50 Minuten |
| **Zum Aprikotieren** | |
| 4–5 EL Aprikosen-Konfitüre (durch ein Sieb gestrichen) | mit |
| 1 EL Wasser | unter Rühren aufkochen lassen, den Kuchen sofort nach dem Backen damit bestreichen. |

# Wiener Apfelstrudel

**Für den Teig**

| | |
|---|---|
| 200 g Weizenmehl | in eine Rührschüssel sieben |
| 1 Prise Salz | hinzufügen, nach und nach |
| 75 ml (5 EL) lauwarmes Wasser<br>50 g zerlassene Butter oder Margarine oder<br>3 EL Speiseöl | hinzufügen, die Zutaten mit Handrührgerät mit Knethaken zunächst kurz auf niedrigster, dann auf höchster Stufe gut durcharbeiten, anschließend auf der Arbeitsfläche zu einem glatten Teig verkneten, sollte er kleben, ihn eine Zeit lang kalt stellen, den Teig auf Pergamentpapier in einen heißen, trockenen Kochtopf legen (vorher Wasser darin kochen), mit einem Deckel verschließen, etwa 30 Minuten ruhen lassen. |

**Für die Füllung**

| | |
|---|---|
| 1–1 ½ kg Äpfel | schälen, vierteln, entkernen, in feine Stifte schneiden |
| ½ Fläschchen Rum-Aroma<br>3 Tropfen Backöl Zitrone | untermischen |
| 50 g Rosinen | verlesen |
| 75 g Butter oder Margarine | zerlassen, den Teig auf einem bemehlten großen Tuch (Tischtuch) ausrollen, dünn mit etwas von dem Fett bestreichen, ihn dann mit den Händen zu einem Rechteck (50 x 70 cm) ausziehen (er muss durchsichtig sein), die Ränder, wenn sie dicker sind, abschneiden, 2/3 des Fettes auf den Teig streichen |
| 50 g Semmelbrösel | auf den Teig streuen (an den kürzeren Seiten etwa 3 cm frei lassen), nacheinander Äpfel, Rosinen |
| 100 g Zucker<br>1 Päckchen Vanillin-Zucker<br>50 g abgezogene, gehackte Mandeln | darauf verteilen, die frei gebliebenen Teigränder auf die Füllung schlagen, den Teig von der längeren Seite her, mit der Füllung beginnend, aufrollen, an den Enden gut zusammendrücken, auf ein gefettetes Backblech legen, mit Fett bestreichen. |

| | |
|---|---|
| Ober-/Unterhitze | 170–200 °C (vorgeheizt) |
| Heißluft | 160–170 °C (nicht vorgeheizt) |
| Gas | Stufe 3–4 (vorgeheizt) |
| Backzeit | 45–55 Minuten |

Während des Backens den Strudel mit der restlichen Butter bestreichen.

**Veränderung** Anstelle eines großen zwei kleine Strudel backen.

# Zitronen-Sahne-Rolle

| | |
|---|---|
| **Für den Teig** | |
| 4 Eier | |
| 3–4 EL heißes Wasser | mit Handrührgerät mit Rührbesen auf höchster Stufe in 1 Minute schaumig schlagen |
| 125 g Zucker | |
| 1 Päckchen Vanillin-Zucker | mischen, in 1 Minute einstreuen, dann noch etwa 2 Minuten schlagen mit |
| 75 g Weizenmehl | |
| 50 g Speisestärke | |
| 1 Messerspitze Backpulver | mischen, die Hälfte davon auf die Eiercreme sieben, kurz auf niedrigster Stufe unterrühren, den Rest des Mehl-Gemisches auf dieselbe Weise unterarbeiten, den Teig etwa 1 cm dick auf ein gefettetes, mit Backpapier belegtes Backblech streichen, an der offenen Seite des Blechs das Papier unmittelbar vor dem Teig zur Falte knicken, sodass ein Rand entsteht. |
| Ober-/Unterhitze | 200–225 °C (vorgeheizt) |
| Heißluft | 180–200 °C (nicht vorgeheizt) |
| Gas | Stufe 3–4 (vorgeheizt) |
| Backzeit | 10–15 Minuten |
| | Den Biskuit nach dem Backen sofort auf ein mit |
| Zucker | bestreutes Geschirrtuch stürzen, das Backpapier mit kaltem Wasser bestreichen, vorsichtig, aber schnell abziehen, den Biskuit mit dem Geschirrtuch aufrollen, kalt stellen. |
| **Für die Füllung** | |
| 2 gestrichene TL Gelatine gemahlen, weiß | mit |
| 2 EL kaltem Wasser | in einem kleinen Topf anrühren, 10 Minuten zum Quellen stehen lassen, mit den Ecken von |
| 3 Stück Würfelzucker | die |
| gelbe Schale von etwa ½ Zitrone (unbehandelt) | abreiben, die gequollene Gelatine mit dem Würfelzucker unter Rühren erwärmen, bis alles aufgelöst ist hinzufügen |
| 5 EL Zitronensaft | |
| 500 ml (½ l) Schlagsahne | fast steif schlagen, die Gelatinelösung unter Schlagen nach und nach hinzufügen, die Sahne vollkommen steif schlagen |
| 100 g Puderzucker | sieben, unterrühren, die ausgekühlte Rolle vorsichtig auseinanderrollen, mit der Zitronensahne bestreichen, aufrollen, dabei die äußere braune Haut entfernen, die Rolle mit |
| Puderzucker | bestäuben. |

# TORTEN

Adel verpflichtet. Wenn Sahne zarte Böden zur Torte krönt und Buttercreme die Herrschaft übernimmt, dann wird jede Kaffeetafel zum fürstlichen Schlemmerparadies. Die Prinzregententorte und ihr Gefolge bitten um Aufmerksamkeit…
Es gibt doch nichts Schöneres, als sich solch süßen Sünden unbeschwert hinzugeben, einmal ohne Blick auf Kalorientabelle und Taillenbund so richtig im schönsten Tortentraum zu schwelgen.
Da darf's auch gern ein bisschen mehr sein…

## Prinzregententorte

**Für den Teig**

| | |
|---|---|
| **250 g weiche Butter** | mit Handrührgerät mit Rührbesen auf höchster Stufe geschmeidig rühren, nach und nach |
| **250 g Zucker** | unterrühren, so lange rühren, bis eine gebundene Masse entstanden ist |
| **4 Eier** | nach und nach unterrühren (jedes Ei etwa ½ Minute) |
| **200 g Weizenmehl** | mit |
| **50 g Speisestärke** | |
| **1 gestrichenen TL Backpulver** | mischen, sieben, esslöffelweise auf mittlerer Stufe unterrühren, aus dem Teig 7–8 Böden backen, etwa 2 Esslöffel des Teiges jeweils auf einen gefetteten Springformboden (Durchmesser etwa 28 cm) streichen (darauf achten, dass die Teiglage am Rand nicht zu dünn ist, damit der Boden dort nicht zu dunkel wird), jeden Boden ohne Springformrand hellbraun backen. |
| **Ober-/Unterhitze** | 170–200 °C (vorgeheizt) |
| **Heißluft** | 150–170 °C (nicht vorgeheizt) |
| **Gas** | Stufe 3–4 (vorgeheizt) |
| **Backzeit** | 8–10 Minuten |
| | Die Böden sofort nach dem Backen vom Springformboden lösen. |

**Für die Buttercreme**

| | |
|---|---|
| | aus |
| **1 Päckchen Puddingpulver für Schokoladen-Pudding** | |
| **100 g Zucker** | |
| **500 ml (½ l) kalter Milch** | nach Anleitung auf dem Päckchen (aber mit 100 g Zucker) einen Pudding zubereiten, kalt stellen, ab und zu durchrühren, |
| **250 g Butter** | geschmeidig rühren, den Pudding esslöffelweise daruntergeben, die einzelnen Böden mit der Buttercreme bestreichen, etwas Buttercreme zum Verzieren beiseitestellen, zu einer Torte zusammensetzen, die oberste Schicht soll aus einem Boden bestehen. |

**Für den Guss**

| | |
|---|---|
| **100 g Schokolade** | in kleine Stücke brechen, mit |
| **etwas Kokosfett** | in einem kleinen Topf im Wasserbad bei schwacher Hitze zu einer geschmeidigen Masse verrühren, die Torte damit überziehen. |

**Zum Verzieren**

| | |
|---|---|
| | die Buttercreme in einen Spritzbeutel füllen, die Torte damit verzieren, mit |
| **Schokoladenplättchen** | verzieren. |

# Apfel- oder Kirschtorte, gedeckt

**Für den Teig**

| | |
|---|---|
| 300 g Weizenmehl | mit |
| 2 gestrichenen TL Backpulver | mischen, in eine Rührschüssel sieben |
| 100 g Zucker<br>1 Päckchen Vanillin-Zucker<br>1 Prise Salz<br>½ Eigelb<br>1 Eiweiß<br>1 EL Milch<br>150 g weiche Margarine oder Butter | hinzufügen, die Zutaten mit Handrührgerät mit Knethaken zunächst kurz auf niedrigster, dann auf höchster Stufe gut durcharbeiten, anschließend auf der Arbeitsfläche zu einem glatten Teig verkneten ❶, sollte er kleben, ihn eine Zeit lang kalt stellen, knapp die Hälfte des Teiges auf dem gefetteten Boden einer Springform (Durchmesser etwa 28 cm) ausrollen, mehrmals mit einer Gabel einstechen, Springformrand darumgeben. |

| | |
|---|---|
| Ober-/Unterhitze | 200–220 °C (vorgeheizt) |
| Heißluft | 170–180 °C (nicht vorgeheizt) |
| Gas | Stufe 3–4 (nicht vorgeheizt) |
| Backzeit | 15–20 Minuten |

**Für die Apfelfüllung**

| | |
|---|---|
| 50 g Rosinen | verlesen, |
| etwa 2 kg Äpfel | schälen, vierteln, entkernen ❷, in kleine Stücke schneiden, mit |
| 1 EL Wasser<br>50 g Zucker<br>½ TL gemahlenem Zimt | und den Rosinen unter Rühren dünsten ❸, etwas abkühlen lassen, mit |
| etwa 50 g Zucker<br>einigen Tropfen Rum-Aroma oder Backöl Zitrone | abschmecken |
| | oder |

**für die Kirschfüllung**

| | |
|---|---|
| 1 kg Sauerkirschen | waschen, abtropfen lassen, entstielen, entsteinen, mit |
| 100 g Zucker | mischen, kurze Zeit zum Saftziehen stehen lassen, nur eben zum Kochen bringen, abtropfen lassen, wenn Saft und Kirschen kalt sind, 250 ml (¼ l) Saft abmessen (evtl. mit Wasser ergänzen) |
| 20 g Speisestärke | mit 4 Esslöffeln von dem Saft anrühren, den übrigen Saft zum Kochen bringen, die Speisestärke unter Rühren in den von der Kochstelle genommenen Saft geben, kurz aufkochen lassen, die Kirschen unterrühren, kalt stellen mit |
| etwa 1 EL Zucker | abschmecken, den übrigen Teig zu einer Platte in der Größe der Springform ausrollen, den Rest zu einer Rolle formen, sie als Rand auf den vorgebackenen Boden legen, so an die Form drücken, dass ein etwa 3 cm hoher Rand entsteht, die Füllung auf den Boden streichen, die Teigplatte darauflegen, |
| ½ Eigelb | mit |
| 1 EL Milch | verschlagen, die Teigplatte damit bestreichen, mit einer Gabel mehrmals einstechen oder mit einem Teigrädchen ein Gittermuster rädern ❹. |

| | |
|---|---|
| Ober-/Unterhitze | 200–220 °C (vorgeheizt) |
| Heißluft | etwa 170 °C (nicht vorgeheizt) |
| Gas | Stufe 3–4 (nicht vorgeheizt) |
| Backzeit | 20–30 Minuten |

❶

❷

❸

❹

# Punschtorte

(Für diese Torte 2 Biskuitböden backen)

| | |
|---|---|
| **Für den Teig (pro Biskuitboden)** | |
| 3–4 Eier<br>3–4 EL heißes Wasser* | mit Handrührgerät mit Rührbesen auf höchster Stufe in 1 Minute schaumig schlagen |
| 150 g Zucker | mit |
| 1 Päckchen Vanillin-Zucker | mischen, in 1 Minute einstreuen, dann noch etwa 2 Minuten schlagen |
| 100 g Weizenmehl<br>100 g Speisestärke<br>2–3 gestrichenen TL Backpulver | mit<br><br>mischen, die Hälfte davon auf die Eiercreme sieben, kurz auf niedrigster Stufe unterrühren, den Rest des Mehl-Gemisches auf dieselbe Weise unterarbeiten, den Teig in eine Springform (Durchmesser 28 cm), Boden gefettet, mit Backpapier belegt) füllen. |
| Ober-/Unterhitze | 170–200 °C (vorgeheizt) |
| Heißluft | 150–170 °C (nicht vorgeheizt) |
| Gas | Stufe 3–4 (nicht vorgeheizt) |
| Backzeit | 20–30 Minuten |
| | Auf diese Weise 2 Böden zubereiten, aus der Form lösen, erkalten lassen. |
| **Für die Füllung** | einen der beiden Biskuitböden zerkrümeln, mit den Ecken von |
| 8 Stück Würfelzucker | die |
| Schale von 1 Orange (unbehandelt) | abreiben, mit |
| 8 EL Orangensaft<br>2–3 EL Zitronensaft<br>200 ml Rotwein<br>6 EL Rum<br>50 g Zartbitter-Schokolade | erhitzen, die heiße Masse sofort unter die Biskuitkrümel rühren. |
| | Von dem zweiten Biskuitboden eine gut 1 cm dicke Platte abschneiden, den unteren Boden mit etwas von |
| 200 g glatt gerührtem Johannisbeergelee | bestreichen, Füllung darauf verteilen, ebenfalls mit etwas Johannisbeergelee bestreichen, Gebäckplatte darauflegen, gut |

| | |
|---|---|
| | andrücken, Torte von außen mit restlichem Johannisbeergelee bestreichen |
| 200 g Marzipan-Rohmasse | mit |
| 100 g gesiebtem Puderzucker | verkneten, etwa 2 mm dick ausrollen, einen Streifen in Höhe des Tortenrandes und eine Decke in Größe der Torte darausschneiden, Torte damit be- und umlegen, Marzipan fest andrücken. |
| **Für den Guss** | |
| 100 g gesiebten Puderzucker | mit |
| etwa 2 EL Malventee | (zubereitet aus 1 Aufgussbeutel und 4 Esslöffel kochendem Wasser) zu einer dickflüssigen Masse verrühren, die Torte damit überziehen, mit |
| halbierten, kandierten Kirschen, gehackten Pistazien | garnieren. |

*Bei großen Eiern die kleinere Wassermenge, bei kleinen Eiern die größere nehmen.

# Spanische Vanilletorte

| | |
|---|---|
| **Für den Teig** | |
| 150 g Marzipan-Rohmasse | in Stücke schneiden, mit Handrührgerät mit Rührbesen mit |
| 6 Eigelb | cremig rühren, nach und nach |
| 100 g Zucker | |
| abgeriebene Schale von 1 Zitrone (unbehandelt) | |
| Mark von 2 Vanilleschoten | |
| 1 Prise Salz | unterrühren |
| 200 g Kuvertüre | grob hacken, mit |
| 100 g gehackten Walnusskernen | vermengen, mit |
| 9 EL Marsala | beträufeln |
| 75 g Weizenmehl | mit |
| 75 g Speisestärke | |
| 2 gestrichenen TL Backpulver | mischen, sieben, mit der Kuvertüre-Nuss-Masse vermengen, |
| 6 Eiweiß | steif schlagen, Kuvertüremasse und Eischnee abwechselnd unter die Marzipan-Eigelb-Masse heben, den Teig in eine Springform (Durchmesser etwa 24 cm, Boden gefettet, mit Backpapier belegt) füllen, glatt streichen. |
| Ober-/Unterhitze | etwa 175 °C (vorgeheizt) |
| Heißluft | etwa 150 °C (nicht vorgeheizt) |
| Gas | Stufe 2–3 (vorgeheizt) |
| Backzeit | etwa 45 Minuten |
| | Die Form auf einen Kuchenrost stürzen, erst nach etwa 8 Minuten die Form abheben |
| 2 EL Aprikosenkonfitüre (durch ein Sieb gestrichen) | verrühren, die noch warme Torte damit bestreichen, Torte ganz auskühlen lassen. |
| **Für den Guss** | |
| 2 EL Zucker | mit |
| 4 EL Wasser | zum Kochen bringen, so lange kochen lassen, bis sich der Zucker aufgelöst hat (klar kochen) |
| 150 g Vollmilch-Schokolade | in kleine Stücke brechen, zu der Zuckerlösung geben, so lange rühren, bis der Guss glänzt, die erkaltete Torte damit überziehen. |

# Käsetorte

**Für den Teig**

| | |
|---|---|
| 150 g Weizenmehl<br>40 g Zucker<br>1 Päckchen Vanillin-Zucker | in eine Rührschüssel sieben |
| 100 g weiche Butter oder Margarine | hinzufügen, die Zutaten mit Handrührgerät mit Knethaken zunächst kurz auf niedrigster, dann auf höchster Stufe gut durcharbeiten, anschließend auf der Arbeitsfläche zu einem glatten Teig verkneten, sollte er kleben, ihn eine Zeit lang kalt stellen, den Teig auf dem gefetteten Boden einer Springform (Durchmesser etwa 28 cm) ausrollen. |

**Für den Belag**

| | |
|---|---|
| 250 g weiche Butter | geschmeidig rühren, nach und nach |
| 200 g Zucker<br>1 Päckchen Vanillin-Zucker<br>7 Eigelb<br>1 Prise Salz<br>abgeriebene Schale von 1 Zitrone (unbehandelt)<br>3 EL Zitronensaft | unterrühren, nach und nach |
| 1 kg Magerquark | mit |
| 1 Päckchen Käsekuchen-Hilfe | unter den Teig rühren |
| 7 Eiweiß | steif schlagen, unter die Käsemasse heben, auf dem Teigboden verteilen, glatt streichen. |

| | |
|---|---|
| Ober-/Unterhitze | 160–170 °C (vorgeheizt) |
| Heißluft | 140–160 °C (nicht vorgeheizt) |
| Gas | etwa Stufe 2 (nicht vorgeheizt) |
| Backzeit | 70–80 Minuten |

Die gebackene Torte noch 30–45 Minuten im ausgeschalteten Backofen bei etwas geöffneter Backofentür stehen lassen, erst dann herausnehmen, in der Form erkalten lassen.

**Tipp** In die Käsetorte können auch verlesene Rosinen miteingearbeitet werden.

# Quark-Sahne-Torte

### Für den Teig

| | |
|---|---|
| 150 g weiche Butter | mit Handrührgerät mit Rührbesen auf höchster Stufe geschmeidig rühren, nach und nach |
| 150 g Zucker<br>1 Päckchen Vanillin-Zucker | unterrühren, so lange rühren, bis eine gebundene Masse entstanden ist |
| 3 Eier | nach und nach unterrühren (jedes Ei etwa ½ Minute) |
| 125 g Weizenmehl | mit |
| 25 g Speisestärke<br>1 gestrichenen TL Backpulver | mischen, sieben, esslöffelweise auf mittlerer Stufe unterrühren, den Teig in eine Springform (Durchmesser 28 cm, Boden gefettet, mit Backpapier belegt) füllen, glatt streichen. |
| Ober-/Unterhitze | 170–200 °C (vorgeheizt) |
| Heißluft | 160–170 °C (nicht vorgeheizt) |
| Gas | Stufe 3–4 (nicht vorgeheizt) |
| Backzeit | 25–30 Minuten |
| | Boden aus der Form lösen, auf einen Kuchenrost stürzen, erkalten lassen, ein Mal durchschneiden. |

### Für die Füllung

| | |
|---|---|
| 2 Päckchen Gelatine gemahlen, weiß | mit |
| 8 EL kaltem Wasser | in einem kleinen Topf anrühren, 10 Minuten zum Quellen stehen lassen |
| 2 Eigelb | mit |
| 8 EL Zitronensaft<br>150 g Zucker | cremig rühren |
| 500 g Magerquark<br>500 g Sahnequark | unterrühren, die Gelatine unter Rühren erwärmen, bis sie gelöst ist, mit etwas von der Quarkmasse verrühren, unter die restliche Quarkmasse rühren |
| 500 ml (½ l) Schlagsahne<br>2 Eiweiß | beide Zutaten getrennt steif schlagen, unter die Quarkmasse heben, um den Tortenboden einen innen mit Backpapier belegten Springformrand stellen, die Quarkmasse einfüllen, glatt streichen, den oberen Tortenboden in 16 Stücke schneiden, auf die Füllung legen, kalt stellen, Torte vor dem Servieren aus dem Rand lösen, mit |
| Puderzucker | bestäuben. |

# Dobostorte

(Foto)

| | |
|---|---|
| **Für den Biskuitteig** | |
| 8 Eigelb | und |
| 125 g Zucker<br>1 Päckchen<br>Vanillin-Zucker | mit Handrührgerät mit Rührbesen auf höchster Stufe schaumig schlagen |
| 6 Eiweiß | und |
| 50 g Zucker | steif schlagen, auf die Eigelbcreme geben |
| 200 g Weizenmehl | und |
| 1 gestrichenen TL<br>Backpulver | mischen, sieben, in 2 Portionen auf mittlerer Stufe vorsichtig unterheben |
| 75 g zerlassene,<br>abgekühlte Butter | unterrühren, aus dem Teig 8 Böden backen, dazu jeweils auf 1 Stück Backpapier einen Kreis (Durchmesser 26 cm) zeichnen, mit Teig ausstreichen und das Papier auf ein Backblech ziehen. |
| Ober-/Unterhitze | etwa 200 °C (vorgeheizt) |
| Heißluft | etwa 180 °C (nicht vorgeheizt) |
| Gas | etwa Stufe 3 (vorgeheizt) |
| Backzeit | für jeden Boden etwa 5 Minuten |
| | Böden auf dem Papier einzeln auf einem Kuchenrost abkühlen lassen, erst dann lösen. |
| **Für die Füllung** | |
| 200 g Halbbitter-<br>Kuvertüre | nach Anleitung auf der Packung auflösen, etwas abkühlen lassen |
| 275 g Butter | und |
| 75 g Puderzucker | geschmeidig rühren |
| 1 EL Kirschwasser | unterrühren, Kuvertüre langsam hinzufügen und unterrühren, einen Boden beiseitelegen, die übrigen mit 3/4 der Creme bestreichen und zusammensetzen, den Rand evtl. begradigen, mit restlicher Creme bestreichen. |
| **Für die Karamellglasur** | |
| 150 g Zucker | in einem Kochtopf karamellisieren lassen (dazu erst rühren, wenn der Zucker anfängt, sich zu lösen), zurückgelassenen Boden in 12 Stücke schneiden, Karamellmasse schnell auftragen, glatt streichen, Boden mit gefettetem Messer nachschneiden, als oberste Schicht auf die Torte legen, kalt stellen. |

**Tipp** Im Heißluftherd 3 Böden auf einmal backen. Torte kann 2–3 Tage vor dem Verzehr zubereitet werden. Kühl aufbewahren.

# Sachertorte

| | |
|---|---|
| **Für den Teig** | |
| 6 Eier<br>2 EL warmes Wasser | mit Handrührgerät mit Rührbesen auf höchster Stufe in 1 Minute schaumig schlagen |
| 175 g Zucker | mit |
| 1 Päckchen<br>Vanillin-Zucker | mischen, in 1 Minute einstreuen, dann noch etwa 2 Minuten schlagen |
| 100 g Weizenmehl | mit |
| 2 Päckchen<br>Puddingpulver für<br>Schokoladenpudding<br>2 gestrichene TL<br>Backpulver | mischen, die Hälfte davon auf die Eiercreme sieben, kurz auf niedrigster Stufe unterrühren, den Rest des Mehl-Gemisches auf dieselbe Weise unterarbeiten, den Teig in eine Springform (Durchmesser 26 cm, Boden gefettet, mit Backpapier belegt) füllen. |
| Ober-/Unterhitze | 170–200 °C (vorgeheizt) |
| Heißluft | 150–170 °C (nicht vorgeheizt) |
| Gas | Stufe 3–4 (vorgeheizt) |
| Backzeit | 35–45 Minuten |
| | Den Tortenboden gut auskühlen lassen, ein Mal quer durchschneiden, mit 2/3 von |
| 200 g Aprikosen-<br>konfitüre | füllen, Rand und obere Seite der Torte dünn und gleichmäßig mit der restlichen Konfitüre bestreichen. |
| **Für den Guss** | |
| 100 g Schokolade | mit |
| etwas Kokosfett | in einem kleinen Topf im Wasserbad bei schwacher Hitze geschmeidig rühren, die Torte gleichmäßig damit überziehen. |

# Schwarzwälder Kirschtorte

| | |
|---|---|
| **Für den Knetteig** | |
| 125 g Weizenmehl | mit |
| 10 g Kakao | |
| 1 Messerspitze Backpulver | mischen, in eine Rührschüssel sieben |
| 50 g Zucker | |
| 1 Päckchen Vanillin-Zucker | |
| 1 Prise Salz | |
| 100 g weiche Margarine oder Butter | hinzufügen, die Zutaten mit Handrührgerät mit Knethaken zunächst kurz auf niedrigster, dann auf höchster Stufe gut durcharbeiten, anschließend auf der Arbeitsfläche zu einem glatten Teig verkneten, sollte er kleben, ihn eine Zeit lang kalt stellen, den Teig auf dem gefetteten Boden einer Springform (Durchmesser 28 cm) ausrollen, mehrmals mit einer Gabel einstechen, den Springformrand darumlegen. |
| Ober-/Unterhitze | 200–220 °C (vorgeheizt) |
| Heißluft | etwa 170 °C (nicht vorgeheizt) |
| Gas | Stufe 3–4 (vorgeheizt) |
| Backzeit | etwa 15 Minuten |
| | Sofort nach dem Backen den Tortenboden vom Springformrand lösen, darauf erkalten lassen, dann auf eine Tortenplatte legen. |
| **Für den Biskuitteig** | |
| 4 Eier | |
| 2 EL heißes Wasser | mit Handrührgerät mit Rührbesen auf höchster Stufe in 1 Minute schaumig schlagen |
| 100 g Zucker | mit |
| 1 Päckchen Vanillin-Zucker | mischen, in 1 Minute einstreuen, dann noch etwa 2 Minuten schlagen |
| 75 g Weizenmehl | mit |
| 30 g Speisestärke | |
| 10 g Kakao | |
| gut 1 Messerspitze gemahlenem Zimt | |
| ½ gestrichenen TL Backpulver | mischen, die Hälfte davon auf die Eiercreme sieben, kurz auf niedrigster Stufe unterrühren, den Rest des Mehl-Gemisches auf dieselbe Weise unterarbeiten, den Teig in eine Springform (Durchmesser 28 cm, Boden gefettet, mit Backpapier belegt) füllen. |

| | |
|---|---|
| Ober-/Unterhitze | 170–200 °C (vorgeheizt) |
| Heißluft | 150–170 °C (nicht vorgeheizt) |
| Gas | Stufe 3–4 (nicht vorgeheizt) |
| Backzeit | 25–30 Minuten |
| | Den Tortenboden aus der Form lösen, erkalten lassen. |
| **Für die Füllung** | |
| etwa 720 g entsteinte Sauerkirschen (aus dem Glas) oder | abtropfen lassen |
| 750 g Sauerkirschen | waschen, entsteinen, mit |
| 75 g Zucker | mischen, kurze Zeit zum Saftziehen stehen lassen, eben zum Kochen bringen, abtropfen und erkalten lassen, 250 ml (¼ l) Saft abmessen (evtl. mit Wasser ergänzen) |
| 30 g Speisestärke | mit 4 Esslöffeln von dem Saft anrühren, den übrigen Saft zum Kochen bringen, die Speisestärke unter Rühren in den von der Kochstelle genommenen Saft geben, kurz aufkochen lassen, die Kirschen unterrühren, die Masse kalt stellen, mit |
| etwa 25 g Zucker | |
| etwa 3 EL Kirschwasser | abschmecken |
| 750 ml (¾ l) Schlagsahne | ½ Minute schlagen |
| 50 g Puderzucker | sieben, mit |
| 1 Päckchen Vanillin-Zucker | |
| 3 Päckchen Sahnesteif | mischen, einstreuen, die Sahne steif schlagen, zunächst die Hälfte der Kirschmasse, dann ⅓ der Sahne auf den Knetteigboden streichen ❶, den Biskuitboden ein Mal durchschneiden, eine Hälfte auf die Sahne legen, gut andrücken, mit der restlichen Kirschmasse, dann mit der Hälfte der restlichen Sahne bestreichen, mit dem oberen Boden bedecken, Rand bergartig mit der restlichen Sahne bestreichen ❷, die Torte mit |
| 30 g Raspelschokolade | bestreuen. |

❶

❷

# Malakoff-Torte

**150 g weiche Butter** mit Handrührgerät mit Rührbesen auf höchster Stufe geschmeidig rühren, nach und nach

**125 g feinkörnigen Zucker**
**1 Päckchen Vanillin-Zucker** unterrühren, so lange rühren, bis eine gebundene Masse entstanden ist

**3 Eigelb** nach und nach unterrühren

**150 g abgezogene, gemahlene Mandeln**
**½ Päckchen Vanillin-Zucker**
**250 ml (¼ l) Schlagsahne**
**3–4 EL Rum** auf mittlerer Stufe unterrühren

**250 g Löffelbiskuits** kurz in

**250 ml (¼ l) Milch** wenden, beiseitelegen, die restliche Milch unter die Creme rühren, die Creme eine Zeit lang kühl stellen, einen Springformrand (Durchmesser etwa 26 cm) mit Alufolie auslegen, auf eine Tortenplatte setzen, den Boden mit der Hälfte der Löffelbiskuits auslegen, die Hälfte der Creme darüberstreichen, die restlichen Löffelbiskuits und die restliche Creme daraufgeben, glatt streichen, kühl stellen (evtl. über Nacht), den Springformrand lösen

**500 ml (½ l) Schlagsahne**
**2 TL Zucker**
**2 Päckchen Sahnesteif** mischen, einstreuen, die Sahne steif schlagen, Torte mit der Sahne bestreichen, in die Tortenoberfläche mit einem Teelöffel kleine »Krater« eindrücken, mit

**kandierten Veilchen** dekorieren.

# Linzer Torte

| | |
|---|---|
| **Für den Teig** | |
| 200 g Weizenmehl | mit |
| 1 gestrichenen TL Backpulver | mischen, in eine Rührschüssel sieben |
| 125 g Zucker<br>1 Päckchen Vanillin-Zucker<br>2 Tropfen Backöl Bittermandel<br>1 Messerspitze gemahlene Nelken<br>1 gestrichenen TL gemahlenen Zimt<br>1 Prise Salz<br>½ Eigelb<br>1 Eiweiß<br>125 g weiche Butter<br>125 g nicht abgezogene Mandeln | hinzufügen, die Zutaten mit Handrührgerät mit Knethaken zunächst kurz auf niedrigster, dann auf höchster Stufe gut durcharbeiten, anschließend auf der Arbeitsfläche zu einem glatten Teig verkneten, knapp die Hälfte des Teiges zu einer Platte in der Größe der Springform (Durchmesser 28 cm) ausrollen, 16–20 Streifen darausrädeln, den übrigen Teig auf dem gefetteten Springformboden ausrollen, mit |
| 100 g Himbeerkonfitüre | bestreichen, dabei am Rand etwa 1 cm Teig frei lassen, die Teigstreifen gitterförmig über die Konfitüre legen |
| ½ Eigelb | mit |
| 1 TL Milch | verschlagen, die Teigstreifen damit bestreichen. |
| | |
| Ober-/Unterhitze | 170–200 °C (vorgeheizt) |
| Heißluft | 150–170 °C (nicht vorgeheizt) |
| Gas | Stufe 3–4 (vorgeheizt) |
| Backzeit | 25–30 Minuten |

# KLEINGEBÄCK

Liebe geht bekanntlich durch den Magen. Und wer erobern will, sollte sich verführerisch geben. Locken Sie also Ihren Schwarm (oder wen immer Sie verwöhnen möchten) mit der ungekrönten Leichtigkeit des Teiges: mit zarten Windbeuteln samt sahniger Füllung oder der länglichen eleganten Brandteig-Variante, dem Eclair. Die pure Verheißung. Nicht umsonst schnalzt der Volksmund genüsslich mit der Zunge und spricht von »Liebesknochen«. Da hat schon so mancher angebissen …

## Windbeutel

| | |
|---|---|
| **Für den Teig** | |
| 125 ml (1/8 l) Wasser | |
| 25 g Margarine oder Butter | am besten in einem Stieltopf zum Kochen bringen |
| 75 g Weizenmehl | mit |
| 15 g Speisestärke | mischen, sieben, auf ein Mal in die von der Kochstelle genommene Flüssigkeit schütten, zu einem glatten Kloß rühren, unter Rühren etwa 1 Minute erhitzen, den heißen Kloß sofort in eine Rührschüssel geben, nach und nach |
| 2–3 Eier | mit Handrührgerät mit Knethaken auf höchster Stufe unterarbeiten, weitere Eizugabe erübrigt sich, wenn der Teig stark glänzt und so vom Löffel abreißt, dass lange Spitzen hängen bleiben |
| 1 Messerspitze Backpulver | in den erkalteten Teig arbeiten, mit zwei Löffeln oder mit einem Spritzbeutel 8 Teighäufchen auf ein gefettetes, mit Weizenmehl bestäubtes Backblech setzen. |
| Ober-/Unterhitze | 200–220 °C (vorgeheizt) |
| Heißluft | 170–180 °C (nicht vorgeheizt) |
| Gas | Stufe 4–5 (vorgeheizt) |
| Backzeit | 25–30 Minuten |
| | Während der ersten 15 Minuten Backzeit die Backofentür nicht öffnen, da das Gebäck sonst zusammenfällt, sofort nach dem Backen von jedem Windbeutel einen Deckel abschneiden. |
| **Für die Füllung** | |
| 250 ml (1/4 l) Schlagsahne | |
| 1 Päckchen Sahnesteif | |
| 1 Päckchen Vanillin-Zucker | steif schlagen, auf die Windbeutel verteilen, die Deckel wieder auflegen, mit |
| Puderzucker | bestäuben. |
| **Abwandlung** | |
| etwa 250 g Erdbeeren | waschen, gut abtropfen lassen, entstielen, in Scheiben schneiden, auf die Sahne legen. |

# Schillerlocken

(16 Stück)

| | |
|---|---|
| **Für den Teig** | |
| **250 g Weizenmehl** | in eine Schüssel sieben, in die Mitte eine Mulde drücken |
| **1/4 TL Salz** | |
| **1 EL Essig** | und die Hälfte von |
| **125 ml (1/8 l) Wasser** | zugeben, von der Mitte aus verrühren, dabei nach und nach das restliche Wasser zugeben und die Masse zu einem mittelfesten Teig verkneten, aus dem Teig eine Kugel formen, in Frischhaltefolie einschlagen, etwa 30 Minuten kalt stellen |
| **250 g Butter** | am gleichen Ort wie den Teig temperieren, den Teig ausrollen (20 x 30 cm), mit etwa 1/3 Butter belegen, zusammenklappen, kalt stellen, diesen Vorgang mindestens drei Mal wiederholen, jeweils danach kalt stellen, die Hälfte des Blätterteigs auf einer bemehlten Arbeitsfläche 30 cm lang und 20 cm breit ausrollen, mit dem Teigrädchen in 8 Streifen von 2 cm Breite radeln, 8 Schillerlockenformen mit kaltem Wasser abspülen, jeden Teigstreifen von der Spitze her so um eine Metallform wickeln, dass der Teigstreifen mit zwei Dritteln eine Rundung bedeckt und das letzte Drittel den vorhergehenden Streifen überlappt, aus dem restlichen Teig nach dem gleichen Verfahren 8 weitere Schillerlocken zubereiten |
| **1 Eigelb** | mit |
| **3 EL Milch** | verquirlen, die Schillerlocken damit bestreichen |
| **60 g abgezogene, gehobelte Mandeln** | mit |
| **60 g Hagelzucker** | mischen, die Schillerlocken damit bestreuen, die Formen auf ein mit kaltem Wasser abgespültes Backblech legen. |
| **Ober-/Unterhitze** | 200–220 °C (vorgeheizt) |
| **Heißluft** | 170–180 °C (nicht vorgeheizt) |
| **Gas** | Stufe 4–5 (vorgeheizt) |
| **Backzeit** | etwa 15 Minuten |
| **Für die Füllung** | |
| **500 ml (1/2 l) Schlagsahne** | 1 Minute schlagen |
| **2 TL Zucker** | |
| **2 Päckchen Sahnesteif** | mischen, einstreuen, die Sahne steif schlagen, 1/3 der Sahne beiseitestellen, 1/3 der Sahne mit |
| **1 EL Orangenmarmelade** | verrühren, 1/3 der Sahne mit |
| **1 EL Himbeerkonfitüre** | verrühren, die Füllungen in die Schillerlocken füllen. |

# Apfeltaschen

| | |
|---|---|
| **Für die Füllung** | |
| 750 g Äpfel | schälen, vierteln, entkernen, in kleine Stücke schneiden, mit |
| 50 g verlesenen Rosinen | |
| 50–70 g Zucker | unter Rühren leicht dünsten, erkalten lassen, mit |
| 3–4 Tropfen Backöl | |
| Zitrone | abschmecken. |
| **Für den Teig** | |
| 300 g Weizenmehl | mit |
| 1 Päckchen Backpulver | mischen, in eine Rührschüssel sieben |
| 150 g Speisequark (Magerstufe) | |
| 6 EL Milch | |
| 6 EL Speiseöl | |
| 75 g Zucker | |
| 1 Päckchen Vanillin-Zucker | |
| 1 Prise Salz | hinzufügen, die Zutaten mit Handrührgerät mit Knethaken auf höchster Stufe in etwa 1 Minute verarbeiten, auf der Arbeitsfläche zu einer Rolle formen, den Teig dünn ausrollen, runde Platten (Durchmesser etwa 10 cm) ausstechen, die eine Hälfte jeder Teigplatte mit etwas Apfelfüllung belegen, den Rand jeder Teigplatte mit |
| Milch | bestreichen, die andere Teighälfte darüberklappen, die Taschen gut an den Rändern andrücken, auf ein gefettetes Backblech legen. |
| Ober-/Unterhitze | 170–200 °C (vorgeheizt) |
| Heißluft | 150–170 °C (nicht vorgeheizt) |
| Gas | Stufe 3–4 (vorgeheizt) |
| Backzeit | etwa 15 Minuten |
| **Für den Guss** | |
| 100 g Puderzucker | sieben, mit so viel |
| heißem Wasser | glatt rühren, dass eine dickflüssige Masse entsteht, sofort nach dem Backen die Apfeltaschen damit bestreichen. |
| **Tipp** | Anstelle von Äpfeln Sauerkirschen, Pfirsiche oder Aprikosen verwenden. Das Obst nach Belieben mit 50–100 g gestifteten Mandeln bestreuen. |

# Profiteroles

**Für den Teig**

| | |
|---|---|
| 125 ml (1/8 l) Wasser | |
| 50 g Margarine oder Butter | am besten in einem Stieltopf zum Kochen bringen |
| 125 g Weizenmehl | sieben, auf ein Mal in die von der Kochstelle genommene Flüssigkeit schütten, zu einem glatten Kloß rühren, unter Rühren etwa 1 Minute erhitzen, den heißen Kloß sofort in eine Schüssel geben, nach und nach |
| 2–3 Eier | mit Handrührgerät mit Knethaken auf höchster Stufe unterarbeiten, weitere Eizugabe erübrigt sich, wenn der Teig stark glänzt und so von einem Löffel abreißt, dass lange Spitzen hängen bleiben |
| 1 Messerspitze Backpulver | in den erkalteten Teig arbeiten, den Teig in einen Spritzbeutel mit kleiner Sterntülle füllen, kleine Tuffs auf ein gefettetes, mit Weizenmehl bestäubtes Backblech spritzen. |
| Ober-/Unterhitze | 200–220 °C (vorgeheizt) |
| Heißluft | 170–180 °C (nicht vorgeheizt) |
| Gas | Stufe 4–5 (vorgeheizt) |
| Backzeit | etwa 20 Minuten |

Gebäck gut auskühlen lassen.

**Für die Füllung**

| | |
|---|---|
| 250 ml (1/4 l) Schlagsahne | mit |
| 1 Päckchen Sahnesteif | nach Anleitung steif schlagen |
| 2 EL Kirschwasser | unterrühren, Sahnemasse in einen Spritzbeutel (kleine Lochtülle) füllen, vorsichtig ein Loch in den Boden der Profiteroles stoßen, sie mit der Sahnemasse füllen. |

**Für den Guss**

| | |
|---|---|
| 100 g Halbbitter-Kuvertüre | |
| 100 g weiße Kuvertüre | jede Kuvertüre für sich mit |
| etwas Kokosfett | in einem kleinen Topf im Wasserbad bei schwacher Hitze geschmeidig rühren, die Profiteroles mithilfe einer Gabel in den Guss tauchen, nach Belieben mit Guss verzieren. |

# Eberswalder Spritzkuchen

| | |
|---|---|
| 250 ml (¼ l) Wasser | mit |
| 50 g Margarine | am besten in einem Stieltopf zum Kochen bringen |
| 150 g Weizenmehl | mit |
| 30 g Speisestärke | mischen, sieben, auf ein Mal in die von der Kochstelle genommene Flüssigkeit schütten, zu einem glatten Kloß rühren, unter Rühren etwa 1 Minute erhitzen, den heißen Kloß sofort in eine Rührschüssel geben, nach und nach |
| 25 g Zucker<br>1 Päckchen Vanillin-Zucker<br>4–6 Eier | mit Handrührgerät mit Knethaken auf höchster Stufe unterarbeiten, weitere Eizugabe erübrigt sich, wenn der Teig stark glänzt und so von einem Löffel abreißt, dass lange Spitzen hängen bleiben |
| 1 gestrichenen TL Backpulver | in den erkalteten Teig arbeiten, ihn in einen Spritzbeutel (große gezackte Tülle füllen, auf gefettete Pergamentpapiere (etwa 10 x 10 cm groß) in Form von Kränzen spritzen, durch Eintauchen der Papiere in siedendes |
| Ausbackfett (Speiseöl oder Kokosfett) | die Kränzchen lösen, schwimmend auf beiden Seiten hellbraun backen, mit einem Schaumlöffel herausnehmen, auf einem Kuchenrost abtropfen lassen. |
| **Für den Guss** | |
| 200 g Puderzucker | sieben, mit |
| 2 EL Zitronensaft<br>etwa 2 EL heißem Wasser | glatt rühren, sodass eine dickflüssige Masse entsteht, das erkaltete Gebäck damit überziehen. |

## Madeleines

(Foto unten, 40–50 Stück)

| | |
|---|---|
| **250 g weiche Butter** | mit Handrührgerät mit Rührbesen auf höchster Stufe geschmeidig rühren, nach und nach |
| **250 g Zucker** <br> **1 Prise Salz** | unterrühren, so lange rühren, bis eine gebundene Masse entstanden ist |
| **5 Eier** | nach und nach unterrühren (jedes Ei etwa ½ Minute) |
| **250 g Weizenmehl** | mit |
| **1 Messerspitze Backpulver** | mischen, sieben, esslöffelweise auf mittlerer Stufe unterrühren, Madeleinesformen mit zerlassener Butter sehr gut fetten, den Teig in die Formen (2/3 voll) füllen, auf ein Backblech stellen. |
| **Ober-/Unterhitze** | 180–190 °C (vorgeheizt) |
| **Heißluft** | 150–170 °C (nicht vorgeheizt) |
| **Gas** | etwa Stufe 3 (vorgeheizt) |
| **Backzeit** | etwa 15 Minuten |

**Tipp** Sie können den Teig auch in kleinen Papierförmchen backen, das ergibt etwa 25 Stück, die etwa 25 Minuten gebacken werden müssen.

## Muzenmandeln

(Foto rechts)

| | |
|---|---|
| **500 g Weizenmehl** | mit |
| **2 gestrichenen TL Backpulver** | mischen, in eine Rührschüssel sieben |
| **150 g Zucker** <br> **1 Beutel Rum-Aroma** <br> **3 Eier** <br> **1 Prise Salz** <br> **150 g weiche Margarine oder Butter** | hinzufügen, die Zutaten in einer Küchenmaschine oder mit Handrührgerät mit Knethaken zunächst kurz auf niedrigster, dann auf höchster Stufe gut durcharbeiten, anschließend auf der Arbeitsfläche zu einem glatten Teig verkneten, sollte er kleben, ihn eine Zeit lang kalt stellen, den Teig etwa 1 cm dick ausrollen, Muzenmandeln mit einer Muzenmandelform ausstechen oder mit 2 Teelöffeln formen, schwimmend in siedendem |
| **Ausbackfett (Speiseöl oder Kokosfett)** | goldgelb backen, mit einem Schaumlöffel herausnehmen, auf einem Kuchenrost gut abtropfen lassen, noch heiß in |
| **Zucker** | wälzen. |

# Obsttörtchen

(12–14 Stück)

**Für den Teig**

| | |
|---|---|
| 200 g Weizenmehl | mit |
| 1 gestrichenen TL Backpulver | mischen, in eine Rührschüssel sieben |
| 75 g Zucker<br>1 Päckchen Vanillin-Zucker<br>1 Prise Salz<br>4 Tropfen Backöl Zitrone<br>2 EL Wasser<br>100 g weiche Margarine oder Butter | hinzufügen, die Zutaten mit Handrührgerät mit Knethaken zunächst kurz auf niedrigster, dann auf höchster Stufe gut durcharbeiten, anschließend auf der Arbeitsfläche zu einem glatten Teig verkneten, sollte er kleben, ihn eine Zeit lang kalt stellen, den Teig dünn ausrollen, mit einer runden Form (Durchmesser etwa 10 cm) ausstechen, in gut gefettete Tortelett-Förmchen (Durchmesser etwa 10 cm) geben, mehrmals mit einer Gabel einstechen. |
| Ober-/Unterhitze | 170–200 °C (vorgeheizt) |
| Heißluft | 150–170 °C (nicht vorgeheizt) |
| Gas | Stufe 3–4 (vorgeheizt) |
| Backzeit | 10–15 Minuten |
| | Die Törtchen sofort nach dem Backen aus den Förmchen lösen, erkalten lassen, gleichmäßig mit |
| Sahnesteif | bestreuen, um zu verhindern, dass die mit Obst belegten Törtchen durchweichen. |

**Für den Belag**

| | |
|---|---|
| 500–750 g rohes Obst (z. B. Erdbeeren, Himbeeren, Heidelbeeren, Weintrauben) | waschen (Himbeeren nur verlesen), gut abtropfen lassen, entstielen oder verlesen, mit |
| Zucker | bestreuen, kurze Zeit stehen lassen |
| oder gedünstetes oder eingemachtes Obst (z. B. Aprikosen, Pfirsiche, Sauerkirschen, Stachelbeeren, Mandarinen) | abtropfen lassen, die Früchte auf die Törchen legen (einen etwa 1 cm breiten Rand frei lassen). |

**Für den Guss**

| | |
|---|---|
| 1 Päckchen Tortenguss<br>Zucker nach Angabe auf dem Tortenguss-Päckchen<br>250 ml (1/4 l) Wasser oder Fruchtsaft | nach Anleitung auf dem Päckchen zubereiten, über das Obst verteilen. |

# Buntes Plundergebäck

**Für den Teig**

| | |
|---|---|
| 375 g Weizenmehl | in eine Rührschüssel sieben, mit |
| 1 Päckchen Trocken-Backhefe | sorgfältig vermischen |
| 50 g Zucker<br>1 Päckchen Vanillin-Zucker<br>1 Prise Salz<br>1 Ei<br>50 g in Stücke geschnittene Butter<br>200 ml kalte Milch | hinzufügen, alles mit Handrührgerät mit Knethaken zuerst auf niedrigster, dann auf höchster Stufe in etwa 5 Minuten zu einem Teig verarbeiten, 5 Minuten bei Zimmertemperatur ruhen lassen, den Teig zu einem Rechteck (25 x 40 cm) ausrollen |
| 150 g kalte Butter | in Scheiben schneiden, die Hälfte der Teigplatte (25 x 20 cm) damit belegen, die andere Teighälfte daraufklappen, mit der Teigrolle leicht andrücken, das Teigpaket mit der breiten Seite zur Tischkante legen, wieder zu einem Rechteck (24 x 40 cm) ausrollen, von den kürzeren Seiten her zur Mitte hin so zusammenklappen, dass die Teigkanten aneinanderstoßen, den Teig nochmals von der längeren Seite her so überschlagen, dass 4 Teiglagen entstehen, 15 Minuten in den Kühlschrank legen, das Teigpaket mit der breiten Seite zur Tischkante legen, noch ein Mal ausrollen und zusammenschlagen, wie oben beschrieben, den Teig nochmals 15 Minuten kühlstellen. |

**Für die Füllung**

| | |
|---|---|
| | aus |
| 1 Päckchen Soßenpulver Vanillegeschmack<br>25 g Zucker<br>250 ml (1/4 l) Milch | einen Pudding (mit den hier angegebenen Zutaten) zubereiten, kalt stellen, ab und zu durchrühren, den Teig zu einem Rechteck (48 x 18 cm) ausrollen, daraus Vierecke (8 x 9 cm) schneiden, auf ein Backblech legen, in die Mitte jeweils 2 Teelöffel von dem erkalteten Pudding geben, mit |
| Pfirsichspalten<br>Kirschen | belegen, die Ecken der Teigstücke einschneiden, nochmals 15 Minuten bei Zimmertemperatur ruhen lassen. |

| | |
|---|---|
| Ober-/Unterhitze | 200–220 °C (vorgeheizt) |
| Heißluft | 180–200 °C (nicht vorgeheizt) |
| Gas | etwa Stufe 4 (vorgeheizt) |
| Backzeit | etwa 15 Minuten |

**Für den Guss**

| | |
|---|---|
| 100 g Puderzucker | sieben, mit |
| etwa 4 EL Pfirsichsaft | glatt rühren, sodass eine dünnflüssige Masse entsteht, das Gebäck sofort nach dem Backen (auch die Mitte) damit bestreichen. |

## Bergische Waffeln

(Foto rechts)

| | |
|---|---|
| 250 g Butter | mit Handrührgerät mit Rührbesen auf höchster Stufe geschmeidig rühren, nach und nach |
| 150 g Zucker<br>1 Päckchen Vanillin-Zucker<br>1 Prise Salz | unterrühren, so lange rühren, bis eine gebundene Masse entstanden ist, nach und nach |
| 4 Eier | unterrühren (jedes Ei etwa ½ Minute) mit |
| 500 g Weizenmehl<br>1 TL Backpulver | mischen, sieben, abwechselnd mit |
| etwa 375 ml (3/8 l) Buttermilch | esslöffelweise auf mittlerer Stufe unterrühren, anschließend |
| 2–3 EL Honig | unterrühren, ein Waffeleisen gut erhitzen, mit |
| 1 Speckschwarte | einreiben, den Teig in nicht zu großen Portionen in das Waffeleisen füllen, die Waffeln auf beiden Seiten goldbraun backen, einzeln auf einem Kuchenrost erkalten lassen, mit |
| Puderzucker | bestreuen. |

**Tipp** Die Waffeln mit Rübenkraut oder Kompott servieren.

## Waffeln

| | |
|---|---|
| 175 g Kokosfett | zerlassen, wieder etwas fest werden lassen, mit Handrührgerät mit Rührbesen auf höchster Stufe geschmeidig rühren, nach und nach |
| 175 g feinkörnigen Zucker<br>1 Päckchen Vanillin-Zucker | unterrühren, so lange rühren, bis eine gebundene Masse entstanden ist |
| 4 Eier<br>1 Prise Salz<br>½ Fläschchen Rum-Aroma | nach und nach hinzugeben (jedes Ei etwa ½ Minute unterrühren) mit |
| 200 g Weizenmehl<br>50 g Speisestärke<br>½ gestrichenen TL Backpulver | mischen, sieben, nach und nach auf mittlerer Stufe unterrühren, ein Waffeleisen gut erhitzen, mit Fett einpinseln, den Teig in nicht zu großen Portionen in das Waffeleisen füllen, sofort gut verstreichen, die Waffeln von beiden Seiten goldbraun backen, einzeln auf einem Kuchenrost erkalten lassen, nach Belieben mit |
| Puderzucker | bestäuben. |

## Crème-fraîche-Waffeln

(Foto links)

| | |
|---|---|
| 300 g Crème fraîche | mit Handrührgerät mit Rührbesen auf höchster Stufe kurz verrühren, nach und nach |
| 100 g Zucker<br>abgeriebene Schale von ½ Zitrone (unbehandelt)<br>1 Prise Salz | unterrühren, so lange rühren, bis eine gebundene Masse entstanden ist |
| 3 Eier | nach und nach unterrühren (jedes Ei etwa ½ Minute) mit |
| 250 g Weizenmehl<br>1 gestrichenen TL Backpulver | mischen, sieben, esslöffelweise auf mittlerer Stufe unterrühren, ein Waffeleisen gut erhitzen, mit |
| 1 Speckschwarte | ausfetten, den Teig in nicht zu großen Portionen in das Waffeleisen füllen, sofort gut verstreichen, die Waffeln von beiden Seiten goldbraun backen, einzeln auf einem Kuchenrost erkalten lassen. |

# PLÄTZCHEN

Manche Zeitgenossen müssen alles erst schwarz auf weiß in Händen halten, ehe sie davon überzeugt sind, das Richtige zu tun. Das ist beim Spritzgebäck ganz ähnlich. Der Teig, der aus Presse oder Fleischwolf quillt, der sich in grazilen Schlangenlinien übers Blech windet, als elegantes Stäbchen oder reizendes Kränzchen aus dem Backofen kommt, ist erst dann perfekt, wenn zumindest eine Seite, ein Eckchen einen satten Schokoladenguss erhält. Die große Backkunst im Kleinen: schwarz auf weiß!

## Spritzgebäck

| | |
|---|---|
| 375 g weiche Butter | mit Handrührgerät mit Rührbesen auf höchster Stufe geschmeidig rühren, nach und nach |
| 250 g Zucker<br>2 Päckchen Vanillin-Zucker<br>1 Prise Salz | unterrühren, so lange rühren, bis eine gebundene Masse entstanden ist |
| 500 g Weizenmehl | sieben, 2/3 davon esslöffelweise auf mittlerer Stufe unterrühren, den Teigbrei mit dem Rest des Mehls, |
| 125 g abgezogenen, gemahlenen Mandeln | auf der Arbeitsfläche zu einem glatten Teig verkneten, zu Rollen formen, diese in eine Gebäckpresse geben, auf ein gefettetes Backblech spritzen, nach Belieben |
| 10 g Kakaopulver | sieben, mit |
| 20 g Zucker | mischen, unter knapp 1/3 des Teiges kneten, etwas von dem dunklen Teig mit hellem Teig in die Gebäckpresse geben, auf ein gefettetes Backblech spritzen. |
| Ober-/Unterhitze | 170–200 °C (vorgeheizt) |
| Heißluft | 160–170 °C (nicht vorgeheizt) |
| Gas | Stufe 3–4 (vorgeheizt) |
| Backzeit | 10–15 Minuten |

**Abwandlung**

Den Teig durch einen Fleischwolf mit Spezialvorsatz drehen, als Stangen, S-Formen oder Kränzchen auf ein Backblech legen. Die Enden der erkalteten Plätzchen in aufgelöste Schokolade tauchen und mit Pistazien- oder Orangeatstückchen bestreuen.

## Vanillekipferl

(Foto)

| | |
|---|---|
| 250 g Weizenmehl | mit |
| 1 Messerspitze Backpulver | mischen, in eine Rührschüssel sieben |
| 125 g Zucker<br>1 Päckchen Vanillin-Zucker<br>3 Eigelb<br>200 g weiche Butter<br>125 g abgezogene, gemahlene Mandeln | hinzufügen, die Zutaten mit Handrührgerät mit Knethaken zunächst kurz auf niedrigster, dann auf höchster Stufe gut durcharbeiten, anschließend auf der Arbeitsfläche zu einem glatten Teig verkneten, sollte er kleben, ihn eine Zeitlang kalt stellen, aus dem Teig daumendicke Rollen formen, gut 2 cm lange Stücke davon abschneiden, diese zu etwa 5 cm langen Rollen formen, die Enden etwas dünner rollen, als Hörnchen auf ein Backblech legen. |
| Ober-/Unterhitze | 170–200 °C (vorgeheizt) |
| Heißluft | 160–170 °C (nicht vorgeheizt) |
| Gas | Stufe 3–4 (vorgeheizt) |
| Backzeit | etwa 10 Minuten |
| Etwa 50 g Puderzucker | sieben, mit |
| 1 Päckchen Vanillin-Zucker | mischen, die heißen Kipferl damit bestäuben. |
| Tipp | Die Vanillekipferl vor dem Backen mit abgezogenen Mandelblättchen belegen. |

## Koskos-makronen

| | |
|---|---|
| 100 g Kokosraspel | in einer Pfanne ohne Fett unter Wenden leicht bräunen, erkalten lassen |
| 2 Eiweiß | so steif schlagen, dass ein Messerschnitt sichtbar bleibt, nach und nach |
| 100 g Zucker<br>knapp 1 Messerspitze gemahlenen Zimt<br>3 Tropfen Backöl Bittermandel | unterschlagen, die Koskosraspel vorsichtig unter den Eischnee heben (nicht rühren), von dem Teig mit 2 Teelöffeln walnussgroße Häufchen auf ein mit Backpapier belegtes Backblech setzen. |
| Ober-/Unterhitze | 130–150 °C (vorgeheizt) |
| Heißluft | etwa 120 °C (nicht vorgeheizt) |
| Gas | Stufe 1–2 (nicht vorgeheizt) |
| Backzeit | 20–25 Minuten |

## Haselnuss-makronen

| | |
|---|---|
| 2 Eiweiß | mit Handrührgerät mit Rührbesen auf höchster Stufe so steif schlagen, dass ein Messerschnitt sichtbar bleibt, nach und nach |
| 100 g feinkörnigen Zucker<br>1 Messerspitze gemahlenen Zimt<br>2 Tropfen Backöl Bittermandel | unterrühren |
| 100 g gehobelte Haselnusskerne | und |
| 75 g gemahlene Haselnusskerne | vorsichtig unter den Eischnee heben (nicht rühren), von dem Teig mit 2 Teelöffeln walnussgroße Häufchen auf ein mit Backpapier belegtes Backblech setzen. |
| Ober-/Unterhitze | 130–150 °C (vorgeheizt) |
| Heißluft | etwa 120 °C (nicht vorgeheizt) |
| Gas | Stufe 1–2 (nicht vorgeheizt) |
| Backzeit | 20–25 Minuten |

## Shortbread

(Foto)

| | |
|---|---|
| 400 g Weizenmehl<br>125 g Zucker<br>1 Päckchen Vanillin-Zucker | in eine Rührschüssel sieben |
| 250 g Butter | hinzufügen, die Zutaten mit Handrührgerät mit Knethaken zunächst kurz auf niedrigster, dann auf höchster Stufe gut durcharbeiten, anschließend auf der Arbeitsfläche zu einem glatten Teig verkneten, den Teig mindestens 30 Minuten kalt stellen, den Teig auf einer schwach bemehlten Arbeitsfläche etwa 1½ cm dick ausrollen, in 2 cm breite, 6 cm lange Stangen schneiden und die Oberfläche mehrfach mit einer Gabel einstechen, ein Backblech mit Backpapier auslegen, die Stangen darauflegen. |
| Ober-/Unterhitze | etwa 180 °C (vorgeheizt) |
| Heißluft | etwa 160 °C (nicht vorgeheizt) |
| Gas | Stufe 2–3 (vorgeheizt) |
| Backzeit | 20–25 Minuten |

## Zimtsterne

| | |
|---|---|
| 3 Eiweiß | mit Handrührgerät mit Rührbesen auf höchster Stufe steif schlagen |
| 250 g Puderzucker | sieben, nach und nach unterrühren, zum Bestreichen der Sterne 2 gut gehäufte Esslöffel Eischnee abnehmen |
| 1 Päckchen Vanillin-Zucker<br>3 Tropfen Backöl Bittermandel<br>1 gestrichenen TL gemahlenen Zimt | und die Hälfte von |
| 275–325 g nicht abgezogenen, gemahlenen Mandeln oder Haselnusskernen | vorsichtig auf niedrigster Stufe unter den übrigen Eischnee rühren, von dem Rest der Mandeln (Haselnusskerne) so viel unterkneten, dass der Teig kaum noch klebt, ihn auf einer mit |
| Puderzucker | bestäubten Arbeitsfläche etwa ½ cm dick ausrollen, Sterne ausstechen, auf ein mit Backpapier belegtes Backblech legen, mit dem zurückgelassenen Eischnee bestreichen, der Guss muss so sein, dass er sich glatt auf die Sterne streichen lässt, evtl. |
| einige Tropfen Wasser | unterrühren. |
| Ober-/Unterhitze | etwa 130–150 °C (vorgeheizt) |
| Heißluft | etwa 120 °C (nicht vorgeheizt) |
| Gas | Stufe 2–3 (nicht vorgeheizt) |
| Backzeit | 20–30 Minuten |
| | Das Gebäck muss sich beim Herausnehmen auf der Unterseite noch etwas weich anfühlen. |
| Tipp | Die Zimtsterne am besten in Kartons aufbewahren. |

# Schwarz-Weiß-Gebäck

| | |
|---|---|
| **Für den hellen Teig** | |
| 250 g Weizenmehl | mit |
| 1 gestrichenen TL Backpulver | mischen, in eine Rührschüssel sieben |
| 150 g Zucker<br>1 Päckchen Vanillin-Zucker<br>1 Prise Salz<br>1 Fläschchen Rum-Aroma<br>1 Ei<br>125 g weiche Margarine oder Butter | hinzufügen, die Zutaten mit Handrührgerät mit Knethaken zunächst kurz auf niedrigster, dann auf höchster Stufe gut durcharbeiten, anschließend auf der Arbeitsfläche zu einem glatten Teig verkneten, sollte er kleben, ihn eine Zeit lang kalt stellen. |
| **Für den dunklen Teig** | |
| 15 g Kakao | mit |
| 15 g Zucker<br>1 EL Milch | verrühren, unter die Hälfte des Teiges kneten, die beiden Teige folgendermaßen zusammensetzen: |
| **Für ein Schneckenmuster** | |
| Eiweiß | den hellen und den dunklen Teig zu gleichmäßig großen Rechtecken ausrollen ❶, eines dünn mit bestreichen, das zweite darauflegen, ebenfalls bestreichen, fest zusammenwickeln. |
| **Für ein Schachbrettmuster** | aus dem je 1 cm dick ausgerollten hellen und dunklen Teig jeweils 6 je 1 cm breite Streifen von gleicher Länge schneiden ❷, mit Eiweiß bestreichen, abwechselnd je 4 und 3 übereinanderlegen, in dünn ausgerollten Teig wickeln. |

Folgende Plätzchen lassen sich leichter herstellen:
Aus dem 1 cm dick ausgerollten Teig 1 cm breite Streifen schneiden, sie mit Eiweiß bestreichen, hellen und dunklen Teig jeweils etwa ½ cm dick ausrollen, um die dunklen Teigstreifen wickeln, den restlichen Teig kurz zusammenkneten, zu einer Rolle (Durchmesser etwa 2 ½ cm) formen, sämtliche Teigstangen eine Zeit lang kalt stellen, in gleichmäßige Scheiben schneiden ❸, auf ein Backblech legen ❹.

| | |
|---|---|
| **Ober-/Unterhitze** | 170–200 °C (vorgeheizt) |
| **Heißluft** | 150–170 °C (nicht vorgeheizt) |
| **Gas** | Stufe 3–4 (vorgeheizt) |
| **Backzeit** | 10–15 Minuten |

❶

❷

❸

❹

# Sables (Sandgebäck)

(Foto, 60 Stück)

| | |
|---|---|
| 250 g Weizenmehl<br>100 g gesiebten Puderzucker<br>1 Päckchen Vanillin-Zucker<br>1 Prise Salz<br>1 Ei<br>200 g weiche Butter<br>50 g abgezogene, gemahlene Mandeln | in eine Rührschüssel sieben<br><br>hinzufügen, die Zutaten mit Handrührgerät mit Knethaken zunächst auf niedrigster, dann auf höchster Stufe gut durcharbeiten, anschließend auf der Arbeitsfläche zu einem glatten Teig verkneten, den Teig 2 Stunden kalt stellen, etwa ½ cm dick ausrollen, etwa 4 cm große Kreise ausstechen, mit |
| 1 verquirlten Ei | bestreichen, mit |
| 40 g abgezogenen, gehobelten Mandeln | bestreuen, auf ein mit Backpapier belegtes Backblech legen. |
| Ober-/Unterhitze | 170–180 °C (vorgeheizt) |
| Heißluft | 140–160 °C (nicht vorgeheizt) |
| Gas | etwa Stufe 3 (vorgeheizt) |
| Backzeit | 10 Minuten |

# Nürnberger Elisenlebkuchen

(Teig für etwa 40 Oblaten, Durchmesser etwa 6 cm)

| | |
|---|---|
| **Für den Teig** | |
| 75 g Orangeat oder Zitronat | sehr fein würfeln |
| 125 g nicht abgezogene Mandeln | mahlen |
| 2 Eier | mit Handrührgerät mit Rührbesen auf höchster Stufe in 1 Minute schaumig schlagen |
| 200 g Farinzucker<br>1 Päckchen Vanillin-Zucker | mit<br>mischen, in 1 Minute einstreuen, dann noch etwa 2 Minuten schlagen |
| 1 Messerspitze gemahlene Nelken<br>½ Fläschchen Rum-Aroma<br>1–2 Tropfen Backöl Zitrone | unterrühren, die Mandeln mit |
| 1 Messerspitze Backpulver | mischen, mit dem Orangeat (Zitronat) und so viel von |
| 75–125 g gemahlenen Haselnusskernen* | mit einem Rührlöffel unter die Eiercreme rühren, dass der Teig noch streichfähig ist, auf jede Oblate einen gehäuften Teelöffel des Teiges geben, mit einem in Wasser getauchten Messer bergförmig auf der ganzen Oblate verstreichen, auf ein Backblech legen. |
| Ober-/Unterhitze | 130–150 °C (vorgeheizt) |
| Heißluft | 110–130 °C (nicht vorgeheizt) |
| Gas | Stufe 1–2 (nicht vorgeheizt) |
| Backzeit | 25–30 Minuten |
| **Für den hellen Guss** | |
| 150 g Puderzucker | sieben, mit |
| 1–2 EL heißem Wasser | glatt rühren, sodass eine dickflüssige Masse entsteht. |
| **Für den dunklen Guss** | |
| 75 g Schokolade | mit |
| 10 g Kokosfett | in einem kleinen Topf im Wasserbad bei schwacher Hitze zu einer geschmeidigen Masse verrühren, die Hälfte der Lebkuchen gleich nach dem Backen mit hellem und den Rest mit dunklem Guss bestreichen. |

* Die erforderliche Menge Haselnusskerne hängt von der Größe der Eier ab.

# Butterplätzchen

| | |
|---|---|
| 250 g Butter | zerlassen, kalt stellen, in das erkaltete, wieder etwas fest gewordene Fett nach und nach esslöffelweise |
| 125 g gesiebten Puderzucker<br>1 Päckchen Vanillin-Zucker | geben, so lange rühren, bis Butter und Zucker weißschaumig geworden sind, dann |
| 300 g Weizenmehl | sieben, ⅔ davon esslöffelweise unterrühren, wenn der Teig fester wird, |
| 1 EL Milch | hinzufügen, den Rest des Mehls mit dem Teigbrei zu einem glatten Teig in kleinen Mengen dünn ausrollen, mit kleinen beliebigen Formen ausstechen, auf ein Backblech legen. |
| Ober-/Unterhitze | 170–200 °C (vorgeheizt) |
| Heißluft | 150–180 °C (nicht vorgeheizt) |
| Gas | Stufe 2–3 (vorgeheizt) |
| Backzeit | etwa 5 Minuten |

# PATISSERIE

Fein, feiner, vom Feinsten. Da sind die Kleinen ganz groß. Petits fours, diese runden, eckigen, quadratischen oder rautenförmigen, überwiegend aus Biskuit hergestellten Superteilchen sind sanfte Verführer. Sie reizen das Auge mit abenteuerlichen Glasuren und phänomenalen Dekorationen. Sie verwöhnen den Gaumen mit raffinierten Füllungen und verdrehen einem als wahre Leckerbissen den Kopf. Diesem Angriff auf alle Sinne ist man hilflos ausgeliefert. Aber selten war eine Niederlage so süß!

## Petits fours

**Für den Teig**

| | |
|---|---|
| 6 Eier | mit Handrührgerät mit Rührbesen auf höchster Stufe in 1 Minute schaumig schlagen |
| 180 g Zucker | in 1 Minute einstreuen |
| 1 TL Honig | hinzufügen, dann noch etwa 2 Minuten schlagen |
| 100 g Weizenmehl | auf die Eiercreme sieben, kurz auf niedrigster Stufe unterrühren, die Hälfte des Teiges auf ein gefettetes, mit Backpapier belegtes Backblech streichen, an der offenen Seite des Blechs das Papier unmittelbar vor dem Teig zur Falte knicken, sodass ein Rand entsteht. |
| Ober-/Unterhitze | etwa 200 °C (vorgeheizt) |
| Heißluft | etwa 180 °C (nicht vorgeheizt) |
| Gas | etwa Stufe 4 (vorgeheizt) |
| Backzeit | etwa 10 Minuten |
| | Den Biskuit nach dem Backen sofort auf ein mit |
| Zucker | bestreutes Geschirrtuch stürzen, das Backpapier mit kaltem Wasser bestreichen, vorsichtig, aber schnell abziehen, erkalten lassen, mit der restlichen Teighälfte genauso verfahren, eine Gebäckplatte mit |
| 5 EL Aprikosenkonfitüre | bestreichen, mit der zweiten Gebäckplatte bedecken, diese mit |
| 5 EL Himbeerkonfitüre | bestreichen |
| 200 g Marzipan-Rohmasse | mit |
| 100 g gesiebtem Puderzucker | verkneten, die Masse in der Größe der Gebäckplatte ausrollen, darauflegen, beliebige Motive (Dreiecke, Ovale, Kreise, Rauten oder Halbmonde) ausstechen. |

**Für den Guss**

| | |
|---|---|
| 500 g Puderzucker | sieben, mit |
| 5–6 EL Wasser | verrühren, nach Belieben den Guss mit |
| Lebensmittelfarben | zart einfärben, die Petits fours damit überziehen, die Petits fours nach Belieben mit |
| Plätzchenschmuck (z. B. Liebesperlen, Silberkügelchen, bunten Zuckerkugeln), kandierten Veilchen und Früchten, Schokoladenstreuseln, Schokoladenkuvertüre | garnieren. |

# Weißwein-Röllchen

**Für den Teig**

| | |
|---|---|
| 3 Eier<br>1 Eigelb | mit Handrührgerät mit Rührbesen auf höchster Stufe in 1 Minute schaumig schlagen |
| 50 g Zucker | mit |
| 1 Päckchen Vanillin-Zucker | mischen, in 1 Minute einstreuen, dann noch etwa 2 Minuten schlagen |
| 60 g Weizenmehl | mit |
| 1 Messerspitze Backpulver | mischen, die Hälfte davon auf die Eiercreme sieben, kurz auf niedrigster Stufe unterrühren, den Rest des Mehl-Gemisches auf dieselbe Weise unterarbeiten, den Teig etwa 1 cm dick auf ein gefettetes, mit Backpapier belegtes Backblech streichen, an der offenen Seite des Blechs das Papier unmittelbar vor dem Teig zur Falte knicken, sodass ein Rand entsteht. |
| Ober-/Unterhitze | 200–220 °C (vorgeheizt) |
| Heißluft | 170–190 °C (nicht vorgeheizt) |
| Gas | Stufe 3–4 (vorgeheizt) |
| Backzeit | 8–10 Minuten |
| | Sofort nach dem Backen Gebäck auf ein mit |
| Zucker | bestreutes Geschirrtuch stürzen, Backpapier mit Wasser bestreichen, vorsichtig, aber schnell abziehen, Platte mithilfe des Geschirrtuchs von der längeren Seite her aufrollen, erkalten lassen. |

**Für die Füllung**

| | |
|---|---|
| 1 Packung Weißwein-Creme | nach Anleitung auf der Packung, aber ohne Wasser eine Creme zubereiten, Biskuitplatte vorsichtig auseinanderrollen, der Länge nach halbieren, mit Creme bestreichen (an den Längsseiten jeweils 2 cm frei lassen), jede Hälfte jeweils zu einer Rolle formen, gut verpackt etwa 2 Stunden in das Gefrierfach legen, Rollen in Scheiben schneiden. |

**Für den Guss**

| | |
|---|---|
| 100 g Vollmilch-Schokolade | in kleine Stücke brechen, mit |
| etwas Kokosfett | in einem kleinen Topf im Wasserbad bei schwacher Hitze zu einer geschmeidigen Masse verrühren, die Röllchen damit bestreichen, mit |
| Schokoplättchen | garnieren. |

## Kirschwasser-Trüffel

(Foto)

| | |
|---|---|
| 200 g Vollmilch-Schokolade | in Stücke brechen, in einem kleinen Topf im Wasserbad bei schwacher Hitze zu einer geschmeidigen Masse verrühren, |
| 50 g Crème double | hinzufügen |
| 35 g feinkörnigen Zucker | unterrühren, die Masse in eine Rührschüssel geben, erkalten lassen, mit Handrührgerät mit Rührbesen hell-cremig rühren |
| 3 EL Kirschwasser | hinzufügen, die Masse abkühlen lassen, die Masse mithilfe von 2 Teelöffeln zu Kugeln formen, auf einem Teller in |
| 40 g gesiebtem Puderzucker oder Kakaopulver | wälzen, kühl aufbewahren. |

## Mandelsplitter-Trüffel

| | |
|---|---|
| **Für die Masse** | |
| 125 g Butter | mit |
| 1 gehäuften EL gesiebtem Puderzucker | |
| 1 gestrichenen EL Fruchtzucker | mit Handrührgerät mit Rührbesen auf höchster Stufe cremig rühren |
| 250 g Zartbitter-kuvertüre | in Stücke brechen, in einem kleinen Topf im Wasserbad bei schwacher Hitze zu einer geschmeidigen Masse verrühren, etwas abkühlen lassen (die Kuvertüre sollte flüssig, jedoch nicht mehr zu warm sein) |
| 5 EL Mandellikör | mit der Kuvertüre unter die Buttermasse rühren, die Masse in einen Spritzbeutel mit Lochtülle füllen, auf Pergamentpapier spritzen, auf jedes Häufchen einige |
| geröstete Mandelsplitter | drücken, die Trüffel auskühlen lassen. |
| **Für den Guss** | |
| Vollmilch-Kuvertüre | in einem kleinen Topf im Wasserbad bei schwacher Hitze geschmeidig rühren, die Trüffel damit überziehen, mit |
| weißen Schokoladen-raspeln | garnieren. |

# Mozartkugeln

(Foto)

| | |
|---|---|
| 200 g kalte Nuss-Nougat-Masse | in kleine Würfel (1,5 x 1,5 cm) schneiden, zu Kugeln formen, kalt stellen |
| 200 g Marzipan-Rohmasse | mit Handrührgerät mit Knethaken geschmeidig rühren |
| 2 EL Kirschwasser<br>10 g fein gehackte Pistazienkerne | hinzufügen |
| 125 g gesiebten Puderzucker | unterkneten, die Marzipanmasse zu einer etwa 2 cm dicken Rolle formen, in so viele Stücke schneiden, wie Kugeln vorhanden sind, die Marzipanstücke auf einer mit |
| Puderzucker | bestäubten Arbeitsfläche flach auseinanderdrücken, die Nougatkugeln darauflegen, die Marzipanmasse darüber zusammenschlagen, an den Rändern gut andrücken, zu Kugeln formen |
| 100 g Speisefettglasur | nach Anleitung auflösen, die Mozartkugeln mit 2 Gabeln hineintauchen, auf ein enges Kuchengitter oder auf Pergamentpapier setzen (bei Verwendung von Pergamentpapier die Mozartkugeln evtl. noch ein Mal umsetzen, damit sie keine »Füßchen« bekommen), die Mozartkugeln in Cellophantüten verpacken oder in verschlossenen Glas- oder Porzellangefäßen kühl aufbewahren. |

# Nougat-Pralinen

| | |
|---|---|
| **Für die Masse** | |
| 125 ml (1/8 l) Schlagsahne | aufkochen lassen |
| 250 g Zartbitter-Kuvertüre | darin auflösen, den Topf von der Kochstelle nehmen |
| 150 g Nuss-Nougat<br>30 g Butter<br>2 EL Erdnussbutter | unterrühren, den Topf in eine Schüssel mit |
| Eiswasser | stellen, die Masse mit Handrührgerät mit Rührbesen so lange schlagen, bis sie schaumig und kalt ist, die Masse in einen Spritzbeutel mit gezackter Tülle füllen, in Pralinenförmchen spritzen, mit |
| Puderzucker | bestäuben. |

# Schweine-öhrchen

**1 Packung (300 g) tiefgekühlten Blätterteig** bei Zimmertemperatur auftauen lassen, die Platten aufeinanderlegen, zu einem Rechteck (55 x 22 cm) ausrollen, mit

**25 g zerlassener, abgekühlter Butter** bestreichen

**50 g Zucker**
**1 Päckchen Vanillin-Zucker** mischen, den Teig damit bestreuen, von der Teigplatte den linken Teil der langen Seite zu 2/3 und den rechten zu 1/3 zusammenlegen, sodass die Kanten aneinanderstoßen, dann den Teig an der längeren Seite zur Hälfte überschlagen, so vor sich liegen lassen, dieses Teigstück zu einer Platte (30 x 30 cm) ausrollen, die linke und die rechte Seite so zur Mitte überschlagen, dass in der Mitte 2 cm Teig frei bleiben, die linke breite Kante auf die rechte legen, den Teig so lange kalt stellen, bis er schnittfest geworden ist, knapp 1 cm dicke Scheiben davon abschneiden, auf ein mit Wasser abgespültes Backblech legen.

**Ober-/Unterhitze** 170–200 °C (vorgeheizt)
**Heißluft** 160–180 °C (nicht vorgeheizt)
**Gas** Stufe 3–4 (vorgeheizt)
**Backzeit** 15–20 Minuten

Die heißen Schweineöhrchen mit
**Zucker** bestreuen.

**Tipp** Schweineöhrchen können in gut schließenden Dosen 2–3 Wochen aufbewahrt werden.

# Mandelbögen

(etwa 25 Stück)

| | |
|---|---|
| 160 g abgezogene, gemahlene Mandeln | mit |
| 1 ½ EL Weizenmehl | vermischen |
| 3 Eiweiß | mit |
| 1 Prise Salz | steif schlagen |
| 150 g feinkörnigen Zucker<br>1 Päckchen Vanillin-Zucker<br>1 Messerspitze gemahlenen Zimt | nach und nach unterrühren, die Mandel-Mehl-Mischung und |
| 1 Eigelb | hineingeben, so lange rühren, bis eine einheitliche Masse entstanden ist, die Masse in einen Spritzbeutel mit glatter Tülle füllen, auf ein gut gefettetes Backblech in großen Abständen walnussgroße Kugeln spritzen, mit |
| 40 g abgezogenen, gehobelten Mandeln oder 40 g gehackten Pistazien oder 40 g Hagelzucker | bestreuen. |
| Ober-/Unterhitze | etwa 180 °C (vorgeheizt) |
| Heißluft | etwa 150 °C (nicht vorgeheizt) |
| Gas | etwa Stufe 2 (vorgeheizt) |
| Backzeit | etwa 12 Minuten |
| | Das Backblech aus dem Ofen nehmen, die Plätzchen einzeln ablösen, sofort über einer Teigrolle zu Bögen biegen, abkühlen lassen. |
| Tipp | Die Mandelbögen mit heller oder dunkler Kuvertüre verzieren. Nicht zu viele Mandelbögen backen, da sie schnell kross werden. |

# Mandel-Petits-fours

**Für den Teig**

| | |
|---|---|
| 2 Eier | mit |
| 3 EL heißem Wasser | mit Handrührgerät mit Rührbesen in etwa 1 Minute auf höchster Stufe schaumig schlagen |
| 100 g Zucker<br>1 Päckchen Vanillin-Zucker | mischen, einstreuen, noch 2 Minuten schlagen |
| 75 g Weizenmehl | mit |
| 50 g Speisestärke<br>1 gestrichenen TL Backpulver | mischen, sieben, mit |
| 50 g abgezogenen, gemahlenen Mandeln | kurz auf niedrigster Stufe unterrühren, den Teig etwa 1 cm dick auf ein gefettetes, mit Backpapier belegtes Backblech streichen, an der offenen Seite des Backblechs das Papier unmittelbar vor dem Teig zur Falte knicken, sodass ein Rand entsteht. |
| Ober-/Unterhitze | 170–200 °C (vorgeheizt) |
| Heißluft | 160–170 °C (nicht vorgeheizt) |
| Gas | Stufe 3–4 (vorgeheizt) |
| Backzeit | 10–15 Minuten |

| | |
|---|---|
| | Den Biskuit nach dem Backen sofort auf ein mit |
| Zucker | bestreutes Geschirrtuch stürzen, das Papier mit kaltem Wasser bestreichen, vorsichtig, aber schnell abziehen, den Biskuit kalt stellen, mit einer runden Form (Durchmesser etwa 4 cm) Plätzchen ausstechen. |

**Für die Füllung**

| | |
|---|---|
| 25 g weiche Butter | mit |
| 2 gehäuften EL gesiebtem Puderzucker<br>1 EL Maraschino (Kirschlikör) | verrühren, die Hälfte der Plätzchen damit bestreichen, die übrigen daraufsetzen. |

**Für den Guss**

| | |
|---|---|
| 300 g weiße Schokolade | in Stücke brechen, mit |
| 40 g Kokosfett | in einem kleinen Topf im Wasserbad bei schwacher Hitze zu einer geschmeidigen Masse verrühren, die Petits fours damit überziehen. |
| 1 EL Puderzucker | mit |
| 1 TL Kakao | sieben, mit |
| etwas Wasser | zu einem dickflüssigen Guss verrühren, die Petits fours damit bespritzen, mit einem Holzstäbchen den dunklen Guss durch den hellen Guss ziehen, mit |
| Plätzchenschmuck | garnieren. |

# Petits fours »Cassis«

(Foto, 6 Stück)

**Für die Füllung**

10 g Butter — zerlassen
60 g Semmelbrösel — darin goldbraun rösten
200 g schwarze Johannisbeerkonfitüre — durch ein Sieb streichen, mit den Semmelbröseln vermengen, mit
gemahlenem Zimt, gemahlenen Nelken — würzen
1 Packung Waffeln mit Dessert-Creme-Füllung — mit der Konfitüremasse zusammensetzen (jeweils 4 Waffeln für 1 Petit four).

**Für den Guss**

300 g Puderzucker — sieben, mit
80 ml Crème de Cassis (Johannisbeerlikör) — glatt rühren, die Petits fours damit überziehen, mit
kandierten Kirschen — garnieren.

# Petits fours »Nero«

(Foto, 6 Stück)

**Für die Füllung**

6 Eigelb — mit
120 g Zucker — mit Handrührgerät mit Rührbesen schaumig rühren
250 g geriebene Haselnusskerne — unterrühren
1 Packung Waffelblätter mit Milchschokolade — mit der Nussmasse zusammensetzen (jeweils 5 Waffeln für 1 Petit four).

**Für den Guss**

300 g Puderzucker — sieben, mit
2–3 EL Instant-Kakaopulver
4–5 EL Wasser — zu einer dickflüssigen Masse verrühren, die Petits fours damit überziehen, mit
abgezogenen Haselnusskernen — verzieren.

**Tipp** Zum Abziehen (Enthäuten) der Haselnüsse, diese auf einem Backblech im Backofen bei etwa 200 °C so lange erhitzen, bis sich die braunen Häutchen abreiben lassen. Die Haut mit einem Küchentuch abreiben.

# Petits fours »Sine«

(Foto, 10 Stück)

| | |
|---|---|
| **Für die Füllung** | |
| 500 g Doppelrahm-Frischkäse | mit |
| 5 EL Orangenmarmelade | |
| 10 EL frisch gepresstem Orangensaft | |
| 3 EL Orangenlikör | |
| 1 Prise Safran | mit Handrührgerät mit Rührbesen zu einer glatten Masse verrühren |
| 1 Packung Orangenplätzchen | mit der Creme zusammensetzen (jeweils 6 Plätzchen für 1 Petit four), jedes Petit four an den Seiten und oben mit Orangencreme bestreichen. |
| **Für den Guss** | |
| 400 g Puderzucker | sieben, mit |
| 5–6 EL frisch gepresstem Orangensaft | |
| 4 EL Orangenlikör | glatt rühren |
| 1 Prise Safran | unterrühren, die Petits fours damit überziehen, mit |
| Orangeatwürfeln | garnieren. |

# Rumkugeln

| | |
|---|---|
| 100 g weiche Butter | mit Handrührgerät mit Rührbesen geschmeidig rühren, nach und nach |
| 100 g gesiebten Puderzucker | |
| 1 Päckchen Vanillin-Zucker | |
| 300 g geriebene Blockschokolade | |
| 3 EL Rum | unterrühren, zum Schluss |
| 125 g in Rum eingelegte Rosinen | hinzufügen, die Masse eine Zeit lang kalt stellen, kleine Kugeln daraus formen, in |
| 100–150 g Schokostreuseln (wahlweise Kakaopulver, Kokosraspeln oder Schokoplättchen) | wälzen, die Rumkugeln in Cellophantüten verpackt oder in verschlossenen Glas- oder Porzellangefäßen kühl aufbewahren. |

# HOHE SCHULE

»Hmmmh…, wie himmlisch!« Der verzückte Augenaufschlag des Gastes angesichts des ersten soeben genossenen Happens ist stets das größte Lob für den Bäcker. Doch vor solch einen Erfolg haben die Götter der Backkunst bekanntlich Geduld und Erfahrung gesetzt. Kein Zweifel, ihre Kunst verlangt hohes Können. Und das ist Schritt für Schritt erlernbar. Wer sich zunächst einen Platz mit Plätzchen sichert, wer sich dann – quadratisch, praktisch, gut – am Blechkuchen versucht und schließlich das Terrain der Torten erobert, der hat seine Lektionen gelernt. Machen Sie sich also bereit zur Meisterprüfung der Hohen Schule! Greifen Sie ruhig nach den Sternen und holen Sie sich mit unseren Rezepten den Himmel auf Erden. Wir beginnen ebenso folgerichtig wie unbescheiden mit der Himmelstorte…

# KUCHEN

Wenn sich zwei das Jawort geben, dann ist das immer etwas ganz Besonderes. Und wenn es sich dabei auch noch um einen vielgeliebten Gesellen mit weicher Schale und hartem Kern handelt, der nun endlich unter die Haube kommt, dann ist das ein Grund zum Feiern und Schlemmen.
Keine Frage, die Verbindung von Pfirsichkuchen und Makronenhäubchen ist eine ganz köstliche Affäre, die schon so manchem zum genusssüchtigen Verhängnis geworden ist. Ein gebackenes Versprechen, auf das man sich öfter besinnen sollte.

## Pfirsichkuchen

| | |
|---|---|
| **Für den Teig** | |
| 200 g weiche Butter | mit Handrührgerät mit Rührbesen auf höchster Stufe geschmeidig rühren, nach und nach |
| 150 g Zucker<br>1 Päckchen Vanillin-Zucker<br>1 Prise Salz<br>abgeriebene Schale von ½ Zitrone (unbehandelt)<br>1 EL Rum<br>½ TL gemahlenen Zimt oder Koriander | unterrühren, so lange rühren, bis eine gebundene Masse entstanden ist |
| 4 Eier | nach und nach unterrühren (jedes Ei etwa ½ Minute) |
| 300 g Weizenmehl | mit |
| 50 g Speisestärke<br>3 gestrichenen TL Backpulver | mischen, sieben, esslöffelweise auf mittlerer Stufe unterrühren, den Teig auf ein gefettetes Backblech streichen, vor den Teig einen mehrfach geknickten Streifen Alufolie legen |
| etwa 1 kg gedünstete, abgezogene Pfirsichhälften | abtropfen lassen, den Kuchen in Abständen (Wölbung nach unten) damit belegen. |
| **Für die Makronenmasse** | |
| 2 Eiweiß | mit dem Handrührgerät mit Rührbesen steif schlagen, es muss so fest sein, dass ein Messerschnitt sichtbar bleibt, nach und nach esslöffelweise |
| 100 g Zucker<br>3 Tropfen Backöl Zitrone | unterschlagen |
| 175 g gemahlene Haselnüsse | vorsichtig auf niedrigster Stufe unterrühren, die Masse in die Pfirsichvertiefungen füllen. |
| Ober-/Unterhitze | etwa 180 °C (vorgeheizt) |
| Heißluft | etwa 160 °C (nicht vorgeheizt) |
| Gas | Stufe 2–3 (vorgeheizt) |
| Backzeit | etwa 30 Minuten |

# Gelb-Weiß-Kuchen

| | |
|---|---|
| **Für den Belag** | |
| 50 g Butter | erhitzen, nach und nach |
| 3 EL Milch | |
| 50 g Zucker | |
| 1 Päckchen Vanillin-Zucker | |
| 75 g abgezogene, gehobelte Mandeln | hinzugeben, unter Rühren erhitzen, erkalten lassen. |
| **Für Teig I** | |
| 75 g weiche Butter | mit Handrührgerät mit Rührbesen auf höchster Stufe geschmeidig rühren, nach und nach |
| 125 g Zucker | |
| 1 Päckchen Vanillin-Zucker | unterrühren, so lange rühren, bis eine gebundene Masse entstanden ist |
| 4 Eiweiß | nach und nach unterrühren (jedes Eiweiß etwa ½ Minute) |
| 150 g Weizenmehl | mit |
| 2 gestrichenen TL Backpulver | mischen, sieben, abwechselnd esslöffelweise mit |
| 3–4 EL Milch | unterrühren |
| 125 g Kokosraspel | auf mittlerer Stufe unterrühren, den Teig in eine mit Backpapier ausgelegte Kastenform (30 x 11 cm) füllen, in die Mitte eine Vertiefung eindrücken. |
| **Für Teig II** | |
| 25 g Butter | geschmeidig rühren, nach und nach |
| 50 g Zucker | |
| 1 Päckchen Vanillin-Zucker | unterrühren, so lange rühren, bis eine gebundene Masse entstanden ist |
| 4 Eigelb | nach und nach unterrühren (jedes Eigelb etwa ½ Minute) |
| 100 g Weizenmehl | mit |
| 1 Päckchen Puddingpulver Vanille-Geschmack | |
| 2 gestrichenen TL Backpulver | mischen, sieben, abwechselnd esslöffelweise mit |
| 2 EL Milch | unterrühren (nur so viel Milch verwenden, dass der Teig – schwer reißend – vom Löffel fällt), den Teig auf Teig I in die Kastenform geben ❶, gleichmäßig verstreichen, mit dem erkalteten Belag bedecken ❷. |
| Ober-/Unterhitze | 160–170 °C (vorgeheizt) |
| Heißluft | 150–160 °C (nicht vorgeheizt) |
| Gas | Stufe 2–3 (nicht vorgeheizt) |
| Backzeit | 45–60 Minuten |

❶

❷

# Marzipankuchen

**Für den Teig**

**200 g Marzipan-Rohmasse** mit
**200 g Butter** mit Handrührgerät mit Rührbesen auf höchster Stufe geschmeidig rühren, nach und nach
**100 g Zucker**
**1 Päckchen Vanillin-Zucker**
**2 Tropfen Backöl Bittermandel** unterrühren, so lange rühren, bis eine gebundene Masse entstanden ist
**4 Eier** nach und nach unterrühren (jedes Ei etwa ½ Minute)
**250 g Weizenmehl** mit
**75 g Speisestärke**
**1 gestrichenen TL Backpulver** mischen, sieben, esslöffelweise auf mittlerer Stufe unterrühren

den Teig in eine gefettete, mit Backpapier ausgelegte Kastenform (30 x 11 cm) füllen.

**Ober-/Unterhitze** 150–170 °C (vorgeheizt)
**Heißluft** 130–150 °C (nicht vorgeheizt)
**Gas** Stufe 2–3 (nicht vorgeheizt)
**Backzeit** etwa 65 Minuten

**Für den Guss**

**100 g Zartbitter-Schokolade** in kleine Stücke brechen, mit
**etwas Kokosfett** in einem kleinen Topf im Wasserbad bei schwacher Hitze zu einer geschmeidigen Masse verrühren, den erkalteten Kuchen mit dem Guss überziehen.

**Tipp** Bevor der Schokoladenguss aufgetragen wird, den warmen Kuchen mit 2 Esslöffeln Aprikosenkonfitüre (durch ein Sieb gestrichen) bestreichen.

# Donauwellen

| | |
|---|---|
| **Für den Teig** | |
| 250 g weiche Margarine oder Butter | mit Handrührgerät mit Rührbesen auf höchster Stufe geschmeidig rühren, nach und nach |
| 200 g Zucker<br>1 Päckchen Vanillin-Zucker<br>1 Prise Salz | unterrühren, so lange rühren, bis eine gebundene Masse entstanden ist |
| 5 Eier | nach und nach unterrühren (jedes Ei etwa ½ Minute) |
| 375 g Weizenmehl | mit |
| 3 gestrichenen TL Backpulver | mischen, sieben, esslöffelweise auf mittlerer Stufe unterrühren, knapp ⅔ des Teiges auf ein gefettetes Backblech streichen ❶ |
| 20 g Kakao | sieben, mit |
| 1 EL Milch | unter den restlichen Teig rühren, gleichmäßig auf dem hellen Teig verteilen ❷, vor den Teig einen mehrfach umgeknickten Streifen Alufolie legen |
| etwa 720 g entsteinte Sauerkirschen (aus dem Glas) | gut abtropfen lassen, auf dem dunklen Teig verteilen ❸. |

| | |
|---|---|
| **Ober-/Unterhitze** | 170–200 °C (vorgeheizt) |
| **Heißluft** | 150–170 °C (nicht vorgeheizt) |
| **Gas** | Stufe 3–4 (vorgeheizt) |
| **Backzeit** | 35–40 Minuten |

| | |
|---|---|
| **Für die Buttercreme** | aus |
| 1 Päckchen Puddingpulver Vanillegeschmack<br>100 g Zucker<br>500 ml (½ l) Milch | nach Anleitung auf dem Päckchen einen Pudding zubereiten, kalt stellen, ab und zu durchrühren |
| 250 g weiche Butter | geschmeidig rühren, den erkalteten Pudding esslöffelweise darunterrühren (darauf achten, dass weder Butter noch Pudding zu kalt sind, da dann die sogenannte Gerinnung eintritt), die erkaltete Gebäckplatte gleichmäßig mit der Buttercreme bestreichen ❹, kalt stellen. |
| **Für den Guss** | |
| 200 g Zartbitter-Schokolade | in kleine Stücke brechen, mit |
| etwas Kokosfett | in einem kleinen Topf im Wasserbad bei schwacher Hitze zu einer geschmeidigen Masse verrühren, den Guss auf die festgewordene Buttercreme streichen. |

❶

❷

❸

❹

# Plunderkranz

**Für den Teig**

| | |
|---|---|
| 375 g Weizenmehl | in eine Rührschüssel sieben, mit |
| 1 Päckchen Trocken-Backhefe | sorgfältig mischen |
| 50 g Zucker<br>1 Päckchen Vanillin-Zucker<br>1 Prise Salz<br>1 Ei<br>50 g in Stücke geschnittene Butter<br>200 g kalte Milch | hinzufügen, alles mit Handrührgerät mit Knethaken zuerst auf niedrigster, dann auf höchster Stufe in etwa 5 Minuten zu einem Teig verarbeiten, 5 Minuten bei Zimmertemperatur ruhen lassen, den Teig zu einem Rechteck (25 x 40 cm) ausrollen |
| 150 g kalte Butter | in Scheiben schneiden, die Hälfte der Teigplatte (25 x 20 cm) damit belegen, die andere Teighälfte daraufklappen, mit dem Teigroller leicht andrücken, das Teigpaket mit der breiten Seite zur Tischkante legen, wieder zu einem Rechteck (25 x 40 cm) ausrollen, von den kürzeren Seiten her zur Mitte hin so zusammenklappen, dass die Teigkanten aneinanderstoßen, den Teig nochmals von der längeren Seite her so überschlagen, dass 4 Teiglagen entstehen, 15 Minuten in den Kühlschrank legen, das Teigpaket mit der breiten Seite zur Tischkante legen, noch ein Mal ausrollen und zusammenschlagen, wie oben beschrieben, den Teig nochmals 15 Minuten kühl stellen. |

**Für die Füllung**

| | |
|---|---|
| 200 g Marzipan-Rohmasse | mit |
| 50 g weicher Butter | mit Handrührgerät mit Rührbesen geschmeidig rühren |
| 1 EL Rum | unterrühren, den Teig zu einem Rechteck (50 x 40 cm) ausrollen, die Marzipanmasse daraufstreichen, mit |
| 175 g verlesenen Rosinen<br>50 g abgezogenen, gehackten Mandeln | bestreuen, die Teigplatte der Länge nach durchschneiden, beide Teighälften von der längeren Seite her aufrollen, umeinanderschlingen, als Kranz auf ein gefettetes Backblech legen, den Teig nochmals 15 Minuten bei Zimmertemperatur ruhen lassen. |

| | |
|---|---|
| Ober-/Unterhitze | 170–200 °C (vorgeheizt) |
| Heißluft | 150–170 °C (nicht vorgeheizt) |
| Gas | Stufe 3–4 (vorgeheizt) |
| Backzeit | 35–40 Minuten |

**Zum Aprikotieren**

| | |
|---|---|
| 1 EL Aprikosenkonfitüre | durch ein Sieb streichen, mit |
| 1 EL Wasser | unter Rühren kurz aufkochen lassen, sofort nach dem Backen den Kranz damit bestreichen, etwas abkühlen lassen. |

**Für den Guss**

| | |
|---|---|
| 50 g Puderzucker | sieben, mit |
| 1–2 EL Rum | glatt rühren, sodass eine dünnflüssige Masse entsteht, den Plunderkranz damit überziehen, mit |
| abgezogenen, gehobelten Mandeln | bestreuen. |

**Tipp** Plundergebäck schmeckt am besten, wenn es ganz frisch serviert wird.

# Früchtekuchen

| | |
|---|---|
| 125 g Haselnusskerne | halbieren |
| 125 g getrocknete Feigen | in Würfel schneiden |
| 250 g Rosinen | verlesen |
| 3 Eier | mit Handrührgerät mit Rührbesen auf höchster Stufe in 1 Minute schaumig schlagen |
| 125 g Zucker | mit |
| 1 Päckchen Vanillin-Zucker | mischen, in 1 Minute einstreuen, dann noch etwa 2 Minuten schlagen |
| ½ Fläschchen Rum-Aroma | |
| 1 Messerspitze gemahlenen Zimt | kurz unterrühren |
| 125 g Weizenmehl | mit |
| 50 g Speisestärke | |
| 1 gestrichenen TL Backpulver | mischen, sieben, alle Zutaten mit |
| 60 g abgezogenen, gehackten Mandeln | |
| 125 g gewürfeltem Zitronat (Sukkade) | auf niedrigster Stufe unter die Eiercreme rühren, den Teig in eine mit Backpapier ausgelegte Kastenform (30 x 11 cm) füllen. |

| | |
|---|---|
| Ober-/Unterhitze | 170–200 °C (vorgeheizt) |
| Heißluft | 150–170 °C (nicht vorgeheizt) |
| Gas | Stufe 2–3 (nicht vorgeheizt) |
| Backzeit | 70–90 Minuten |

# Baklava

**Für den Teig**

| | |
|---|---|
| 500 g Weizenmehl | in eine Rührschüssel sieben |
| 1 Prise Salz | |
| 4 Eier | |
| 3 EL Speiseöl | |
| 100 ml lauwarmes Wasser | hinzufügen, die Zutaten mit Handrührgerät mit Knethaken zunächst kurz auf niedrigster, dann auf höchster Stufe gut durcharbeiten, anschließend auf der Arbeitsfläche zu einem glatten Teig verkneten, etwa 1 Stunde ruhen lassen, den Teig in 10 Teile teilen. |

**Für die Füllung**

| | |
|---|---|
| 100 g Zucker | mit |
| 1 EL Zimt | mischen |
| 150 g Butter | zerlassen, eine Teigplatte im Format 20 x 40 cm sehr dünn ausrollen (wie einen Strudelteig), in eine rechteckige Auflaufform geben, mit etwas Butter bestreichen, mit etwas Zimt-Zucker, etwas von |
| 100 g gemahlenen Mandeln | |
| 50 g gehackten Pistazien | bestreuen, die übrigen Teigteile wie oben beschrieben sehr dünn ausrollen, wieder mit Butter bestreichen und mit Zimt-Zucker, Mandeln und Pistazien bestreuen, so fortfahren, die letzte Teigschicht nur mit Butter bestreichen. |

| | |
|---|---|
| Ober-/Unterhitze | etwa 180 °C (vorgeheizt) |
| Heißluft | etwa 160 °C (nicht vorgeheizt) |
| Gas | etwa Stufe 3–4 (vorgeheizt) |
| Backzeit | 30 Minuten |

| | |
|---|---|
| 2 EL Honig | mit dem |
| Saft von 1 Zitrone | verrühren, das fertige Gebäck sofort damit bestreichen, mit |
| Sesamsamen | bestreuen. |

# Orangenkuchen

**Für den Teig**

| | |
|---|---|
| 150 g weiche Butter oder Margarine | mit Handrührgerät mit Rührbesen auf höchster Stufe geschmeidig rühren, nach und nach |
| 150 g Zucker<br>1 Päckchen Vanillin-Zucker<br>1 Prise Salz<br>abgeriebene Schale von ½ Orange (unbehandelt) ❶ | unterrühren, so lange rühren, bis eine gebundene Masse entstanden ist |
| 3 Eier | nach und nach unterrühren (jedes Ei etwa ½ Minute) |
| 150 g Weizenmehl | mit |
| 1 gestrichenen TL Backpulver | mischen, sieben, esslöffelweise auf mittlerer Stufe unterrühren, den Teig in eine gefettete Rehrückenform (30 x 11 cm) füllen ❷. |

| | |
|---|---|
| Ober-/Unterhitze | 170–200 °C (vorgeheizt) |
| Heißluft | 150–170 °C (nicht vorgeheizt) |
| Gas | Stufe 3–4 (vorgeheizt) |
| Backzeit | etwa 45 Minuten |

**Für den Guss**

| | |
|---|---|
| 125 ml (⅛ l) ausgepressten Orangensaft | mit |
| etwas abgeriebener Orangen- und Zitronenschale (unbehandelt)<br>75 g Zucker | verrühren, den Kuchen nach dem Backen stürzen, wieder in die Form geben, die flache Seite mit einem Holzstäbchen mehrmals einstechen ❸, mit etwas Saft beträufeln (am besten mit einem Pinsel), kurz einziehen lassen, den Kuchen wieder stürzen ❹, die gewölbte Seite einstechen, mit dem restlichen Saft bestreichen, den erkalteten Kuchen nach Belieben mit |
| Puderzucker | bestäuben. |

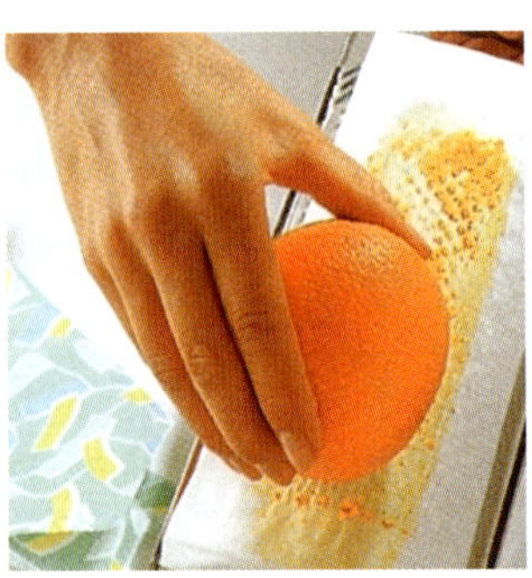

❶

❷

❸

❹

# Amerikanischer Mokka-Igel

| | |
|---|---|
| **Für den Teig** | |
| 3 Eier | |
| 3 EL heißes Wasser | mit Handrührgerät mit Rührbesen auf höchster Stufe in 1 Minute schaumig schlagen |
| 125 g Zucker | mit |
| 1 Päckchen Vanillin-Zucker | mischen, in 1 Minute einstreuen, dann noch etwa 2 Minuten schlagen |
| 100 g Weizenmehl | mit |
| 1 gestrichenen TL Backpulver | |
| 50 g Speisestärke | mischen, die Hälfte davon auf die Eiercreme sieben, kurz auf niedrigster Stufe unterrühren, den Rest des Mehl-Gemisches auf dieselbe Weise unterarbeiten, den Teig etwa 1 cm dick auf ein gefettetes, mit Backpapier belegtes Backblech streichen, an der offenen Seite des Blechs das Papier unmittelbar vor dem Teig zur Falte knicken, sodass ein Rand entsteht. |
| Ober-/Unterhitze | 200–220 °C (vorgeheizt) |
| Heißluft | 180–200 °C (nicht vorgeheizt) |
| Gas | Stufe 3–4 (vorgeheizt) |
| Backzeit | 10–15 Minuten |
| Zucker | Sofort nach dem Backen auf ein mit bestreutes Geschirrtuch stürzen, das Backpapier mit kaltem Wasser bestreichen, vorsichtig, aber schnell abziehen, die Teigplatten abkühlen lassen, 4 verschieden große Formen (vorne spitz und hinten rund) ausschneiden, die größte Igelform 20 cm lang und 12 cm breit, die übrigen 3 Formen rundum je 2 cm kleiner, die Biskuitreste bei etwa 50 °C 20 Minuten trocknen, fein zerbröseln. |
| **Für die Creme** | |
| 250 ml (1/4 l) Schlagsahne | mit |
| 1 Päckchen Vanillin-Zucker | aufkochen |
| 100 g Zartbitter-Schokolade | zerkleinern, in der Sahne auflösen |
| 1/2 TL Instantkaffee | einrühren, die Masse erkalten lassen (über Nacht), die Schokoladensahne steif schlagen, die Biskuitbrösel unterheben, den größten Igelboden mit der Creme bestreichen, mit einem Teil von |
| 50 g Sonnenblumenkernen | bestreuen, die nächstkleineren Platten auflegen und bestreichen, den ganzen Igel mit der Creme bestreichen, mit |
| 50 g Sonnenblumenkernen | spicken, das Gesicht dabei frei lassen, aus Kernen und |
| 2 Schokoladentalern | Augen und Nase aufsetzen, kalt stellen. |

# Mohn-Quark-kuchen

| Für den Teig | |
|---|---|
| 375 g Weizenmehl | mit |
| 1 gestrichenen TL Backpulver | mischen, in eine Rührschüssel sieben |
| 75 g Zucker<br>1 Päckchen Vanillin-Zucker<br>2 Eier<br>175 g Margarine oder Butter | hinzufügen, die Zutaten mit Handrührgerät mit Knethaken zunächst kurz auf niedrigster, dann auf höchster Stufe gut durcharbeiten, anschließend auf der Arbeitsfläche zu einem glatten Teig verkneten, sollte er kleben, ihn eine Zeit lang kalt stellen. |

| Für den Quarkbelag | |
|---|---|
| 750 g Magerquark | mit |
| 250 g Zucker<br>2 Eigelb<br>1 Prise Salz<br>abgeriebener Schale von ½ Zitrone (unbehandelt)<br>75 g zerlassener Butter<br>1 Päckchen Käsekuchen-Hilfe | verrühren |
| 2 Eiweiß | steif schlagen, unterrühren. |

| Für den Mohnbelag | |
|---|---|
| 1 Packung (250 g) Mohn-back | mit |
| 2 EL Honig<br>2 Eiern<br>100 g verlesenen Sultaninen | verrühren, 2/3 des Teiges auf einem gefetteten Backblech ausrollen, zunächst den Quarkbelag daraufstreichen, dann den Mohnbelag darauf verteilen, den restlichen Teig dünn ausrollen, in etwa 1 cm breite Streifen rädern, die Teigstreifen als Gitter auf die Mohnmasse legen. |

| | |
|---|---|
| Ober-/Unterhitze | 170–200 °C (vorgeheizt) |
| Heißluft | 150–180 °C (nicht vorgeheizt) |
| Gas | Stufe 3–4 (vorgeheizt) |
| Backzeit | etwa 50 Minuten |

| Zum Aprikotieren | |
|---|---|
| 3–4 EL Aprikosenkonfitüre<br>3 EL Wasser | durch ein Sieb streichen, mit unter Rühren etwas einkochen lassen, die Teigstreifen damit bestreichen. |

# Ostdeutscher Mohnstrudel

**Für den Teig**

250 g Weizenmehl — in eine Rührschüssel sieben

1 Prise Salz
100 ml lauwarmes Wasser
1 kleines Ei
1 EL Speiseöl — hinzufügen, die Zutaten mit Handrührgerät mit Knethaken zunächst kurz auf niedrigster, dann auf höchster Stufe gut durcharbeiten, anschließend auf der Arbeitsfläche zu einem glatten Teig verkneten, sollte er kleben, ihn eine Zeit lang kalt stellen, den Teig auf Pergamentpapier in einen heißen, trockenen Kochtopf legen (vorher Wasser darin kochen), mit einem Deckel verschließen, etwa 30 Minuten ruhen lassen.

**Für die Füllung**

500 g frisch gemahlenen Mohn — mit

375–500 ml ($^3/_8$ – $^1/_2$ l) kochendem Wasser — übergießen, verrühren, quellen lassen, bis eine geschmeidige Masse entstanden ist.

100 g Zucker — mit

3 EL Honig
1 Ei
abgeriebener Schale von 1 Zitrone (unbehandelt)
100 g verlesenen Rosinen — unterrühren

250 g säuerliche Äpfel — schälen, entkernen, grob raspeln, unter die Mohnmasse rühren, den Strudelteig auf einem bemehlten großen Tuch (Tischtuch) dünn ausrollen, ihn dann mit den Händen zu einem Rechteck (etwa 50 x 70 cm) ausziehen (er muss durchsichtig sein), die Ränder, wenn sie dicker sind, abschneiden, auf $^2/_3$ des Teiges die Füllung streichen (an den kürzeren Seiten etwa 3 cm Teig frei lassen), den Teig mithilfe des Tuches, mit der Füllung beginnend, aufrollen, an den Enden gut zusammendrücken, den Strudel auf ein gefettetes Backblech legen, mit etwas von

50 g zerlassener Butter — bestreichen, den Strudel während des Backens mit der restlichen Butter bestreichen.

**Ober-/Unterhitze** 200–220 °C (vorgeheizt)
**Heißluft** 180–200 °C (nicht vorgeheizt)
**Gas** Stufe 3–4 (nicht vorgeheizt)
**Backzeit** etwa 50 Minuten

Den erkalteten Strudel mit

Puderzucker — bestäuben.

# Luisenkuchen

| | |
|---|---|
| **Für den Knetteig** | |
| 250 g Weizenmehl | mit |
| 1 gestrichenen TL Backpulver | mischen, in eine Rührschüssel sieben |
| 100 g Zucker<br>1 Päckchen Vanillin-Zucker<br>1 Ei<br>125 g weiche Margarine oder Butter | hinzufügen, die Zutaten mit Handrührgerät mit Knethaken zunächst kurz auf niedrigster, dann auf höchster Stufe gut durcharbeiten, anschließend auf der Arbeitsfläche zu einem glatten Teig verkneten, den Teig auf einem gefetteten Backblech ausrollen, mehrmals mit einer Gabel einstechen, vorbacken. |
| Ober-/Unterhitze | 200–220 °C (vorgeheizt) |
| Heißluft | 170–200 °C (nicht vorgeheizt) |
| Gas | Stufe 3–4 (vorgeheizt) |
| Backzeit | etwa 10 Minuten |
| **Für den Rührteig** | |
| 200 g weiche Margarine oder Butter | mit Handrührgerät mit Rührbesen auf höchster Stufe geschmeidig rühren, nach und nach |
| 200 g Zucker<br>1 Päckchen Vanillin-Zucker<br>1 Prise Salz<br>abgeriebene Schale von 1 Zitrone (unbehandelt) | unterrühren, so lange rühren, bis eine gebundene Masse entstanden ist |
| 5 Eier | nach und nach unterrühren (jedes Ei etwa ½ Minute) |
| 200 g Weizenmehl | mit |
| 50 g Speisestärke<br>1 gestrichenen TL Backpulver | mischen, sieben, esslöffelweise auf mittlerer Stufe unterrühren. |
| **Für die Füllung** | |
| | den vorgebackenen Knetteigboden mit |
| 5 EL Sauerkirsch- oder Schwarze Johannisbeerkonfitüre | bestreichen, den Rührteig gleichmäßig darauf verteilten, glatt streichen. |
| Ober-/Unterhitze | 170–200 °C (vorgeheizt) |
| Heißluft | 150–170 °C (nicht vorgeheizt) |
| Gas | Stufe 3–4 (vorgeheizt) |
| Backzeit | etwa 25 Minuten |
| | Den Kuchen nach dem Backen etwas abkühlen lassen. |
| **Zum Bestreichen** | |
| 50 g Butter | zerlassen, den Kuchen damit bestreichen |
| | mit |
| 25 g Zucker | bestreuen, nach Belieben |
| 30 g Kuvertüre | in einem kleinen Topf im Wasserbad |

bei schwacher Hitze zu einer geschmcidigen Masse verrühren, das erkaltete Gebäck damit besprenkeln, das Gebäck in Dreiecke, Rauten oder in Rechtecke schneiden.

**Tipp** In Alufolie verpackt oder in einer gut schließenden Blechdose kann das Gebäck mehrere Tage aufbewahrt werden.

## Nusskranz

| | |
|---|---|
| 400 g Weizen | fein mahlen, mit |
| 1 Päckchen und 1 TL Backpulver | mischen, in eine Rührschüssel geben |
| 200 g Magerquark<br>6 EL Milch<br>100 ml Speiseöl<br>100 g Honig<br>1 Prise Meersalz<br>1 Ei | hinzufügen, die Zutaten mit Handrührgerät mit Knethaken auf höchster Stufe in etwa 1 Minute zu einem Teig verarbeiten, auf der Arbeitsfläche zu einer Rolle formen, den Teig zu einem Rechteck (40 x 50 cm) ausrollen |
| 75 g weiche Butter | mit |
| 125 g Haselnussmus (aus dem Glas)<br>3–5 EL Ahornsirup<br>½ TL gemahlenem Zimt | verrühren, auf den Teig streichen, den Teig der Länge nach durchschneiden, mit |
| 150 g verlesenen Rosinen<br>150 g gehackten Haselnusskernen | bestreuen, die beiden Teighälften jeweils von außen nach innen aufrollen, die beiden Teigrollen umeinanderschlingen, als Kranz auf ein gefettetes Backblech legen, die aufliegenden Rollen etwa 1 cm tief einschneiden, mit |
| Kondensmilch | bestreichen. |
| Ober-/Unterhitze | etwa 170 °C (vorgeheizt) |
| Heißluft | etwa 150 °C (nicht vorgeheizt) |
| Gas | etwa Stufe 3 (vorgeheizt) |
| Backzeit | etwa 35–40 Minuten |

## Biskuitrolle mit Kastaniencreme

(Foto)

| | |
|---|---|
| **Für den Teig** | |
| 3 Eier | |
| 3 EL heißes Wasser | mit Handrührgerät mit Rührbesen auf höchster Stufe in 1 Minute schaumig schlagen |
| 150 g Zucker | mit |
| 1 Päckchen Vanillin-Zucker | mischen, in 1 Minute einstreuen, dann noch etwa 2 Minuten schlagen |
| 100 g Weizenmehl | |
| 50 g Speisestärke | |
| 1 gestrichenen TL Backpulver | mischen, die Hälfte davon auf die Eiercreme sieben, kurz auf niedrigster Stufe unterrühren, den Rest des Mehl-Gemisches auf dieselbe Weise unterarbeiten, den Teig etwa 1 cm dick auf ein gefettetes, mit Backpapier belegtes Backblech streichen, an der offenen Seite des Blechs das Papier unmittelbar vor dem Teig zur Falte knicken, sodass ein Rand entsteht. |
| Ober-/Unterhitze | 200–220 °C (vorgeheizt) |
| Heißluft | 180–200 °C (nicht vorgeheizt) |
| Gas | Stufe 3–4 (vorgeheizt) |
| Backzeit | 10–15 Minuten |
| | Den Biskuit sofort nach dem Backen auf ein mit |
| Zucker | bestreutes Geschirrtuch stürzen, das Backpapier mit kaltem Wasser bestreichen, vorsichtig, aber schnell abziehen, den Biskuit mit dem Geschirrtuch locker aufrollen, auskühlen lassen. |
| **Für die Füllung und Verzierung** | |
| 6 Blatt weiße Gelatine | nach Anleitung einweichen |
| 1 Dose geschälte Kastanien (220 g) | abgießen, gut abtropfen lassen, 12 schöne Kastanien beiseitestellen, die restlichen Früchte im Mixer pürieren |
| 1 Dose Kastanienpüree (425 g) | |
| 3 EL Cognac | und 125 ml (1/8 l) von |
| 500 ml (1/2 l) Schlagsahne | zufügen |
| 100 g Zucker | |
| 1 Päckchen Bourbon Vanillin-Zucker | |
| 15 g gesiebten Kakao | unterrühren, die Gelatine ausdrücken, auflösen, unter die Kastaniencreme rühren, die restliche Sahne steif schlagen und unter die Kastaniencreme heben, sobald sie zu steif zu werden beginnt, |
| 50 g Kuvertüre | im Wasserbad bei schwacher Hitze auflösen, die 12 Kastanien damit überziehen, die Glasur fest werden lassen, die Biskuitrolle auseinanderrollen, 2/3 der Creme auf der Platte verstreichen, die Rolle aufrollen, 3 Esslöffel der Creme in einen Spritzbeutel mit gezackter Tülle füllen, die Rolle mit der übrigen Creme bestreichen, in die Mitte der Rolle 12 Rosetten spritzen, die überzogenen Kastanien auf die Rosetten legen. |

## Napfkuchen mit Schokoladenstückchen

| | |
|---|---|
| 250 g weiche Butter oder Margarine | mit Handrührgerät mit Rührbesen auf höchster Stufe geschmeidig rühren, nach und nach |
| 250 g Zucker | |
| 1 Päckchen Vanillin-Zucker | |
| 1 Prise Salz | unterrühren, so lange rühren, bis eine gebundene Masse entstanden ist |
| 4 Eier | nach und nach unterrühren (jedes Ei etwa 1/2 Minute) |
| 375 g Weizenmehl | mit |
| 125 g Speisestärke | |
| 1 Päckchen Backpulver | mischen, sieben, abwechselnd esslöffelweise mit |
| gut 125 ml (1/8 l) Milch | auf mittlerer Stufe unterrühren |
| 100 g Zartbitter-Schokolade | in kleinen Stücken unter den Teig heben, ihn in eine gefettete Napfkuchenform (Durchmesser 22 cm) füllen |
| Ober-/Unterhitze | 170–200 °C (vorgeheizt) |
| Heißluft | 150–180 °C (nicht vorgeheizt) |
| Gas | Stufe 3–4 (nicht vorgeheizt) |
| Backzeit | etwa 50–60 Minuten |
| | Den erkalteten Kuchen mit |
| Puderzucker | bestäuben. |

# Puddingkuchen

**Für den Teig**

**500 g Weizenmehl** in eine Rührschüssel sieben, mit

**1 Päckchen Trocken-Backhefe** sorgfältig mischen

**75 g Zucker**
**1 Päckchen Vanillin-Zucker**
**1 Prise Salz**
**1 Ei**
**75 g zerlassene, lauwarme Butter**
**250 ml (1/4 l) lauwarme Milch** hinzufügen, die Zutaten mit Handrührgerät mit Knethaken zuerst auf niedrigster, dann auf höchster Stufe in etwa 5 Minuten zu einem Teig verarbeiten, sollte er kleben, noch etwas Mehl hinzufügen (aber nicht zu viel, Teig muss weich bleiben), den Teig an einem warmen Ort so lange stehen lassen, bis er sich sichtbar vergrößert hat, ihn dann auf der Arbeitsfläche nochmals gut durchkneten, 2/3 des Teiges auf einem gefetteten Backblech ausrollen, an den Rändern etwas hochdrücken.

**Für die Füllung**

**2 Päckchen Puddingpulver Vanillegeschmack**
**80 g Zucker** mit 8 Esslöffel von
**1 l kalter Milch** anrühren, die restliche Milch zum Kochen bringen, von der Kochstelle nehmen, das angerührte Puddingpulver langsam unter Rühren hineingeben, kurz aufkochen lassen, während des Erkaltens ab und zu durchrühren, die Füllung auf den Teig geben, glatt streichen, den restlichen Teig in Größe des Backblechs ausrollen, auf die Füllung legen, an den Seiten gut andrücken, die Teigplatte mit einer Gabel mehrmals einstechen, den Teig nochmals an einem warmen Ort gehen lassen.

**Ober-/Unterhitze** 200–220 °C (vorgeheizt)
**Heißluft** 180–200 °C (nicht vorgeheizt)
**Gas** Stufe 4–5 (vorgeheizt)
**Backzeit** 15–20 Minuten

**Für den Guss**

**100 g Zartbitter-Schokolade** in kleine Stücke brechen mit
**25 g Kokosfett** in einem kleinen Topf im Wasserbad bei schwacher Hitze zu einer geschmeidigen Masse verrühren, den erkalteten Kuchen damit bestreichen, mit
**Raspel-Schokolade** bestreuen.

# Walnussroulade

| | |
|---|---|
| **Für den Rührteig** | |
| 75 g weiche Butter | mit Handrührgerät mit Rührbesen auf höchster Stufe geschmeidig rühren, nach und nach |
| 75 g Zucker<br>1 Päckchen Vanillin-Zucker | |
| 5 Eigelb | mit |
| 2 EL Rum | nach und nach unterrühren (jedes Eigelb etwa ½ Minute) |
| 5 Eiweiß | steif schlagen, auf die Eigelb-Buttermasse geben |
| 75 g Weizenmehl | mit |
| 1 gestrichenen TL Backpulver | mischen, darübersieben, alles vorsichtig mit einem Schneebesen vermengen, den Teig auf ein gefettetes, mit Backpapier belegtes Backblech in der Größe von 32 x 32 cm streichen. |
| Ober-/Unterhitze | 170–200 °C (vorgeheizt) |
| Heißluft | 150–180 °C (nicht vorgeheizt) |
| Gas | Stufe 3–4 (vorgeheizt) |
| Backzeit | 12–15 Minuten |
| | Die Gebäckplatte sofort nach dem Backen auf ein mit |
| Zucker | bestreutes Geschirrtuch stürzen, sofort bestreichen. |

| | |
|---|---|
| **Für die Füllung** | |
| 300 g Ananaskonfitüre | mit |
| 1–2 EL Rum | verrühren, auf die heiße Gebäckplatte streichen, mit |
| 100 g gehackten Walnusskernen | bestreuen, mithilfe des Tuches sofort aufrollen, erkalten lassen. |
| **Für den Guss** | |
| 100 g Vollmilch-Kuvertüre | in Stücke schneiden, mit |
| etwas Kokosfett | in einem kleinen Topf im Wasserbad bei schwacher Hitze geschmeidig rühren, das Gebäck damit bestreichen, in schräge Scheiben schneiden. |

# Kokoskranz

(Foto oben)

| | |
|---|---|
| **Für den Teig** | |
| 200 g Butter | zerlassen |
| 4 Eier | mit Handrührgerät mit Rührbesen auf höchster Stufe 1½–2 Minuten schlagen, dabei |
| 200 g Zucker<br>1 Päckchen Vanillin-Zucker | unterschlagen |
| 100 g Weizenmehl<br>100 g Speisestärke<br>1 gestrichenen TL Backpulver | mit<br><br><br>mischen, sieben, esslöffelweise auf mittlerer Stufe unterrühren, |
| 125 g Kokosraspel | hinzufügen, die heiße Butter vorsichtig unterrühren, den Teig in eine gut gefettete mit |
| Weizenmehl | ausgestreute Kranzform (Durchmesser 24 cm) geben, glatt streichen. |
| Ober-/Unterhitze | etwa 175 °C (vorgeheizt) |
| Heißluft | etwa 150 °C (nicht vorgeheizt) |
| Gas | etwa Stufe 3 (nicht vorgeheizt) |
| Backzeit | etwa 55 Minuten |
| | Den Kuchen sofort nach dem Stürzen aprikotieren. |
| **Zum Aprikotieren** | |
| 2 EL Aprikosenkonfitüre | durch ein Sieb streichen, mit |
| 2 EL Wasser | unter Rühren zum Kochen bringen, den Kuchen damit bestreichen, mit |
| 30–40 g Kokosraspeln | bestreuen, mit |
| etwa 30 g aufgelöster dunkler Speisefettglasur | besprenkeln. |

# Zitronenkuchen

| | |
|---|---|
| **Für den Teig** | |
| 250 g Butter | geschmeidig rühren, nach und nach |
| 200 g Zucker<br>1 Päckchen Vanillin-Zucker<br>4 Eier<br>abgeriebene Schale von 1 unbehandelten Zitrone | unterrühren |
| 200 g Weizenmehl | mit |
| 50 g Speisestärke<br>1 gestrichenen TL Backpulver | mischen, sieben, esslöffelweise unterrühren, zuletzt |
| 100 g abgezogene, gemahlene Mandeln | unter den Teig heben, den Teig in eine gefettete, mit Backpapier |

| | |
|---|---|
| | ausgelegte, kleine Kastenform (25 x 11 cm) füllen. |
| Ober-/Unterhitze | 170–200 °C (vorgeheizt) |
| Heißluft | 150–180 °C (nicht vorgeheizt) |
| Gas | Stufe 3–4 (nicht vorgeheizt) |
| Backzeit | etwa 60 Minuten |
| **Für den Guss** | |
| 125 g gesiebten Puderzucker | mit |
| 2–3 EL Zitronensaft | zu einer dickflüssigen Masse glatt rühren, den erkalteten Kuchen damit überziehen. |

## Tiroler Kranzkuchen

(Foto unten)

| | |
|---|---|
| 200 g weiche Butter oder Margarine | mit Handrührgerät mit Rührbesen auf höchster Stufe geschmeidig rühren, nach und nach |
| 175 g Zucker | unterrühren, so lange rühren, bis eine gebundene Masse entstanden ist |
| 3 Eier<br>3 Eigelb | nach und nach unterrühren (jeweils etwa ½ Minute) |
| abgeriebene Schale von ½ Zitrone (unbehandelt)<br>1 TL gemahlenen Zimt<br>1 Prise Salz<br>200 g gemahlene Haselnusskerne | unterrühren |
| 125 g Weizenmehl | mit |
| 1 TL Backpulver | mischen, sieben, esslöffelweise auf mittlerer Stufe unterrühren |
| 3 Eiweiß | steif schlagen, unterheben |
| 200 g Zartbitter-Schokolade | in kleine Stücke schneiden, unterheben, den Teig in eine gut gefettete Kranzform (Durchmesser etwa 24 cm) füllen. |
| Ober-/Unterhitze | etwa 170 °C (vorgeheizt) |
| Heißluft | etwa 150 °C (nicht vorgeheizt) |
| Gas | etwa Stufe 3 (nicht vorgeheizt) |
| Backzeit | etwa 70 Minuten |
| Puderzucker | Den Kuchen aus der Form stürzen, erkalten lassen, mit bestäuben. |

# Erdnusskuchen

| | |
|---|---|
| **Für den Teig** | |
| etwa 330 g Erdnussmus aus gerösteten Erdnusskernen (aus dem Glas) | mit Handrührgerät mit Rührbesen auf höchster Stufe geschmeidig rühren, nach und nach |
| 175 g braunen Rohrzucker<br>1 Päckchen Vanillin-Zucker<br>Schale und Saft von ½ Orange (unbehandelt) | unterrühren, so lange rühren, bis eine gebundene Masse entstanden ist |
| 4 Eier | nach und nach unterrühren (jedes Ei etwa ½ Minute) |
| 175 g Weizenmehl<br>75 g Speisestärke<br>1 gestrichenen TL Backpulver | mit<br>mischen, sieben, abwechselnd esslöffelweise mit |
| 50 g gehackten Erdnusskernen | auf mittlerer Stufe unterrühren, den Teig in eine gefettete, mit Backpapier ausgelegte Kastenform (30 x 11 cm) füllen, glatt streichen. |
| Ober-/Unterhitze | etwa 170 °C (vorgeheizt) |
| Heißluft | etwa 150 °C (nicht vorgeheizt) |
| Gas | etwa Stufe 3 (nicht vorgeheizt) |
| Backzeit | etwa 1 Stunde |
| | Den gebackenen Kuchen aus der Form lösen, erkalten lassen. |
| **Für den Guss** | |
| 100 g Zartbitter-Schokolade<br>etwas Kokosfett | in kleine Stücke brechen, mit<br>in einem kleinen Topf im Wasserbad geschmeidig rühren, den Kuchen damit überziehen, nach Belieben mit |
| gehackten Erdnusskernen | bestreuen. |

# Aprikosen-Nuss-Kuchen

| | |
|---|---|
| **Für den Teig** | |
| 250 g weiche Butter | mit Handrührgerät mit Rührbesen auf höchster Stufe geschmeidig rühren, nach und nach |
| 200 g Zucker<br>1 Päckchen Vanillin-Zucker<br>3 Tropfen Backöl Bittermandel | unterrühren, so lange rühren, bis eine gebundene Masse entstanden ist |
| 4 Eier | nach und nach unterrühren (jedes Ei etwa ½ Minute) |
| 300 g Weizenmehl<br>2 gestrichenen TL Backpulver | mit<br>mischen, sieben, abwechselnd esslöffelweise mit |
| 2–3 EL Weinbrand<br>200 g gemahlenen, gerösteten Haselnusskernen | auf mittlerer Stufe unterrühren, die Hälfte des Teiges in eine gefettete, mit Backpapier ausgelegte Kastenform (30 x 11 cm) füllen, in die Mitte des Teiges der Länge nach mit einem Esslöffel eine Vertiefung eindrücken. |
| **Für die Füllung** | |
| etwa 450 g Aprikosen (aus der Dose) | gut abtropfen lassen, in Würfel schneiden, in die Vertiefung geben, leicht andrücken, den restlichen Teig darüber verteilen. |
| Ober-/Unterhitze | 170–200 °C (vorgeheizt) |
| Heißluft | 150–175 °C (vorgeheizt) |
| Gas | Stufe 3–4 (nicht vorgeheizt) |
| Backzeit | etwa 65 Minuten |
| Puderzucker | Den Kuchen nach dem Erkalten mit bestäuben. |

## Raspelkuchen

(Foto)

| | |
|---|---|
| **Für den Belag** | |
| 150 g Butter | zerlassen, nach und nach |
| 200 g Zucker | |
| 1 Päckchen Vanillin-Zucker | |
| 2 EL Milch | unterrühren |
| 200 g Kokosraspel | unterrühren, abkühlen lassen. |
| **Für den Teig** | |
| 300 g Weizenmehl | mit |
| 1 Päckchen Backpulver | mischen, in eine Rührschüssel sieben |
| 150 g Speisequark | |
| 6 EL Milch | |
| 6 EL Speiseöl | |
| 75 g Zucker | |
| 1 Päckchen Vanillin-Zucker | |
| 1 Prise Salz | hinzufügen, die Zutaten mit Handrührgerät mit Knethaken auf höchster Stufe in etwa 1 Minute verarbeiten, auf der Arbeitsfläche zu einer Rolle formen, den Teig knapp ½ cm dick auf einem gefetteten Backblech ausrollen, mit |
| Milch | bestreichen, die Kokosmasse gleichmäßig auf dem Teig verteilen, vor den Teig ein mehrfach umgeknicktes Stück Alufolie legen. |
| Ober-/Unterhitze | 170–200 °C (vorgeheizt) |
| Heißluft | 150–180 °C (nicht vorgeheizt) |
| Gas | Stufe 3–4 (vorgeheizt) |
| Backzeit | etwa 20 Minuten |

## Kokoskuchen

| | |
|---|---|
| **Für den Teig** | |
| 200 g weiche Margarine oder Butter | mit Handrührgerät mit Rührbesen auf höchster Stufe geschmeidig rühren, nach und nach |
| 200 g Zucker | |
| 3 Tropfen Backöl Bittermandel | unterrühren, so lange rühren, bis eine gebundene Masse entstanden ist |
| 3 Eier | nach und nach unterrühren (jedes Ei etwa ½ Minute) |
| 250 g Weizenmehl | mit |
| 125 g Speisestärke | |
| 4 gestrichenen TL Backpulver | mischen, sieben, abwechselnd esslöffelweise mit |
| 5–6 EL Milch | auf mittlerer Stufe unterrühren, den Teig in eine gefettete Kranzform (Durchmesser 24 cm) füllen. |
| **Für die Kokosmasse** | |
| 75 g Kokosfett | zerlassen, abkühlen lassen |
| 50 g Puderzucker | mit |
| 30 g Kakao | mischen, in eine Rührschüssel sieben und nach und nach das Kokosfett unterrühren |
| 100 g Kokosraspel | hinzufügen, unterrühren, die Kokosmasse sofort auf dem Teig verteilen (sie darf noch nicht fest sein), mit einer Gabel spiralförmig durch die beiden Schichten ziehen. |
| Ober-/Unterhitze | 170–200 °C (vorgeheizt) |
| Heißluft | 150–170 °C (nicht vorgeheizt) |
| Gas | Stufe 3–4 (nicht vorgeheizt) |
| Backzeit | 50–60 Minuten |

# TORTEN

Frankreich kennt – zumindest in eingeweihten Kreisen – nur Gourmets. Und diese würden sich nach einem Festessen niemals mit einem einfachen Nachtisch zufrieden geben. Nein, ihnen steht der Sinn nach Höherem, nach einem raffinierten, unnachahmlichen Dessert. Eine Kreation der Spitzenklasse: die St. Honoré Torte. Ihre Herstellung erfordert viel Geschick und Geduld. Wer sich trotzdem daranwagt, der absolviert damit die Hohe Schule der Konditorenkunst!

## St. Honoré Torte

**Für den Knetteig**

| | |
|---|---|
| 120 g Weizenmehl | in eine Rührschüssel sieben |
| 40 g Zucker<br>1 Eigelb<br>60 g Butter | hinzufügen, die Zutaten mit Handrührgerät mit Knethaken zunächst kurz auf niedrigster, dann auf höchster Stufe gut durcharbeiten, anschließend auf der Arbeitsfläche zu einem glatten Teig verkneten, sollte er kleben, ihn eine Zeit lang kalt stellen (20–30 Minuten), den Teig auf dem gefetteten Boden einer Springform (Durchmesser 26 cm, Boden gefettet) ausrollen, mehrmals mit einer Gabel einstechen, mit dem Springformrand backen. |
| Ober-/Unterhitze | 170–200 °C (vorgeheizt) |
| Heißluft | 150–180 °C (nicht vorgeheizt) |
| Gas | Stufe 3–4 (vorgeheizt) |
| Backzeit | 12–15 Minuten |
| | Boden sofort nach dem Backen lösen, nach dem Erkalten auf eine Tortenplatte legen. |

**Für den Brandteig**

| | |
|---|---|
| 125 ml (1/8 l) Wasser | mit |
| 60 g Butter | am besten in einem Stieltopf zum Kochen bringen |
| 1 Messerspitze Salz<br>100 g Weizenmehl | sieben, auf einmal in die von der Kochstelle genommene Flüssigkeit schütten, zu einem glatten Kloß rühren, unter Rühren etwa 1 Minute erhitzen, den heißen Kloß sofort in eine Schüssel geben, nach und nach |
| 1 Eiweiß<br>2–3 Eier | mit Handrührgerät mit Knethaken auf höchster Stufe unterarbeiten, weitere Eizugabe erübrigt sich, wenn der Teig stark glänzt und so von einem Löffel abreißt, dass lange Spitzen hängenbleiben, Teig in einen Spritzbeutel mit großer, gezackter Tülle füllen, auf einem gefetteten, mit Mehl bestäubten Backblech 3 Kreise andeuten (Durchmesser jeweils 24, 15 und 10 cm), Teigkreise spritzen, aus dem restlichen Teig kleine Tuffs mit auf das Backblech spritzen |
| Ober-/Unterhitze | 200–220 °C (vorgeheizt) |
| Heißluft | 180–200 °C (nicht vorgeheizt) |
| Gas | Stufe 4–5 (vorgeheizt) |
| Backzeit | etwa 15 Minuten |
| | Gebäck auf einem Kuchenrost erkalten lassen, Brandteigringe auf die Knetteigplatte legen. |

**Zum Glasieren**

| | |
|---|---|
| 100 g Zucker | in |
| 2–3 Esslöffeln Wasser | in einem kleinen Topf auflösen, aufkochen, unter Rühren leicht bräunen (karamellisieren), kleine Windbeutel und die äußeren Brandteigringe damit überziehen, Windbeutel sofort auf den bestrichenen Ring legen. |

**Für die Vanillecreme**

| | |
|---|---|
| 4 Blatt Gelatine, weiß | nach Anleitung einweichen |
| 1 Päckchen Puddingpulver Vanillegeschmack | nach Anleitung zubereiten, in eine Rührschüssel geben, gequollene, ausgedrückte Gelatine sofort hinzufügen, so lange rühren, bis sie gelöst ist, Pudding mit Sichtfolie abdecken, kühl stellen, sobald die Speise zu gelieren beginnt, |
| 1 Päckchen Bourbon Vanillin-Zucker | unterrühren |
| 250 ml steif geschlagene Sahne | unterheben, Creme in einen Spritzbeutel mit großer gezackter Tülle füllen, zunächst die Zwischenräume der Ringe damit ausfüllen, dann die Mitte bespritzen, evtl. die Creme glatt streichen. |

# Aprikosen-Sahne-Torte

(Foto rechts)

**Für den Knetteig**

**150 g Weizenmehl** in eine Rührschüssel sieben
**40 g Zucker**
**1 Päckchen Vanillin-Zucker**
**100 g weiche Butter oder Margarine** hinzufügen, die Zutaten mit Handrührgerät mit Knethaken zunächst kurz auf niedrigster, dann auf höchster Stufe gut durcharbeiten, anschließend auf der Arbeitsfläche zu einem glatten Teig verkneten, sollte er kleben, ihn eine Zeit lang kalt stellen, den Teig auf dem Boden einer Springform (Durchmesser 28 cm, Boden gefettet) ausrollen, mehrmals mit einer Gabel einstechen, mit Springformrand backen.

**Ober-/Unterhitze** 200–220 °C (vorgeheizt)
**Heißluft** 180–200 °C (nicht vorgeheizt)
**Gas** Stufe 3–4 (vorgeheizt)
**Backzeit** etwa 15 Minuten

Sofort nach dem Backen den Tortenboden vom Springformboden lösen, darauf erkalten lassen, dann auf eine Tortenplatte legen.

**Für den Biskuitteig**

**3 Eier**
**3–4 EL heißes Wasser** mit Handrührgerät mit Rührbesen auf höchster Stufe in 1 Minute schaumig schlagen
**125 g Zucker** mit
**1 Päckchen Vanillin-Zucker** mischen, in 1 Minute einstreuen, dann noch etwa 2 Minuten schlagen
**75 g Weizenmehl** mit
**75 g Speisestärke**
**15 g Kakao**
**2 gestrichenen TL Backpulver** mischen, die Hälfte davon auf die Eiercreme sieben, kurz auf niedrigster Stufe unterrühren, den Rest des Mehl-Gemisches auf dieselbe Weise unterarbeiten, dabei
**75 g zerlassene, abgekühlte Butter** nach und nach hinzufügen, den Teig in eine Springform (Durchmesser 28 cm, Boden gefettet, mit Backpapier belegt) füllen.

**Ober-/Unterhitze** 170–200 °C (vorgeheizt)
**Heißluft** 150–170 °C (nicht vorgeheizt)
**Gas** Stufe 3–4 (nicht vorgeheizt)
**Backzeit** 20–30 Minuten

Den Boden aus der Form lösen, stürzen, gut auskühlen lassen, ein Mal durchschneiden.

**Für die Füllung**

**1 kg Aprikosen (gedünstet oder aus der Dose)** abtropfen lassen, sie bis auf 12 Aprikosenhälften in kleine Stücke schneiden, den Saft auf 250 ml (¼ l) auffüllen (evtl. mit Wasser ergänzen), mit 4 Esslöffeln von dem Saft
**30 g Speisestärke**
**25 g Zucker** anrühren, den übrigen Saft zum Kochen bringen, die angerührte Speisestärke unter Rühren in den kochenden, von der Kochstelle genommenen Saft geben, kurz aufkochen lassen, die Aprikosenstückchen unterheben, kalt stellen
**2 EL Zitronensaft** unterrühren
**500 ml (½ l) Schlagsahne** ½ Minute schlagen
**50 g Puderzucker** sieben, mit
**2 Päckchen Sahnesteif** mischen, einstreuen, die Sahne steif schlagen, gut die Hälfte der Schlagsahne unter die erkaltete Aprikosenmasse heben, den Knetteigboden mit
**3 EL Aprikosenkonfitüre** bestreichen, den unteren Biskuitboden darauflegen, mit der Aprikosensahne bestreichen, den oberen Boden darauflegen, gut andrücken, Rand und obere Seite der Torte gleichmäßig mit etwas von der zurückgelassenen Schlagsahne bestreichen, die obere Seite der Torte in 12 Stücke einteilen, die Torte mit der restlichen Schlagsahne verzieren
**½ TL Gelatine gemahlen, weiß** mit
**1 EL Aprikosensaft (evtl. Wasser)** in einem kleinen Topf anrühren, 10 Minuten zum Quellen stehen lassen, unter Rühren erwärmen, bis sie gelöst ist, die Aprikosenhälften damit bestreichen, die Torte damit garnieren, den Rand der Torte mit
**60 g abgezogenen, gehackten, gebräunten Mandeln** bestreuen.

# Himmelstorte

(Foto S. 76/77)

**Für den Teig**

**250 g weiche Butter oder Margarine** mit Handrührgerät mit Rührbesen auf höchster Stufe geschmeidig rühren, nach und nach

**200 g Zucker**
**1 Päckchen Vanillin-Zucker**
**1 Prise Salz** unterrühren, so lange rühren, bis eine gebundene Masse entstanden ist

**5 Eigelb** nach und nach unterrühren (jedes Eigelb etwa ½ Minute)

**250 g Weizenmehl** mit

**2 gestrichenen TL Backpulver** mischen, sieben, esslöffelweise auf mittlerer Stufe unterrühren.

**Für den Belag**

**5 Eiweiß** mit Handrührgerät mit Rührbesen auf höchster Stufe steif schlagen, für 4 Böden jeweils 2 Esslöffel des Teiges auf einen gefetteten Springformboden (Durchmesser 28 cm) streichen (darauf achten, dass die Teiglage am Rand nicht zu dünn ist, damit der Boden dort nicht zu dunkel wird), ¼ von dem steifgeschlagenen Eischnee gleichmäßig auf jedem Boden verteilen

**50 g Zucker** mit

**1 Päckchen Vanillin-Zucker**
**1 gestrichenen TL gemahlenem Zimt** mischen, ¼ davon und ¼ von

**100 g abgezogenen, gehobelten Mandeln** auf jeden Teigboden streuen, jeden Boden ohne Springformrand im Backofen backen, bis er hellbraun ist.

**Ober-/Unterhitze** 170–200 °C (vorgeheizt)
**Heißluft** 150–170 °C (nicht vorgeheizt)
**Gas** Stufe 3–4 (vorgeheizt)
**Backzeit** 15–20 Minuten

Die Böden sofort nach dem Backen mit Springformboden auf einen Kuchenrost legen, etwas abkühlen lassen, erst dann vom Springformboden lösen.

**Für die Füllung**

**500 g Johannisbeerrispen** waschen, gut abtropfen lassen, abstreifen, mit

**125 g gesiebtem Puderzucker** bestreuen

**500 ml (½ l) Schlagsahne** ½ Minute schlagen

**3 Päckchen Sahnesteif** einstreuen, die Sahne steif schlagen, die Johannisbeeren unter die Sahne heben, die einzelnen Böden mit der Füllung bestreichen, zu einer Torte zusammensetzen, die oberste Schicht muss aus einem Boden bestehen.

**Abwandlung** Die Füllung kann auch mit Himbeeren zubereitet werden, dann aber nur 50 g Puderzucker verwenden.

**Dekorationsvorschlag** Mit Johannisbeerrispen belegen.

# Passionsfruchttorte

| | |
|---|---|
| **Für den Teig** | |
| **300 g tiefgekühlten Blätterteig** | bei Zimmertemperatur auftauen lassen (nicht durchkneten), den Teig ausrollen, eine Springform, Boden gefettet (Durchmesser 24 cm) damit auslegen, getrocknete Erbsen hineinfüllen. |
| **Ober-/Unterhitze** | etwa 200 °C (vorgeheizt) |
| **Heißluft** | etwa 200 °C (nicht vorgeheizt) |
| **Gas** | etwa Stufe 4 (vorgeheizt) |
| **Backzeit** | etwa 25 Minuten |
| | Die Erbsen entfernen, etwa 10 Minuten bei gleicher Temperatur weiterbacken. |
| **50 g verlesene Rosinen** | kurz in |
| **45 ml (3 EL) Mandellikör** | einweichen. |
| **Für den Belag** | |
| **100 g Marzipan-Rohmasse** | mit |
| **40 ml Schlagsahne** | |
| **1 Eigelb** | verrühren, die Masse auf den Boden streichen, die eingeweichten Rosinen auf der Marzipanmasse verteilen. |
| **Für die Füllung** | |
| **3½ Blatt Gelatine, weiß** | 10 Minuten in kaltem Wasser einweichen, ausdrücken, tropfnass in einen Topf geben, bei schwacher Hitze unter Rühren auflösen |
| **5 Passionsfrüchte** | halbieren, das Fruchtfleisch herauslösen ❶, mit |
| **1 EL Honig** | verrühren, durch ein Sieb streichen |
| **500 ml (½ l) Schlagsahne** | |
| **50 g Zucker** | einstreuen, steif schlagen ❷, die lauwarme Gelatinelösung unter die Passionsfrüchte rühren ❸, vorsichtig unter die Sahne heben, die Masse gleichmäßig auf den Boden streichen, im Kühlschrank fest werden lassen |
| **3 Eiweiß** | steif schlagen, nach und nach |
| **125 g gesiebten Puderzucker** | unterschlagen, die Masse so auf die Torte spritzen, dass nichts mehr von der Füllung zu sehen ist ❹, die Torte kurz unter den vorgeheizten Grill schieben, damit der Eischnee fest wird und leicht bräunt, die Torte mit |
| **etwa 100 g Kaiserkirschen (aus dem Glas)** | garnieren. |

❶

❷

❸

❹

# Aprikosen-Mandel-Torte

**Für den Teig**

| | |
|---|---|
| 175 g Weizenmehl | mit |
| 1 Messerspitze Backpulver | mischen, in eine Rührschüssel sieben |
| 25 g Zucker | |
| 1 Päckchen Vanillin-Zucker | |
| 2 EL Weißwein | |
| 125 g weiche Butter | hinzufügen, die Zutaten mit Handrührgerät mit Knethaken zunächst kurz auf niedrigster, dann auf höchster Stufe gut durcharbeiten, anschließend auf der Arbeitsfläche zu einem glatten Teig verkneten, sollte er kleben, ihn eine Zeit lang kalt stellen, knapp 2/3 des Teiges auf dem umgedrehten, gefetteten Boden einer Springform (Durchmesser etwa 28 cm) ausrollen, den Springformrand darumstellen, aus dem restlichen Teig eine Rolle formen, sie als Rand auf den Teigboden legen, so an die Form drücken, dass ein 2–3 cm hoher Rand entsteht, den Teigboden mehrmals mit einer Gabel einstechen. |

| | |
|---|---|
| Ober-/Unterhitze | 200–220 °C (vorgeheizt) |
| Heißluft | 180–200 °C (nicht vorgeheizt) |
| Gas | Stufe 4–5 (vorgeheizt) |
| Backzeit | etwa 15 Minuten |

**Für die Füllung**

| | |
|---|---|
| 125 g Butter | geschmeidig rühren, nach und nach |
| 125 g Zucker | |
| 1 Päckchen Vanillin-Zucker | |
| 4 Eigelb | |
| abgeriebene Schale von ½ Zitrone (unbehandelt) | |
| 125 g abgezogene, gehackte Mandeln | unterrühren |
| 4 Eiweiß | steif schlagen, unterheben, die Masse auf dem vorgebackenen Knetteigboden verteilen, glatt streichen. |

| | |
|---|---|
| Ober-/Unterhitze | etwa 170 °C (vorgeheizt) |
| Heißluft | etwa 150 °C (nicht vorgeheizt) |
| Gas | etwa Stufe 3 (vorgeheizt) |
| Backzeit | 30–35 Minuten |

Die gebackene Torte erkalten lassen.

| | |
|---|---|
| 500 g gedünstete Aprikosenhälften | abtropfen lassen, den Saft auffangen, 250 ml (¼ l) davon abmessen, die Aprikosenhälften mit der Wölbung nach oben auf die Mandelfüllung legen. |

**Für den Guss**

| | |
|---|---|
| 1 Päckchen Tortenguss, klar | |
| 2 gestrichene EL Zucker | |
| 250 ml (¼ l) Aprikosensaft | nach der Vorschrift auf dem Päckchen zubereiten, auf die Aprikosen geben, die Torte am Rand mit |
| 1–2 EL abgezogenen, gehobelten, gebräunten Mandeln | bestreuen. |

# Zitronentorte

**Für den Teig**

| | |
|---|---|
| 4 Eier | |
| 2 EL heißes Wasser | mit Handrührgerät mit Rührbesen auf höchster Stufe schaumig rühren |
| 150 g Zucker | mit |
| 1 Päckchen Vanillin-Zucker | mischen, in 1 Minute einstreuen, dann noch etwa 2 Minuten schlagen |
| 100 g Weizenmehl | mit |
| 100 g Speisestärke | |
| 1 gestrichenen TL Backpulver | mischen, die Hälfte davon auf die Eiercreme sieben, kurz auf niedrigster Stufe unterrühren, den Rest des Mehl-Gemisches auf dieselbe Weise unterarbeiten, den Teig in eine Springform (Durchmesser 28 cm, am Boden gefettet, mit Backpapier belegt) füllen, glatt streichen. |
| Ober-/Unterhitze | 170–200 °C (vorgeheizt) |
| Heißluft | 150–170 °C (nicht vorgeheizt) |
| Gas | Stufe 3–4 (vorgeheizt) |
| Backzeit | 25–30 Minuten |

Den Tortenboden sofort nach dem Backen aus der Form lösen, auf einen Kuchenrost stürzen, das Backpapier abziehen, den erkalteten Tortenboden drei Mal durchschneiden.

**Für die Füllung**

| | |
|---|---|
| 125 g Butter | zerlassen, von der Kochstelle nehmen, nach und nach |
| 175 g Zucker | unterrühren |
| 4 Eigelb | hinzufügen, die Masse im Wasserbad zu einer dicklichen Creme aufschlagen |
| 125 ml (1/8 l) Zitronensaft (von 3–4 Zitronen) | unterrühren, unter ständigem Schlagen bis kurz vor dem Kochen erhitzen, die Creme unter Rühren erkalten lassen. |

**Für die Buttercreme**

| | |
|---|---|
| | aus |
| 1 Päckchen Puddingpulver Vanillegeschmack | |
| 60 g Zucker | |
| 500 ml (1/2 l) Milch | nach Anleitung auf dem Päckchen einen Pudding zubereiten, kalt stellen, ab und zu durchrühren |
| 250 g weiche Butter | mit Handrührgerät mit Rührbesen auf höchster Stufe geschmeidig rühren, den Pudding esslöffelweise unterrühren, den unteren Biskuitboden mit der Hälfte der Zitronencreme bestreichen, mit dem zweiten Biskuitboden bedecken, etwas andrücken, mit 1/3 der Buttercreme bestreichen, den dritten Boden darauflegen, mit der restlichen Zitronencreme bestreichen, mit dem oberen Boden bedecken, etwas andrücken, mit der Hälfte der übrigen Buttercreme die Torte und den Rand ganz bestreichen, den Rand mit |
| 50 g Mandelblättchen | garnieren, die restliche Buttercreme in einen Spritzbeutel mit Sterntülle geben, die Torte damit verzieren, mit in Kuvertüre getauchten |
| Zitronenscheiben | garnieren. |

# Pischinger Torte

| | |
|---|---|
| **Für den Krokant** | |
| 1 Messerspitze Butter | |
| 60 g Zucker | so lange erhitzen bis die Masse leicht gebräunt und der Zucker gelöst ist |
| 125 g abgezogene, gehackte Mandeln | hinzufügen, unter Rühren erhitzen, bis der Krokant genug gebräunt ist, auf ein geöltes Backblech geben, die erkaltete Krokantmasse mit einem Teigroller zerdrücken ❶ |
| 250 g weiche Butter | mit Handrührgerät mit Rührbesen geschmeidig rühren, nach und nach |
| 50 g gesiebten Puderzucker | unterrühren, so lange rühren, bis eine gebundene Masse entstanden ist |
| 3 Eier | nach und nach unterrühren (jedes Ei etwa ½ Minute) |
| 200 g Zartbitter-Schokolade | in kleine Stücke brechen, in einem kleinen Topf im Wasserbad bei schwacher Hitze geschmeidig rühren, etwas abkühlen lassen, unter die Buttercreme rühren, 2 Esslöffel von der Schokoladen-creme abnehmen, beiseitestellen, unter die restliche Creme den Krokant rühren ❷, auf |
| 2 Packungen Karlsbader Oblaten (je 5 Stück) | streichen, die Oblaten zu einer Torte zusammensetzen ❸, den Torten-rand mit der zurückgelassenen Creme bestreichen ❹, die Torte einige Zeit kalt stellen |
| 100 g Zartbitter-Schokolade etwas Kokosfett | in kleine Stücke brechen, mit in einem kleinen Topf im Wasserbad bei schwacher Hitze geschmeidig rühren, die Torte damit bestreichen, einige Stunden kalt stellen, die Torte mit einem sehr scharfen, in heißes Wasser getauchten Messer in Stücke schneiden. |

❶

❷

❸

❹

# Schneeflockentorte

(Foto)

| | |
|---|---|
| **Für den Teig** | |
| 125 g weiche Butter | mit Handrührgerät mit Rührbesen auf höchster Stufe geschmeidig rühren, nach und nach |
| 125 g Zucker<br>1 Päckchen Vanillin-Zucker<br>1 Prise Salz | unterrühren, so lange rühren, bis eine gebundene Masse entstanden ist, nach und nach |
| 4 Eigelb | unterrühren |
| 100 g Weizenmehl | mit |
| 1 gestrichenen TL Backpulver | mischen, sieben, esslöffelweise auf mittlerer Stufe unterrühren |
| 60 g Kokosraspel | in einer Pfanne ohne Fett hellbraun anrösten, unterrühren |
| 4 Eiweiß | steif schlagen, vorsichtig unterheben, den Teig in eine Springform (Durchmesser 28 cm, Boden gefettet) füllen, glatt streichen. |
| Ober-/Unterhitze | etwa 170 °C (vorgeheizt) |
| Heißluft | etwa 150 °C (nicht vorgeheizt) |
| Gas | etwa Stufe 3 (nicht vorgeheizt) |
| Backzeit | etwa 30 Minuten |
| | Den erkalteten Boden ein Mal durchschneiden. |
| **Für die Füllung** | den unteren Boden mit |
| 3 EL Himbeerkonfitüre | bestreichen |
| 500 ml (½ l) Schlagsahne | ½ Minute schlagen |
| 1 Päckchen Vanillin-Zucker<br>2 Päckchen Sahnesteif | mischen, einstreuen, die Sahne steif schlagen, gut die Hälfte der Schlagsahne auf den unteren Tortenboden streichen, mit dem oberen Tortenboden bedecken, die Torte mit der restlichen Schlagsahne bestreichen, mit |
| 50 g Kokosraspeln | bestreuen, kurz vor dem Servieren mit |
| Puderzucker | bestäuben. |

# Lübecker Marzipantorte

(Titelfoto)

| | |
|---|---|
| **Für den Rührteig** | |
| 150 g Marzipan-Rohmasse | mit Handrührgerät mit Rührbesen in 1 Minute geschmeidig rühren |
| 7 Eigelb<br>120 g Zucker<br>1 Päckchen Bourbon Vanillin-Zucker<br>1 Prise Salz | hinzufügen und so lange rühren, bis eine gebundene Masse entstanden ist |
| 200 g Zartbitter-Schokolade | im Wasserbad auflösen, zu der Masse geben, unterrühren |
| 1 Fläschchen Rum-Aroma | mit |
| 2 TL Instant-Kaffee | sehr gut verrühren und zusammen mit |
| 50 g abgezogenen, gehackten Mandeln | ebenfalls unterrühren |
| 150 g Weizenmehl | mit |
| 1 gestr. TL Backpulver | mischen, sieben und auf mittlerer Stufe unterrühren |
| 7 Eiweiß | steif schlagen, vorsichtig unter den Teig heben, den Teig in eine gefettete Spring- oder Rosettenform füllen, glatt streichen, die Form auf dem Rost in den Backofen schieben. |
| Ober-/Unterhitze | etwa 180 °C (vorgeheizt) |
| Heißluft | etwa 150 °C (nicht vorgeheizt) |
| Gas | Stufe 2–3 (nicht vorgeheizt) |
| Backzeit | 65–70 Minuten |
| **Zum Aprikotieren** | |
| 3 EL Aprikosenkonfitüre | durch ein Sieb streichen, den Kuchen sofort nach dem Backen damit bestreichen. |
| **Zum Garnieren** | |
| 100 g Halbbitter-Kuvertüre | in einem kleinen Topf bei schwacher Hitze auflösen, die aufgelöste Kuvertüre mit einem Spachtel auf eine Marmor- oder Porzellanplatte auftragen und kalt stellen, mit dem Spachtel über die ausgekühlte Kuvertüre schaben und die Schokolade aufrollen, die Torte mit den Röllchen garnieren |
| 50 g Marzipan-Rohmasse | mit |
| 25 g Puderzucker | verkneten, mit dem Daumen kleine Blätter drücken, mit dem Messerrücken die Blattrippen eindrücken, die Marzipanblätter auf die Schokoladenröllchen geben. |
| **Tipp** | Die Torte mit einem Schokoladenguss überziehen. |

→ es geht

# Baumrindentorte

**Für den Knetteig**

| | |
|---|---|
| **150 g Weizenmehl** | in eine Rührschüssel sieben |
| **40 g Zucker** | |
| **1 Päckchen Vanillin-Zucker** | |
| **100 g weiche Butter oder Margarine** | hinzufügen, die Zutaten mit Handrührgerät mit Knethaken zunächst kurz auf niedrigster, dann auf höchster Stufe gut durcharbeiten, anschließend auf der Arbeitsfläche zu einem glatten Teig verkneten, den Teig eine Zeit lang kalt stellen, ihn dann auf dem Boden einer Springform (Durchmesser 28 cm) ausrollen, mehrmals mit einer Gabel einstechen, mit Springformrand backen. |
| **Ober-/Unterhitze** | 200–220 °C (vorgeheizt) |
| **Heißluft** | 180–200 °C (nicht vorgeheizt) |
| **Gas** | Stufe 3–4 (vorgeheizt) |
| **Backzeit** | etwa 15 Minuten |

Den Tortenboden sofort nach dem Backen vom Springformboden lösen, ihn aber auf dem Springformboden erkalten lassen.

**Für den Biskuitteig**

| | |
|---|---|
| **150 g Marzipan-Rohmasse** | mit |
| **175 g Zucker** | |
| **6 Eigelb** | |
| **2 EL heißem Wasser** | mit Handrührgerät mit Rührbesen dickcremig schlagen |
| **abgeriebene Schale von 1 Zitrone oder Orange (unbehandelt)** | hinzufügen |
| **6 Eiweiß** | steif schlagen, auf die Eigelbcreme geben |
| **75 g Weizenmehl** | mit |
| **75 g Speisestärke** | |
| **1 Messerspitze Backpulver** | mischen, auf den Eischnee sieben, alles vorsichtig miteinander vermengen, den Teig auf ein gefettetes, mit Backpapier belegtes Backblech streichen, das Papier an der offenen Seite des Backblechs zur Falte knicken, sodass ein Rand entsteht. |
| **Ober-/Unterhitze** | 200–225 °C (vorgeheizt) |
| **Heißluft** | 180–200 °C (nicht vorgeheizt) |
| **Gas** | Stufe 3–4 (vorgeheizt) |
| **Backzeit** | 10–15 Minuten |

| | |
|---|---|
| | Die gebackene Biskuitplatte auf ein mit |
| **Zucker** | bestreutes Geschirrtuch stürzen, das Backpapier abziehen ❶. |

**Für die Füllung**

| | |
|---|---|
| | aus |
| **1 Päckchen Puddingpulver Vanillegeschmack** | |
| **500 ml (½ l) Milch** | nach Anleitung auf dem Päckchen (aber ohne Zucker) einen Pudding kochen |
| **200 g Nuss-Nougat-Masse** | in Stücke schneiden, unter den heißen Pudding rühren, so lange rühren, bis sich die Nuss-Nougat-Masse völlig mit dem Pudding verbunden hat, unter Rühren erkalten lassen |
| **250 g weiche Butter** | mit Handrührgerät mit Rührbesen geschmeidig rühren, nach und nach den Pudding unterrühren, gut die Hälfte der Creme auf die Biskuitplatte streichen, diese in etwa 4 cm breite Streifen schneiden ❷, den Knetteigboden mit |
| **2 EL Johannisbeergelee** | bestreichen ❸, darauf – von der Mitte ausgehend – die Cremestreifen spiralförmig zusammenstellen ❹, die Streifen evtl. halbieren, die Torte mit der restlichen Creme bestreichen, am Rand mit einer Gabel senkrechte Rillen ziehen |
| **50 g Marzipan-Rohmasse** | mit |
| **25 g gesiebtem Puderzucker** | verkneten, auf |
| **gesiebtem Puderzucker** | ausrollen, Blätter ausschneiden, die Marzipanreste zu dünnen Rollen formen, die Form von Ästen auf die Torte legen, die Marzipanblätter daranlegen, die Torte gut gekühlt servieren. |

❶

❷

❸

❹

# Weiße Schokoladentorte

**2 Eier** mit
**2 EL heißem Wasser** mit Handrührgerät mit Rührbesen auf höchster Stufe in 1 Minute schaumig schlagen

**100 g Zucker**
**1 Päckchen Vanillin-Zucker** mischen, in 1 Minute einstreuen, dann noch 2 Minuten weiterschlagen

**75 g Weizenmehl** mit
**50 g Speisestärke**
**1 gestrichenen TL Backpulver** mischen, unterrühren, den Teig in eine Springform (Durchmesser 24 cm, Boden gefettet, mit Backpapier belegt) füllen.

**Ober-/Unterhitze** 170–200 °C (vorgeheizt)
**Heißluft** etwa 160 °C (nicht vorgeheizt)
**Gas** Stufe 3–4 (vorgeheizt)
**Backzeit** etwa 20 Minuten

Den Tortenboden aus der Form lösen, stürzen, erkalten lassen, ein Mal waagerecht durchschneiden.

## Für die Füllung

**6 Blatt weiße Gelatine** 10 Minuten in kaltem Wasser einweichen, ausdrücken, tropfnass in einen Topf geben, unter Rühren erwärmen, bis sich die Gelatine gelöst hat

**250 g weiße Kuvertüre** in kleine Stücke brechen, in einem Topf im Wasserbad bei schwacher Hitze schmelzen lassen, etwas abkühlen lassen

**200 g Marzipan-Rohmasse** mit
**100 g weicher Butter** mit Handrührgerät mit Rührbesen gut verrühren
**125 ml (1/8 l) Schlagsahne** dazugeben, verrühren, sodass eine einheitliche Masse entsteht, die Kuvertüre langsam dazugeben

**500 ml (1/2 l) Schlagsahne** steif schlagen, die Gelatinelösung unterschlagen, dann die Schlagsahne unter die Schokoladen-Marzipan-Masse ziehen

**2 EL Aprikosenkonfitüre** durch ein Sieb streichen, beide Böden damit von einer Seite bestreichen, einen bestrichenen Boden mit der Aprikosenseite nach oben in eine Springform (Durchmesser 26 cm) legen

**2 Packungen längliche Schokoladenplätzchen** dicht nebeneinander mit der glatten Seite zur Mitte rundherum zwischen Springformrand und Boden stellen, die Schokoladen-Marzipan-Creme hineingeben, den zweiten Boden mit der Konfitürenseite auf die Füllung legen, leicht andrücken, Torte kalt stellen.

**Für die Glasur**

| | |
|---|---|
| 50 g weiße Kuvertüre | und |
| 100 g dunkle Kuvertüre | getrennt zerlassen, die dunkle Kuvertüre kreuz und quer mit Zwischenräumen auf die Torte gießen, die weiße Kuvertüre in die Zwischenräume gießen, mit einem Löffelstiel marmorieren, mit |
| Makrönchen | verzieren, kalt stellen. |

# Wiener Sandtorte

**Für den Teig**

| | |
|---|---|
| | von |
| 6 Eiern | 2 Teelöffel Eiweiß abnehmen, zugedeckt aufbewahren, die Eier mit Handrührgerät mit Rührbesen auf höchster Stufe mit |
| 375 g feinkörnigem Zucker | (esslöffelweise hinzufügen) |
| 2 Päckchen Vanillin-Zucker | 1½–2 Minuten schlagen |
| 2 EL Wasser | hinzugeben |
| 175 g Weizenmehl | mit |
| 175 g Speisestärke | |
| 1½ gestrichenen TL Backpulver | mischen, sieben, esslöffelweise unterrühren |
| 375 g zerlassene Butter | heiß (aber nicht kochend) vorsichtig unterrühren, den Teig in eine gut gefettete Rosettenform oder in eine Springform (Durchmesser 28 cm, Boden gefettet) füllen. |

| | |
|---|---|
| Ober-/Unterhitze | 150–170 °C (vorgeheizt) |
| Heißluft | 130–150 °C (nicht vorgeheizt) |
| Gas | Stufe 2–3 (nicht vorgeheizt) |
| Backzeit | 60–85 Minuten |

Die Torte auf einen Kuchenrost stürzen, etwas abkühlen lassen.

**Zum Aprikotieren**

| | |
|---|---|
| 3 gehäufte EL Aprikosenkonfitüre | durch ein Sieb streichen, mit |
| 5 EL Apricot-Brandy | unter Rühren aufkochen lassen, die Sandtorte damit bestreichen. |

**Für den Guss**

| | |
|---|---|
| 30 g Puderzucker | sieben, mit den zurückgelassenen 2 Teelöffeln Eiweiß |
| evtl. etwas Wasser | verrühren, bis ein spritzfähiger Guss entstanden ist, in ein Pergamentpapiertütchen füllen, eine Spitze abschneiden, die Torte mit dem Guss verzieren. |

# Kartoffeltorte

| | |
|---|---|
| 250 g gekochte, noch warme Kartoffeln | durch ein Sieb passieren |
| 3 Eigelb | mit |
| 180 g Zucker | verrühren, die Kartoffeln hinzufügen |
| 50 g gemahlene Haselnusskerne | |
| 2 EL Rum | unterrühren |
| 3 Eiweiß | steif schlagen, unterheben, den Teig in eine gefettete, mit |
| Semmelbröseln | ausgestreute Springform (Durchmesser 26 cm) füllen. |
| Ober-/Unterhitze | 170–200 °C (vorgeheizt) |
| Heißluft | 150–170 °C (nicht vorgeheizt) |
| Gas | etwa Stufe 3 (vorgeheizt) |
| Backzeit | 30–35 Minuten |
| | Die Torte aus der Form nehmen, stürzen, erkalten lassen |
| 300 g Aprikosenkonfitüre | mit |
| 6 EL Wasser | unter Rühren etwas einkochen lassen, die Torte waagerecht ein Mal durchschneiden, ⅔ der Aprikosenkonfitüre auf den unteren Boden streichen, die Torte zusammensetzen, die restliche Aprikosenkonfitüre auf die Oberfläche und am Rand verstreichen |
| 100 g Zartbitter-Kuvertüre | im Wasserbad bei milder Hitze schmelzen, die Torte damit überziehen |
| 30 g weiße Kuvertüre | ebenfalls schmelzen, in eine kleine Spritztüte füllen, Fantasiemuster auf die Torte spritzen. |

# Schokoladen-Mandel-Torte

| | |
|---|---|
| **Für den Teig** | |
| 5 Eier | |
| 2 EL Rum | mit Handrührgerät mit Rührbesen auf höchster Stufe in 1 Minute schaumig schlagen |
| 125 g Zucker | |
| 1 Päckchen Vanillin-Zucker | mischen, in 1 Minute einstreuen, dann noch 2 Minuten schlagen |
| 100 g Weizenmehl | mit |
| 1 gestrichenen TL Backpulver | |
| 25 g Kakao | mischen, die Hälfte davon auf die Eiercreme sieben, kurz auf niedrigster Stufe unterrühren, den Rest des Mehl-Gemisches mit |
| 100 g nicht abgezogenen, gemahlenen Mandeln | auf dieselbe Weise unterarbeiten, den Teig in eine Springform (Durchmesser 28 cm, Boden gefettet, mit Backpapier belegt) füllen, glatt streichen. |
| Ober-/Unterhitze | 170–200 °C (vorgeheizt) |
| Heißluft | 150–170 °C (nicht vorgeheizt) |
| Gas | Stufe 3–4 (vorgeheizt) |
| Backzeit | 25–30 Minuten |
| | Den gebackenen Tortenboden aus der Form lösen, stürzen, das Papier abziehen, den Boden erkalten lassen, den Boden zwei Mal durchschneiden. |
| **Für die Füllung** | aus |
| 1 Päckchen Puddingpulver Vanillegeschmack | |
| 60 g Zucker | |
| 500 ml (½ l) Milch | nach Anleitung auf dem Päckchen einen Pudding zubereiten, erkalten lassen, ab und zu durchrühren |
| 250 g weiche Butter | geschmeidig rühren, den Pudding esslöffelweise unterrühren, 3 Esslöffel von der Creme in einen Spritzbeutel mit weiter Sterntülle geben, mit der restlichen Creme die 3 Tortenböden bestreichen, zu einer Torte zusammensetzen, den Tortenrand bestreichen |
| 1 gehäuften EL Aprikosenkonfitüre | durch ein Sieb streichen, die Tortenoberfläche damit bestreichen ❶, die Torte einige Zeit kalt stellen. |

| | |
|---|---|
| **Für den Guss** | |
| 100 g Zartbitter-Schokolade<br>etwas Kokosfett | in kleine Stücke brechen, mit in einem kleinen Topf im Wasserbad bei schwacher Hitze geschmeidig rühren, die Torte damit überziehen ❷, auf den fest gewordenen Guss eine Buttercreme-Spirale spritzen |
| 1 EL Speiseöl | in einer Pfanne erhitzen |
| 32 abgezogene Mandeln | darin bräunen lassen ❸, auf Küchenpapier erkalten lassen, die Torte damit garnieren ❹. |
| **Tipp** | Die unbestrichenen Tortenböden mit 2–3 Esslöffel Rum oder Weinbrand beträufeln. |

❶

❷

❸

❹

# Lemon Pie

(Foto)

**Für den Knetteig**

| | |
|---|---|
| 150 g Weizenmehl | mit |
| 1 Messerspitze Backpulver | mischen, in eine Rührschüssel sieben |
| 25 g Zucker<br>1 Prise Salz<br>1 Ei<br>100 g Butter | hinzufügen, die Zutaten mit Handrührgerät mit Knethaken zunächst kurz auf niedrigster, dann auf höchster Stufe gut durcharbeiten, anschließend auf der Arbeitsfläche zu einem glatten Teig verkneten, ihn eine Zeit lang kalt stellen, den Teig ausrollen, in eine gefettete Form (Durchmesser 26 cm) legen. |
| Ober-/Unterhitze | 170–200 °C (vorgeheizt) |
| Heißluft | 160–170 °C (nicht vorgeheizt) |
| Gas | Stufe 3–4 (nicht vorgeheizt) |
| Backzeit | etwa 20 Minuten |

**Für die Füllung**

| | |
|---|---|
| 3 Eigelb | mit |
| 100 g Zucker<br>125 ml (1/8 l) Wasser<br>65 g Speisestärke | verrühren |
| 200 ml Zitronensaft | hinzufügen, in einem Topf im heißen Wasserbad so lange aufschlagen, bis eine dicke Kochblase aufsteigt, die Creme auf den vorgebackenen Teig geben. |

**Für die Baiserhaube**

| | |
|---|---|
| 3 Eiweiß | mit |
| 100 g Zucker<br>1 Prise Salz<br>2 EL Zitronensaft | steif schlagen, auf die Zitronenmasse geben, mit einem Esslöffel Muster formen. |
| Ober-/Unterhitze | 140–160 °C |
| Heißluft | 120–140 °C |
| Gas | Stufe 1–2 |
| Backzeit | etwa 30 Minuten |

# Überraschungstorte

| | |
|---|---|
| 250 ml (1/4 l) Milch | mit |
| 1 gestrichenen EL Speisestärke | in einem Topf verrühren |
| 3 Eigelb | unterrühren, unter ständigem Schlagen erhitzen, bis eine Kochblase aufsteigt |
| 250 g Zartbitter-Schokolade | in kleine Stücke brechen, in einem kleinen Topf im Wasserbad bei schwacher Hitze geschmeidig rühren |
| 150 g weiche Butter | mit Handrührgerät mit Rührbesen auf höchster Stufe geschmeidig rühren, die Schokolade unterrühren, zu der Eigelbcreme geben, gut verrühren, den geschlossenen Rand einer Springform (Durchmesser 24 cm) auf eine Tortenplatte setzen, den inneren Rand mit Pergamentpapier auslegen |
| 125 ml (1/8 l) Milch | mit |
| 1/2 Päckchen Vanillin-Zucker | verrühren, die Hälfte von |
| etwa 200 g Löffelbiskuits | kurz darin wenden, den Boden der Tortenplatte damit auslegen, die Schokoladencreme daraufstreichen, mit den restlichen, ebenfalls in der Vanillemilch gewendeten Löffelbiskuits bedecken, fest werden lassen |
| 25 g Schokolade<br>etwas Kokosfett | in kleine Stücke brechen, mit in einem kleinen Topf im Wasserbad bei schwacher Hitze geschmeidig rühren, die Torte unregelmäßig damit besprenkeln. |
| **Tipp** | Die Torte gut gekühlt servieren. |

# Buchweizentorte

### Für den Teig

| | |
|---|---|
| **6 Eier** | |
| **2 EL heißes Wasser** | mit Handrührgerät mit Rührbesen auf höchster Stufe in 1 Minute schaumig schlagen |
| **125 g Honig** | |
| **abgeriebene Schale von ½ Zitrone (unbehandelt)** | in etwa 3 Minuten unterschlagen |
| **175 g Buchweizen** | fein mahlen, ⅓ davon auf die Eiercreme geben, kurz auf niedrigster Stufe unterrühren, den Rest des Buchweizenmehls auf dieselbe Weise unterarbeiten, den Teig in eine Springform (Durchmesser 28 cm, Boden gefettet, mit Backpapier belegt) füllen, glatt streichen. |
| **Ober-/Unterhitze** | 170–200 °C (vorgeheizt) |
| **Heißluft** | 150–170 °C (nicht vorgeheizt) |
| **Gas** | Stufe 3–4 (nicht vorgeheizt) |
| **Backzeit** | 30–35 Minuten |
| | Sofort nach dem Backen den Tortenboden aus der Form lösen, auf einen Kuchenrost stürzen, das Backpapier abziehen, den Tortenboden erkalten lassen, zwei Mal durchschneiden. |

### Für die Füllung

| | |
|---|---|
| **1 Päckchen Gelatine gemahlen, weiß** | mit |
| **4 EL kaltem Wasser** | anrühren, 10 Minuten zum Quellen stehen lassen, unter Rühren erwärmen, bis sie gelöst ist |
| **2–3 EL Zitronensaft** | unterrühren |
| **750 ml (¾ l) Schlagsahne** | steif schlagen, die aufgelöste Gelatine und |
| **6 EL Ahornsirup** | unterschlagen, ¼ der Sahne in einen Spritzbeutel mit Sterntülle füllen, den unteren Tortenboden mit der Hälfte von |
| **etwa 350 g Preiselbeerkonfitüre (aus dem Glas, mit Honig gesüßt)** | bestreichen, ⅓ der Sahne daraufstreichen, mit dem zweiten Tortenboden bedecken, etwas andrücken, mit der restlichen Konfitüre bestreichen (1 Esslöffel zum Garnieren zurückbehalten), die Hälfte der restlichen Sahne daraufstreichen, den dritten Tortenboden darauflegen, etwas andrücken, Rand und Oberfläche der Torte mit der restlichen Sahne einstreichen, mit der Sahne aus dem Spritzbeutel verzieren, kurz vor dem Servieren mit der zurückgelassenen Konfitüre oder frischen Preiselbeeren garnieren. |

# Mignontorte

| | |
|---|---|
| **Für den Teig** | |
| 500 g Weizenmehl | mit |
| 2 gestrichenen EL Backpulver | mischen, in eine Rührschüssel sieben |
| 150 g gesiebten Puderzucker<br>1 Päckchen Vanillin-Zucker<br>3 Eier<br>1 Prise Salz<br>abgeriebene Schale von 1 Zitrone (unbehandelt) | |
| 300 g weiche Butter | hinzufügen, die Zutaten mit Handrührgerät mit Knethaken zunächst kurz auf niedrigster, dann auf höchster Stufe gut durcharbeiten, anschließend auf der Arbeitsfläche zu einem glatten Teig verkneten, sollte er kleben, ihn eine Zeit lang kalt stellen, etwas Teig dünn ausrollen, einige Plätzchen ausstechen oder ausschneiden, die Plätzchen auf ein gefettetes Backblech legen. |
| Ober-/Unterhitze | 170–200 °C (vorgeheizt) |
| Heißluft | 150–170 °C (nicht vorgeheizt) |
| Gas | Stufe 3–4 (vorgeheizt) |
| Backzeit | 8–10 Minuten |

| | |
|---|---|
| | Den restlichen Teig in 5 Teile teilen, jeweils einen Teil auf dem gefetteten Boden einer Springform (Durchmesser 28 cm) ausrollen, mehrmals mit einer Gabel einstechen, nacheinander bei gleicher Temperatur wie die Plätzchen backen. |
| Backzeit | 12–15 Minuten |
| | Die Tortenböden sofort nach dem Backen vom Springformboden lösen, erkalten lassen. |
| **Für die Füllung** | |
| abgeriebene Schale von 2 Zitronen (unbehandelt) | in einen Topf geben |
| 175 g Zucker<br>1 Päckchen Vanillin-Zucker<br>2 schwach gehäufte EL Speisestärke | hinzufügen |
| 150 ml Zitronensaft (von 3–4 Zitronen) | hinzugießen, verrühren |
| 3 Eier | hinzufügen, die Masse unter ständigem Rühren zum Kochen bringen, von der Kochstelle nehmen, nach und nach |
| 200 g weiche Butter | unterrühren, die Creme erkalten lassen, ab und zu durchrühren, mit der Creme die 5 Tortenböden bestreichen, zu einer Torte zusammensetzen, den Tortenrand mit etwas Creme bestreichen, die Torte einige Zeit kalt stellen. |
| 225 g gesiebten Puderzucker | mit |
| 4–5 EL Zitronensaft | zu einer dickflüssigen Masse verrühren, mit dem Guss die Torte überziehen, etwas Puderzuckerguss in ein Pergamentpapiertütchen füllen und die Tortenoberfläche damit verzieren, die Plätzchen darauf verteilen, die Torte gut durchziehen lassen. |
| **Tipp** | Zum Verzieren die Plätzchen mit Puderzuckerguss bestreichen und mit Pistazienkernen belegen.<br>Zu Weihnachten kleine Sterne ausstechen, diese mit Sahnetuffs auf die Torte setzen. |

# Kirsch-Schokoladentorte

| | |
|---|---|
| **Für den Teig** | |
| 100 g weiche Butter | mit Handrührgerät mit Rührbesen auf höchster Stufe geschmeidig rühren, nach und nach |
| 100 g Zucker<br>1 Päckchen Vanillin-Zucker<br>4 Eier<br>1 Prise Salz<br>100 g gemahlene Haselnusskerne<br>100 g geriebene Zartbitter-Schokolade | unterrühren, so lange rühren, bis eine gebundene Masse entstanden ist, nach und nach |
| 125 g Weizenmehl | mit |
| 1 TL Backpulver | mischen, sieben, esslöffelweise auf mittlerer Stufe unterrühren, den Teig in eine gefettete Springform (Durchmesser 28 cm, Boden gefettet) füllen, glatt streichen |
| etwa 450 g Sauerkirschen (aus dem Glas) | abtropfen lassen, den Saft auffangen, die Sauerkirschen auf dem Teig verteilen, leicht eindrücken. |
| Ober-/Unterhitze | 170–200 °C (vorgeheizt) |
| Heißluft | 150–170 °C (nicht vorgeheizt) |
| Gas | Stufe 3–4 (nicht vorgeheizt) |
| Backzeit | etwa 25 Minuten |
| **Für den Guss** | |
| 1 Päckchen Tortenguss, klar | mit |
| 1 EL Zucker<br>250 ml (1/4 l) Sauerkirschsaft | nach Anleitung zubereiten, über den Kuchen verteilen, erkalten lassen |
| 250 ml (1/4 l) Schlagsahne | etwa 1/2 Minute schlagen |
| 1 Päckchen Sahnesteif<br>1 TL Zucker<br>etwas Vanillin-Zucker | einstreuen, die Sahne steif schlagen, den Kuchen damit bestreichen oder die Sahne in einem Spritzbeutel mit Sterntülle geben und den Kuchen damit verzieren. |

# Makronentorte

| | |
|---|---|
| **Für den Teig** | |
| 5 Eier | mit |
| 125 g Zucker<br>abgeriebener Schale von 1 Zitrone (unbehandelt)<br>1 Prise Salz | in eine Schüssel geben, im heißen Wasserbad mit Handrührgerät mit Rührbesen so lange schlagen, bis eine cremige Masse entstanden ist, die Schüssel aus dem Wasserbad nehmen, weiterschlagen, bis die Masse kalt ist |
| 75 g Weizenmehl | mit |
| 75 g Speisestärke | mischen, darübersieben, unterziehen, zum Schluss |
| 50 g zerlassene, abgekühlte Butter | unterrühren, den Teig in eine Springform (Durchmesser 28 cm, Boden gefettet, mit Weizenmehl bestäubt) füllen, glatt streichen. |

1

2

3

**Ober-/Unterhitze** etwa 170 °C (vorgeheizt)
**Heißluft** etwa 150 °C (nicht vorgeheizt)
**Gas** Stufe 2–3 (vorgeheizt)
**Backzeit** etwa 40 Minuten

Sofort nach dem Backen den Tortenboden aus der Form lösen, auf einen Kuchenrost stürzen, über Nacht erkalten lassen, dann den Tortenboden zwei- bis dreimal durchschneiden ❶.

**Für die Füllung**

**400 g Marzipan-Rohmasse** mit
**100 g gesiebtem Puderzucker**
**250 g Aprikosenkonfitüre**
**4 EL Rum** zu einer geschmeidigen Masse verkneten, 1/4 von der Füllung abnehmen, beiseitestellen, mit der restlichen Marzipanmasse die Böden bestreichen ❷, zu einer Torte zusammensetzen, die Torte mit der zurückgelassenen Marzipanmasse bestreichen.

**Für den Belag**

**200 g Marzipan-Rohmasse** mit
**2 Eigelb**
**50 g gesiebtem Puderzucker**
**1 EL Rum** zu einer spritzfähigen Masse verrühren, in einen Spritzbeutel füllen, die Torte damit verzieren ❸, die Torte etwa 30 Minuten stehen lassen, damit die Marzipanmasse etwas antrocknen kann, die Torte unter den vorgeheizten Grill schieben, goldbraun überbacken

**etwa 200 g Aprikosenkonfitüre** mit
**3 EL Wasser** unter Rühren etwas einkochen lassen, die etwas abgekühlte Torte damit bestreichen.

# KLEINGEBÄCK

War es nun ihr angeblicher Erfinder, ein kundiger Bäcker, der ihnen den Namen gab oder suchte die Stadt nur etwas, das ihren Ruhm weltweit verbreiten sollte? Wie auch immer, Leipziger Lerchen sind wunderbare, feine, kleine Küchlein für ganz besondere Anlässe. Ein zarter Mürbeteigmantel umhüllt ein verführerisches Innenleben. Konfitüre, Zucker und Mandeln sind die köstlichen Ingredienzien, die das süße Geheimnis ausmachen.

## Leipziger Lerchen

| | |
|---|---|
| **Für den Teig** | |
| 200 g Weizenmehl | mit |
| 1/2 gestrichenen TL Backpulver | mischen, in eine Rührschüssel sieben |
| 75 g Zucker | |
| 1 Päckchen Vanillin-Zucker | |
| 1 Prise Salz | |
| 2 EL Wasser | |
| 100 g Margarine oder Butter | hinzufügen, die Zutaten mit Handrührgerät mit Knethaken zunächst kurz auf niedrigster, dann auf höchster Stufe gut durcharbeiten, anschließend auf der Arbeitsfläche zu einem glatten Teig verkneten, sollte er kleben, ihn eine Zeit lang kalt stellen (20–30 Minuten), den Teig dünn ausrollen und 14 Kreise (Durchmesser etwa 10 cm) ausstechen, 14 leicht gefettete Formen (Durchmesser unten etwa 4 cm, oben etwa 8 cm, Höhe etwa 3–4 cm) damit auslegen, jeweils einen Teelöffel von |
| 14 TL Himbeerkonfitüre | hineingeben. |
| **Für die Füllung** | |
| 80 g Butter | mit Handrührgerät mit Rührbesen schaumig rühren, mit |
| 125 g Zucker | |
| 1 Prise Salz | |
| 1 Ei | |
| 1 Eiweiß | |
| 100 g Weizenmehl | |
| 125 g abgezogenen, gehackten Mandeln | |
| 2 Tropfen Backöl Bittermandel | |
| 4 EL Milch | |
| 3 EL Rum | verrühren, die Masse in die Förmchen füllen, obenauf jeweils einen kleinen ausgestochenen Teigstern legen |
| 1 Eigelb | |
| 1 EL Milch | verquirlen, den Teigstern damit bestreichen. |
| Ober-/Unterhitze | 180–200 °C (vorgeheizt) |
| Heißluft | 160–170 °C (nicht vorgeheizt) |
| Gas | Stufe 3–4 (nicht vorgeheizt) |
| Backzeit | etwa 25 Minuten |
| **Tipp** | Wenn man keine Förmchen hat, kann man zwei ineinandergesetzte Papierbackförmchen (nicht gefettet) verwenden. |

# Plunderrosetten

(25 Stück)

**Für den Teig**

| | |
|---|---|
| 375 g Weizenmehl | in eine Rührschüssel sieben, mit |
| 1 Päckchen Trocken-Backhefe | sorgfältig vermischen |
| 50 g Zucker<br>1 Päckchen Vanillin-Zucker<br>1 Prise Salz<br>1 Ei<br>50 g in Stücke geschnittene Butter<br>200 ml kalte Milch | hinzufügen, die Zutaten mit Handrührgerät mit Knethaken zuerst auf niedrigster, dann auf höchster Stufe in etwa 5 Minuten zu einem Teig verarbeiten ❶, 5 Minuten bei Zimmertemperatur ruhen lassen, den Teig zu einem Rechteck (25 x 40 cm) ausrollen |
| 150 g kalte Butter | in Scheiben schneiden, die Hälfte der Teigplatte (25 x 20 cm) damit belegen, die andere Teighälfte daraufklappen, mit der Teigrolle leicht andrücken, wieder zu einem Rechteck (25 x 40 cm) ausrollen, von den kürzeren Seiten her zur Mitte hin so zusammenklappen, dass die Teigkanten aneinanderstoßen, den Teig nochmals von der längeren Seite her so überschlagen, dass 4 Teiglagen entstehen, 15 Minuten in den Kühlschrank legen, das Teigpaket mit der breiten Seite zur Tischkante legen, noch einmal ausrollen und zusammenschlagen, wie oben beschrieben, den Teig nochmals 15 Minuten kühl stellen. |

**Für die Füllung**

| | |
|---|---|
| gut 125 ml (1/8 l) Milch | mit |
| 100 g Zucker<br>1 Päckchen Vanillin-Zucker<br>1 Prise Salz | zum Kochen bringen |
| 250 g gemahlene Haselnusskerne<br>25 g Semmelbrösel<br>1/2 TL gemahlenen Zimt<br>2 EL Rum | unterrühren, die Masse abkühlen lassen |
| 1 Ei | unterrühren, den Teig zu einem Rechteck (50 x 40 cm) ausrollen, die Füllung daraufstreichen, die Teigplatte aufrollen ❷, in etwa 2 cm dicke Scheiben schneiden ❸, auf ein gefettetes Backblech legen, bei Zimmertemperatur 15–30 Minuten ruhen lassen, bis sie sich sichtbar vergrößert haben, jede Teigscheibenoberfläche fünf Mal mit einer Schere einschneiden ❹. |
| **Ober-/Unterhitze** | 200–220 °C (vorgeheizt) |
| **Heißluft** | 180–200 °C (nicht vorgeheizt) |
| **Gas** | etwa Stufe 4 (vorgeheizt) |
| **Backzeit** | etwa 20 Minuten |
| | Die Plunderrosetten sofort nach dem Backen mit |
| 50 g zerlassener Butter | bestreichen, mit |
| Zucker | bestreuen. |
| **Tipp** | Die abgekühlten Plunderrosetten mit Puderzuckerguss besprenkeln. |

❶

❷

❸

❹

# Aprikosen-Teilchen

(Foto)

| | |
|---|---|
| **Für den Teig** | |
| 1 Packung (300 g) tiefgekühlten Blätterteig | bei Zimmertemperatur auftauen lassen, aneinanderlegen, die Platten zu einem Rechteck (45 x 20 cm) ausrollen, Quadrate für Windmühlen und Kuverts (10 x 10 cm), Rechtecke und Kreise darausschneiden |
| 400 g gedünstete Aprikosenhälften | gut abtropfen lassen, die Teigstücke damit belegen, (Teig für Windmühlen und Kuverts entsprechend überschlagen), die Teigstücke auf ein mit Wasser abgespültes Backblech legen, mit |
| abgezogenen Mandeln | und ausgestochenen Teigmotiven garnieren |
| 1 Eigelb | mit |
| 1 EL Milch | verschlagen, die Teigstücke damit bestreichen (an den Rändern darf keine Eigelbmilch herunterlaufen). |
| Ober-/Unterhitze | 200–220 °C (vorgeheizt) |
| Heißluft | 180–200 °C (nicht vorgeheizt) |
| Gas | Stufe 4–5 (vorgeheizt) |
| Backzeit | etwa 15 Minuten |
| **Zum Aprikotieren** | |
| 2 EL Aprikosenkonfitüre | durch ein Sieb streichen, mit |
| 1 EL Wasser | unter Rühren aufkochen lassen, sofort nach dem Backen die Gebäckstücke damit bestreichen. |

# Aprikosen-Nusskrapfen

| | |
|---|---|
| 125 g weiche Butter oder Margarine | mit Handrührgerät mit Rührbesen auf höchster Stufe geschmeidig rühren, nach und nach |
| 100 g Birnen-Dattel-Kraut, abgeriebene Schale von 1 Zitrone (unbehandelt), 1 Prise Meersalz | unterrühren, so lange rühren, bis eine gebundene Masse entstanden ist |
| 2 Eier | unterrühren (jedes Ei etwa ½ Minute) |
| 200 g Magerquark | unterrühren |

| | |
|---|---|
| 250 g fein gemahlener Weizen<br>125 g fein gemahlener Buchweizen | beide Zutaten mit |
| 2 gehäuften TL Backpulver | mischen, esslöffelweise auf mittlerer Stufe unterrühren, zum Schluss |
| 100 g getrocknete, gewürfelte Aprikosen (ungeschwefelt)<br>100 g gehackte Haselnusskerne | unterheben, von dem Teig mit 2 Teelöffeln etwas Teig abstechen, in siedendem |
| Ausbackfett (Speiseöl oder Kokosfett) | von beiden Seiten knusprig braun backen (4–5 Minuten). |

## Rosinen-Nuss-krapfen

| | |
|---|---|
| **Für den Teig** | |
| 375 ml (3/8 l) Wasser<br>100 g Butter oder Margarine<br>1 TL Zucker<br>1 Prise Salz | am besten in einem Stieltopf zum Kochen bringen |
| 250 g Weizenmehl | mit |
| 30 g Speisestärke | mischen, sieben, auf ein Mal in die von der Kochstelle genommene Flüssigkeit schütten, zu einem glatten Kloß rühren, unter Rühren etwa 1 Minute erhitzen, den heißen Kloß sofort in eine Rührschüssel geben, nach und nach |
| 7 Eier | mit Handrührgerät mit Knethaken auf höchster Stufe unterarbeiten |
| 1 gestrichenen TL Backpulver | in den erkalteten Teig arbeiten, zum Schluss |
| 100 g gehackte Haselnusskerne<br>100 g gehackte Walnusskerne<br>150 g verlesene Rosinen | unterarbeiten, von dem Teig mit einem Esslöffel Stücke abstechen, schwimmend in siedendem |
| Ausbackfett | ausbacken (6–8 Minuten), die abgetropften Nusskrapfen in einem |
| Zucker-Zimt-Gemisch | wälzen. |

# Doughnuts

(Foto, 12 Stück)

| | |
|---|---|
| 375 g Weizenmehl | in eine Rührschüssel sieben, mit |
| 1 Päckchen Trocken-Backhefe | sorgfältig mischen |
| 40 g Zucker<br>1 Prise Salz<br>2 Eigelb<br>150 ml lauwarme Milch<br>60 g zerlassene, abgekühlte Butter oder Margarine | hinzufügen, die Zutaten mit Handrührgerät mit Knethaken zunächst auf niedrigster, dann auf höchster Stufe in etwa 5 Minuten zu einem Teig verarbeiten, den Teig abgedeckt so lange an einem warmen Ort stehen lassen, bis er sich sichtbar vergrößert hat, ihn dann auf der Arbeitsfläche nochmals gut durchkneten, den Teig etwa 1 cm dick ausrollen, etwa 9 cm große und 2 cm breite Ringe ausstechen, die Ringe nochmals so lange an einem warmen Ort gehen lassen, bis sie sich sichtbar vergrößert haben, die Ringe schwimmend in siedendem |
| Ausbackfett | auf beiden Seiten backen, mit einem Schaumlöffel herausnehmen, auf einem Kuchenrost abtropfen lassen, noch warm mit |
| Puderzucker | bestäuben. |

# Schwänchen

| | |
|---|---|
| **Für den Teig** | |
| 250 ml (1/4 l) Wasser | mit |
| 50 g Butter | am besten in einem Stieltopf zum Kochen bringen |
| 150 g Weizenmehl | mit |
| 25 g Speisestärke | mischen, sieben, auf ein Mal in die von der Kochstelle genommene Flüssigkeit schütten, zu einem glatten Kloß rühren, diesen unter Rühren noch etwa 1 Minute erhitzen, den heißen Kloß sofort in eine Rührschüssel geben, nach und nach |
| 4–5 Eier | mit Handrührgerät mit Knethaken auf höchster Stufe unterarbeiten, weitere Eizugabe erübrigt sich, wenn der Teig stark glänzt und so von einem Löffel abreißt, dass lange Spitzen hängen bleiben |
| 1 gestrichenen TL Backpulver | in den erkalteten Teig arbeiten, gut walnussgroße Teighäufchen auf ein gefettetes, mit Mehl bestäubtes Backblech setzen (etwa 2 Esslöffel Teig zurücklassen). |
| Ober-/Unterhitze | 200–220 °C (vorgeheizt) |
| Heißluft | 180–200 °C (nicht vorgeheizt) |
| Gas | Stufe 4–5 (vorgeheizt) |
| Backzeit | etwa 30 Minuten |
| | Während der ersten 15 Minuten Backzeit die Backofentür nicht öffnen, da das Gebäck sonst zusammenfällt, sofort nach dem Backen von jedem Windbeutel einen Deckel abschneiden, die 2 Esslöffel Teig in ein Pergamentpapiertütchen füllen, auf ein gefettetes, mit Weizenmehl bestäubtes Backblech so viele Zweien (Ziffer 2) spritzen, wie Windbeutel vorhanden sind, in den vorgeheizten Backofen schieben. |
| Ober-/Unterhitze | 200–220 °C (vorgeheizt) |
| Heißluft | 180–200 °C (nicht vorgeheizt) |
| Gas | Stufe 4–5 (vorgeheizt) |
| Backzeit | etwa 15 Minuten |
| **Für die Füllung** | |
| 2 gestrichene TL Gelatine gemahlen, weiß | mit |
| 3 EL kaltem Wasser | in einem kleinen Topf anrühren, 10 Minuten zum Quellen stehen lassen, unter Rühren erwärmen, bis sie gelöst ist |
| 500 ml (1/2 l) Schlagsahne | fast steif schlagen, die lauwarme Gelatinelösung darunterschlagen, die Sahne vollkommen steif schlagen |
| 25 g Zucker<br>1 Päckchen Vanillin-Zucker | unter die steif geschlagene Sahne geben, die Windbeutel damit füllen, bevor die Zweien als Hälse in die Sahne gesteckt werden, von dem unteren Teil jeder Zwei ein kleines Stück abbrechen, die Deckel der Windbeutel halbieren, als Flügel in die Sahne stecken, das abgebrochene Stück der Zwei als Schwänzchen in die Sahne stecken, die Schwänchen mit |
| Puderzucker | bestäuben. |

# Berliner

**500 g Weizenmehl** in eine Rührschüssel sieben, mit

**1 Päckchen Trocken-Backhefe** sorgfältig vermischen

**30 g Zucker**
**1 Päckchen Vanillin-Zucker**
**3 Tropfen Backöl Bittermandel**
**1 gestrichenen TL Salz**
**2 Eier**
**1 Eigelb**
**125 ml (1/8 l) lauwarme Milch**
**100 g zerlassene, abgekühlte Butter** hinzufügen, die Zutaten mit Handrührgerät mit Knethaken zunächst auf niedrigster, dann auf höchster Stufe in etwa 5 Minuten zu einem Teig verarbeiten, sollte er kleben, noch etwas Mehl hinzufügen (aber nicht zu viel, Teig muss weich bleiben), den Teig so lange an einem warmen Ort stehen lassen, bis er sich sichtbar vergrößert hat, ihn dann auf der Arbeitsfläche nochmals gut durchkneten, den Teig etwa 1/2 cm dick ausrollen, mit einer runden Form (Durchmesser etwa 7 cm) ausstechen ❶, die Hälfte der Teigplatten am Rand dünn mit

**Eiweiß** bestreichen ❷, in die Mitte jeweils

**etwas Konfitüre** geben ❸, die übrigen Teigplatten darauflegen, die Teigränder gut andrücken, die Teigstücke nochmals so lange an einem warmen Ort gehen lassen, bis sie sich sichtbar vergrößert haben, die Bällchen schwimmend in siedendem

**Ausbackfett (Speiseöl oder Kokosfett)** auf beiden Seiten backen ❹, mit einem Schaumlöffel herausnehmen, auf einem Kuchenrost abtropfen lassen, in

**Zucker** wenden.

❶

❷

❸

❹

## Marzipan-Berliner

**Für den Teig**

| | |
|---|---|
| 500 g Weizenmehl | in eine Rührschüssel sieben, mit |
| 1 Päckchen Trocken-Backhefe | sorgfältig mischen |
| 100 g Zucker<br>1 Prise Salz<br>125 ml (1/8 l) lauwarme Milch<br>200 g zerlassene, abgekühlte Margarine | hinzufügen, die Zutaten mit Handrührgerät mit Knethaken zunächst auf niedrigster, dann auf höchster Stufe in etwa 5 Minuten zu einem Teig verarbeiten, sollte er kleben, noch etwas Mehl hinzufügen (aber nicht zu viel, Teig muss weich bleiben), den Teig so lange an einem warmen Ort stehen lassen, bis er sich sichtbar vergrößert hat, ihn dann auf der Arbeitsfläche nochmals kurz durchkneten, den Teig zu einer Rolle formen, in 20 Portionen teilen. |

**Für die Füllung**

| | |
|---|---|
| 100 g Marzipan-Rohmasse | mit |
| 2 EL Orangenlikör | verrühren, in jedes Teigstück eine Vertiefung drücken, etwas Marzipan hineingeben, die Teigstücke rund formen, nochmals so lange an einem warmen Ort gehen lassen, bis sie sich sichtbar vergrößert haben, die Bällchen schwimmend in siedendem |
| Ausbackfett (etwa 1 1/2 kg Speiseöl oder Kokosfett) | auf beiden Seiten goldbraun backen, mit einem Schaumlöffel herausnehmen, auf einem Kuchenrost abtropfen und erkalten lassen. |

**Für den Guss**

| | |
|---|---|
| 2 Beutel Kuchenglasur Zitrone | im heißen Wasserbad erwärmen, die Berliner damit überziehen, auf die Oberfläche kleine Förmchen (Herzen, Sterne, Pilze) setzen, mit |
| Regenbogen-Zucker | ausstreuen, Förmchen abnehmen, die Berliner trocknen lassen. |

## Friesische Pöfferchen

| | |
|---|---|
| 500 g Weizenmehl | in eine Rührschüssel sieben, mit |
| 1 Päckchen Trocken-Backhefe | sorgfältig vermischen |
| 30 g Zucker<br>1 Päckchen Vanillin-Zucker<br>einige Tropfen Backöl Zitrone<br>1 gestrichenen TL Salz<br>2 Eier<br>100 g zerlassene, lauwarme Butter<br>250 ml (1/4 l) lauwarme Milch | hinzufügen, die Zutaten mit Handrührgerät mit Knethaken zuerst auf niedrigster, dann auf höchster Stufe in etwa 5 Minuten zu einem Teig verarbeiten, an einem warmen Ort so lange stehen lassen, bis er sich sichtbar vergrößert hat, ihn dann auf der höchsten Stufe nochmals gut durchkneten, mit 2 Teelöffeln Teigbällchen abstechen, schwimmend in siedendem |
| Ausbackfett (Speiseöl oder Kokosfett) | in einer Pöfferchen-Pfanne (eiserne Pfanne mit runden Vertiefungen) oder in einem Topf hellbraun backen. |
| **Beigabe** | Zucker und Zimt, Kompott. |

## Strudelhörnchen

(Foto)

| | |
|---|---|
| **Für den Teig** | |
| 200 g Weizenmehl | in eine Rührschüssel sieben |
| etwas Salz<br>75 ml (5 EL)<br>lauwarmes Wasser<br>50 ml (3 EL) Speiseöl | hinzufügen, alle Zutaten mit Handrührgerät mit Knethaken zunächst kurz auf niedrigster, dann auf höchster Stufe gut durcharbeiten, anschließend auf der Arbeitsfläche zu einem glatten Teig verkneten, sollte er kleben, ihn eine Zeit lang kalt stellen, den Teig auf Pergamentpapier in einen heißen, trockenen Kochtopf legen (vorher Wasser darin kochen), mit einem Deckel verschließen, etwa 30 Minuten ruhen lassen, den Teig auf einem bemehlten, großen Tuch (Küchentuch) dünn ausrollen, dünn mit etwas von |
| 50 g zerlassener Margarine oder Butter oder etwas Speiseöl | bestreichen, mit einem scharfen Messer zuerst in Quadrate (etwa 12 x 12 cm), dann in Dreiecke schneiden. |
| **Für die Füllung** | |
| 100 g abgezogene, gehackte Mandeln | mit |
| 50 g sehr fein gehackten Walnusskernen | |
| 100 g Korinthen | in eine Schüssel geben, mit |
| 3 EL Weinbrand | beträufeln, einweichen lassen |
| 60 g Zucker | mit |
| 4 Eigelb<br>1 EL abgeriebener Zitronenschale<br>½ TL gemahlenem Zimt | unter die Masse rühren, die Füllung gleichmäßig auf die Dreiecke verteilen, die Dreiecke von der breiten Seite her zusammenrollen, zu Hörnchen formen, auf ein gefettetes Backblech legen. |
| **Zum Bestreichen** | |
| 2 Eigelb | mit |
| etwas Wasser | verrühren, die Hörnchen damit bestreichen, mit |
| 4 EL Hagelzucker | bestreuen. |
| Ober-/Unterhitze | etwa 180 °C (vorgeheizt) |
| Heißluft | etwa 160 °C (nicht vorgeheizt) |
| Gas | Stufe 3–4 (vorgeheizt) |
| Backzeit | 10–15 Minuten |
| | Die Hörnchen warm oder kalt servieren. |

## Nusswaffeln

| | |
|---|---|
| 125 g Weizen, fein gemahlen | mit |
| 1 gestrichenen TL Backpulver | mischen, in eine Rührschüssel geben |
| 125 g gemahlene Haselnusskerne<br>75 g Birnen-Dattel-Kraut<br>1 Prise Salz<br>3 Eier<br>150 g saure Sahne<br>75 g zerlassene, abgekühlte Butter | hinzufügen, die Zutaten mit Handrührgerät mit Knethaken zunächst auf niedrigster, dann auf höchster Stufe gut durcharbeiten, anschließend auf der Arbeitsfläche zu einem glatten Teig verkneten |
| 1 säuerlichen Apfel | schälen, vierteln, entkernen, grob raspeln, unter den Teig rühren, den Teig in nicht zu großen Mengen in ein gut erhitztes, gefettetes Waffeleisen füllen, goldbraun backen, einzeln auf einem Kuchenrost erkalten lassen. |
| **Beigabe** | Mit Honig oder Ahornsirup gesüßte, geschlagene Sahne. |

## Linzer Schnitten

500 g Weizenmehl
½ Päckchen Backpulver mit
1 ½ –2 EL Kakao mischen, in eine Rührschüssel sieben

300 g Zucker
1 Ei
1 Eiweiß
1 Fläschchen Rum-Aroma
1 Fläschchen Arrak-Aroma
6 Tropfen Backöl Bittermandel
abgeriebene Schale von ½ Zitrone (unbehandelt)
Saft von ½ Zitrone
2–3 TL gemahlenen Zimt
2 Messerspitzen gemahlene Nelken
300 g weiche Butter
300 g gemahlene Haselnusskerne hinzufügen, die Zutaten in einer Küchenmaschine oder mit Handrührgerät mit Knethaken zunächst kurz auf niedrigster, dann auf höchster Stufe gut durcharbeiten, anschließend auf der Arbeitsfläche zu einem glatten Teig verkneten, den Teig mehrere Stunden kalt stellen, gut die Hälfte des Teiges auf einem gefetteten Backblech ausrollen, jeweils zur Hälfte dick mit

festem Pflaumenmus, Himbeer-Johannisbeer-Konfitüre bestreichen, die restliche Teighälfte portionsweise etwa 3 mm dick ausrollen, in etwa 1 cm breite Streifen rädern, die Teigstreifen als Gitter auf den bestrichenen Teig legen

1 Eigelb mit
1 ½ EL Milch verschlagen, das Teiggitter damit bestreichen.

| | |
|---|---|
| Ober-/Unterhitze | etwa 200 °C (vorgeheizt) |
| Heißluft | etwa 180 °C (nicht vorgeheizt) |
| Gas | Stufe 3–4 (vorgeheizt) |
| Backzeit | 25–30 Minuten |

Den erkalteten Kuchen in beliebig große Schnitten schneiden.

**Tipp** Die Schnitten können – in eine gut schließende Blechdose geschichtet – etwa 3 Wochen aufbewahrt werden.

## Hahnenkämme

(Foto)

**Für den Teig**

375 g Weizenmehl in eine Schüssel sieben, mit
1 Päckchen Trocken-Backhefe sorgfältig vermischen
50 g Zucker
1 Päckchen Vanillin-Zucker
50 g zerlassene, lauwarme Butter
1 Ei
125 ml (⅛ l) lauwarme Milch hinzufügen, die Zutaten mit Handrührgerät mit Knethaken zuerst auf niedrigster, dann auf höchster Stufe in etwa 5 Minuten zu einem Teig verarbeiten, auf der gut mit

Weizenmehl bestäubten Arbeitsfläche zu einem Rechteck (50 x 40 cm) ausrollen, die Hälfte von

125 g weicher Butter daraufstreichen ❶, von der Teigplatte den linken Teil der langen Seite zu ⅔ und den rechten Teil zu ⅓ so zusammenlegen, dass beide Kanten aneinanderstoßen ❷, dann den Teig von der längeren Seite zur

Hälfte übereinanderschlagen, 15 Minuten im Kühlschrank ruhen lassen, den Vorgang unter Verarbeitung der restlichen Butter wiederholen, den Teig nochmals 15 Minuten in den Kühlschrank stellen, den Teig halbieren, jede Hälfte zu einem Quadrat (36 x 36 cm) ausrollen, in jeweils 12 x 12 cm große Quadrate schneiden.

**Für die Füllung**

| | |
|---|---|
| **200 g Marzipan-Rohmasse** | mit |
| **50 g weicher Butter** | |
| **1 Ei** | mit Handrührgerät mit Rührbesen gut verrühren, auf die Mitte jedes Teigquadrates etwas von der Füllung geben ❸, die Teigränder mit |
| **verschlagenem Eiweiß** | bestreichen, über die Füllung klappen, etwas andrücken, die Teigtaschen in Abständen von etwa 1½ cm leicht einschneiden, etwas auseinanderbiegen ❹, auf ein gut gefettetes Backblech legen, etwa 30 Minuten bei Zimmertemperatur ruhen lassen |

| | |
|---|---|
| **1 Eigelb** | mit |
| **1 EL Milch** | verschlagen, die Hahnenkämme damit bestreichen. |
| **Ober-/Unterhitze** | etwa 200 °C (vorgeheizt) |
| **Heißluft** | etwa 180 °C (nicht vorgeheizt) |
| **Gas** | Stufe 3–4 (vorgeheizt) |
| **Backzeit** | etwa 15 Minuten |

**Zum Aprikotieren**

| | |
|---|---|
| **2 EL Aprikosenkonfitüre** | durch ein Sieb streichen, mit |
| **2 EL Wasser** | unter Rühren zum Kochen bringen, die Hahnenkämme sofort nach dem Backen damit bestreichen, etwas abkühlen lassen. |

**Zum Glasieren**

| | |
|---|---|
| **60 g Puderzucker** | sieben, mit |
| **etwa 2 EL Zitronensaft** | glatt rühren, sodass eine dünnflüssige Masse entsteht, die Hahnenkämme damit bestreichen. |

❶

❷

❸

❹

# Gefüllte Halbmonde

**Für den Teig**

300 g Weizenmehl in eine Rührschüssel sieben, mit
1 Päckchen Trocken-Backhefe sorgfältig vermischen
50 g Zucker
1 Päckchen Vanillin-Zucker
3 Tropfen Backöl Zitrone
1 Prise Salz
1 Ei
50 g zerlassene, lauwarme Butter oder Margarine
125 ml ($^1/_8$ l) lauwarme Milch hinzufügen, die Zutaten mit Handrührgerät mit Knethaken zuerst auf niedrigster, dann auf höchster Stufe in etwa 5 Minuten zu einem Teig verarbeiten, sollte er kleben, noch etwas Mehl hinzufügen (aber nicht zu viel, Teig muss weich bleiben), den Teig an einem warmen Ort so lange stehen lassen, bis er sich sichtbar vergrößert hat, ihn dann auf der Arbeitsfläche nochmals gut durchkneten, den Teig gut 1 cm dick ausrollen, mit einem Metallring (Durchmesser etwa 10 cm) so ausstechen, dass Halbmonde (etwa 12 Stück) entstehen, sie auf ein mit
Weizenmehl bestäubtes Backblech legen, nochmals so lange an einem warmen Ort stehen lassen, bis sie sich sichtbar vergrößert haben, die Halbmonde schwimmend in siedendem
Ausbackfett (Speiseöl oder Kokosfett) auf beiden Seiten hellbraun backen, mit einem Schaumlöffel herausnehmen, auf einem Kuchenrost abtropfen und erkalten lassen.

**Für die Füllung**

aus
300 ml Milch
1 Packung Cremetorten-Hilfe Vanillegeschmack
100–200 g weicher Butter oder Margarine eine Tortencreme nach Anleitung auf der Packung zubereiten, die »Halbmonde« jeweils an der äußeren Seite bis gut zur Mitte aufschneiden, die Creme hineinspritzen, das Gebäck mit
Puderzucker bestäuben.

# Cremeschnitten

| | |
|---|---|
| **1 Packung (300 g) tiefgekühlten Blätterteig** | abgedeckt bei Zimmertemperatur auftauen lassen, jede Platte quer halbieren, auf ein mit kaltem Wasser abgespültes Backblech legen. |
| **Ober-/Unterhitze** | 200–220 °C (vorgeheizt) |
| **Heißluft** | 170–180 °C (nicht vorgeheizt) |
| **Gas** | Stufe 4–5 (vorgeheizt) |
| **Backzeit** | etwa 15 Minuten |
| | Die Blätterteigplatten vom Backblech lösen, erkalten lassen, jede Platte waagerecht vorsichtig mithilfe eines Sägemessers durchschneiden. |

**Für die Füllung**

| | |
|---|---|
| **300 g Himbeerkonfitüre** | auf die unteren Gebäckteile verteilen |
| **250 ml (1/4 l) Schlagsahne** | 1/2 Minute schlagen |
| **1 Päckchen Sahnesteif** | mit |
| **1 Päckchen Vanillin-Zucker** | mischen, einstreuen, die Sahne steif schlagen |
| **1 EL Himbeergeist** | unterschlagen, die Sahne auf die Himbeerkonfitüre streichen. |

**Für die Glasur**

| | |
|---|---|
| **100 g Puderzucker** | mit |
| **1 EL Zitronensaft** | |
| **1 EL Wasser** | verrühren, die oberen Gebäckteile damit bestreichen |
| **50 g Kuvertüre** | im Wasserbad bei milder Hitze schmelzen, die Kuvertüre in Streifen auf den gerade fest werdenden weißen Guss spritzen, die Glasur sofort mit einem Hölzchen verziehen. |

# Florentiner Schnitten

**Für den Teig**

| | |
|---|---|
| **200 g Weizenmehl** | mit |
| **½ gestrichenen TL Backpulver** | mischen, in eine Rührschüssel sieben |
| **75 g Zucker**<br>**1 Päckchen Vanillin-Zucker**<br>**1 Prise Salz**<br>**1 EL Milch**<br>**100 g weiche Butter** | hinzufügen, die Zutaten mit Handrührgerät mit Knethaken zunächst kurz auf niedrigster, dann auf höchster Stufe gut durcharbeiten, anschließend auf der Arbeitsfläche zu einem glatten Teig verkneten, evtl. kalt stellen, den Teig in der Größe von etwa 14 x 36 cm ausrollen, die Teigplatte halbieren, sodass 2 Teigstreifen von etwa 14 x 36 cm entstehen, die Teigstreifen auf ein gefettetes Backblech legen. |
| **Ober-/Unterhitze** | 180–200 °C (vorgeheizt) |
| **Heißluft** | 160–180 °C (nicht vorgeheizt) |
| **Gas** | Stufe 3–4 (vorgeheizt) |
| **Backzeit** | etwa 10 Minuten |

**Für den Belag**

| | |
|---|---|
| **75 g Butter** | zerlassen |
| **75 g Zucker**<br>**1 Päckchen Vanillin-Zucker**<br>**2 EL Honig** | hinzufügen, langsam zerlassen |
| **125 ml (⅛ l) Schlagsahne** | hinzugießen, rühren, bis sich der Zucker löst und die Masse etwas gebräunt ist |
| **100 g abgezogene Mandelstifte**<br>**100 g gehobelte Haselnusskerne**<br>**50 g kandierte, in Stücke geschnittene Kirschen** | hinzufügen, so lange unter Rühren erhitzen, bis die Masse gebunden ist, kurz abkühlen lassen, auf die beiden Gebäckstreifen verteilen, in den Backofen schieben. |
| **Ober-/Unterhitze** | 180–220 °C (vorgeheizt) |
| **Heißluft** | 160–180 °C (nicht vorgeheizt) |
| **Gas** | Stufe 3–4 (vorgeheizt) |
| **Backzeit** | etwa 10 Minuten |
| **100 g Kuvertüre** | in einem kleinen Topf im Wasserbad bei schwacher Hitze geschmeidig rühren, die Gebäckstreifen quer in Schnitten schneiden, diese mit beiden Enden in die Kuvertüre tauchen, erkalten lassen. |

# Nuss- oder Kokosecken

| | |
|---|---|
| **Für den Teig** | |
| 150 g Weizenmehl | mit |
| ½ gestrichenen TL Backpulver | mischen, in eine Rührschüssel sieben |
| 65 g Zucker<br>1 Päckchen Vanillin-Zucker<br>1 Prise Salz<br>1 Ei<br>65 g weiche Margarine | hinzufügen, die Zutaten mit Handrührgerät mit Knethaken zunächst kurz auf niedrigster, dann auf höchster Stufe kurz durcharbeiten, anschließend auf der Arbeitsfläche zu einem glatten Teig verkneten, sollte er kleben, ihn eine Zeit lang kalt stellen, den Teig zu einem Rechteck (32 x 24 cm) auf einem Backblech ausrollen, mit |
| 2 EL Aprikosenkonfitüre | bestreichen. |
| **Für den Belag** | |
| 100 g Butter<br>100 g Zucker<br>1 Päckchen Vanillin-Zucker<br>2 EL Wasser | langsam erwärmen, zerlassen, kurz aufkochen lassen |
| 75 g gemahlene Haselnusskerne<br>125 g gehobelte Haselnusskerne<br>oder 200 g Kokosraspel | unterrühren, etwas abkühlen lassen, die Masse gleichmäßig auf dem Teig verteilen, vor den Teig einen mehrfach umgeknickten Streifen Alufolie legen, sodass ein Rand entsteht. |
| Ober-/Unterhitze | 170–220 °C (vorgeheizt) |
| Heißluft | 160–170 °C (nicht vorgeheizt) |
| Gas | Stufe 3–4 (vorgeheizt) |
| Backzeit | 20–30 Minuten |
| | Das Gebäck etwas abkühlen lassen, in Vierecke (8 x 8 cm) schneiden, diese so in Hälften teilen, dass Dreiecke entstehen. |
| **Für den Guss** | |
| 50 g Kuvertüre | mit |
| etwas Kokosfett | in einem kleinen Topf im Wasserbad bei schwacher Hitze zu einer geschmeidigen Masse verrühren, die beiden spitzen Ecken des Gebäcks in den Guss tauchen. |

## Hefe-Quark-bällchen

| | |
|---|---|
| 200 g Weizenmehl | in eine Rührschüssel sieben, mit |
| 1 Päckchen Trocken-Backhefe | sorgfältig mischen |
| 75 g Zucker<br>3 Tropfen Backöl Zitrone<br>1 Ei<br>200 g Speisequark<br>50 g zerlassene, abgekühlte Margarine | hinzufügen, die Zutaten mit Handrührgerät mit Knethaken zunächst auf niedrigster, dann auf höchster Stufe in etwa 5 Minuten zu einem Teig verarbeiten, sollte er kleben, noch etwas Mehl hinzufügen (aber nicht zu viel, Teig muss weich bleiben), den Teig so lange an einem warmen Ort gehen lassen, bis er sich sichtbar vergrößert hat, ihn dann auf höchster Stufe nochmals kurz durchkneten |
| 75 g verlesene Rosinen | kurz auf mittlerer Stufe unterkneten |
| Ausbackfett (Speiseöl oder Kokosfett) | erhitzen, mit einem in das Fett getauchten Teelöffel Teigbällchen abstechen, schwimmend in dem siedenden Fett hellbraun backen, mit einem Schaumlöffel herausnehmen, auf einem Kuchenrost abtropfen lassen, nach Belieben heiß oder kalt servieren. |

## Fettkrapfen

| | |
|---|---|
| **Für den Teig** | |
| 125 ml (1/8 l) Wasser<br>30 g Margarine oder Butter | am besten in einem Stieltopf zum Kochen bringen |
| 100 g Weizenmehl | mit |
| 15 g Speisestärke | mischen, sieben, auf ein Mal in die von der Kochstelle genommene Flüssigkeit schütten, zu einem glatten Kloß rühren, unter Rühren etwa 1 Minute erhitzen, den heißen Kloß sofort in eine Rührschüssel geben, nach und nach |
| 2–3 Eier | mit Handrührgerät mit Knethaken auf höchster Stufe unterarbeiten, weitere Eizugabe erübrigt sich, wenn der Teig stark glänzt und so von einem Löffel abreißt, dass lange Spitzen hängen bleiben |
| 1 Messerspitze Backpulver | in den erkalteten Teig arbeiten |
| 40 g Rosinen | verlesen, kurz unterarbeiten |
| Ausbackfett (Speiseöl oder Kokosfett) | erhitzen, mit einem in das heiße Fett getauchten Teelöffel Teigbällchen abstechen, schwimmend in dem siedenden Fett hellbraun backen, mit einem Schaumlöffel herausnehmen, auf einem Kuchenrost abtropfen lassen, mit |
| Puderzucker | bestäuben. |

## Marzipan-Kaffeeschnitten

| | |
|---|---|
| **Für den Teig** | |
| 250 g Weizenmehl | mit |
| ½ gestrichenen TL Backpulver | mischen, in eine Rührschüssel sieben |
| 75 g Zucker<br>1 Ei<br>125 g weiche Butter | hinzufügen, die Zutaten in einer Küchenmaschine oder mit Handrührgerät mit Knethaken zunächst kurz auf niedrigster, dann auf höchster Stufe gut durcharbeiten, anschließend auf der Arbeitsfläche zu einem glatten Teig verkneten, sollte er kleben, ihn eine Zeit lang kalt stellen, den Teig zu einem Rechteck (40 x 32 cm) ausrollen, 8 Streifen (20 x 8 cm) daraus-schneiden, auf ein Backblech legen, hellgelb vorbacken. |
| Ober-/Unterhitze | 170–200 °C (vorgeheizt) |
| Heißluft | 160–180 °C (nicht vorgeheizt) |
| Gas | Stufe 3–4 (vorgeheizt) |
| Backzeit | etwa 15 Minuten |
| 4 EL Konfitüre | Die Gebäckstreifen mit bestreichen. |
| **Für den Belag** | |
| 125 g weiche Butter<br>125 g Marzipan-Rohmasse | mit Handrührgerät mit Rührbesen zu einer geschmeidigen Masse verrühren |

| | |
|---|---|
| | nach und nach |
| 100 g Zucker<br>1 Päckchen<br>Vanillin-Zucker<br>2 Eier | unterrühren |
| 250 g Weizenmehl | mit |
| 1 Messerspitze<br>Backpulver | mischen, sieben, esslöffelweise auf mittlerer Stufe unterrühren, die Masse in einen Spritzbeutel mit gezackter Tülle füllen, beliebige Muster auf die Gebäckstreifen spritzen. |
| Ober-/Unterhitze | 170–200 °C (vorgeheizt) |
| Heißluft | 160–180 °C (nicht vorgeheizt) |
| Gas | Stufe 3–4 (vorgeheizt) |
| Backzeit | etwa 20 Minuten |

Das Gebäck in Streifen schneiden.

## Hefeschnecken

| | |
|---|---|
| **Für den Teig** | |
| 500 g Weizen | fein mahlen, in eine Rührschüssel geben mit |
| 1 Päckchen<br>Trocken-Backhefe | sorgfältig mischen |
| 75 g Honig<br>2 Eier<br>1 Prise Meersalz<br>gut 125 ml (1/8 l)<br>lauwarme Milch<br>100 g zerlassene,<br>abgekühlte Butter | hinzufügen, die Zutaten mit Handrührgerät mit Knethaken zunächst auf niedrigster, dann auf höchster Stufe in etwa 5 Minuten zu einem Teig verarbeiten, den Teig abgedeckt so lange an einem warmen Ort stehen lassen, bis er sich sichtbar vergrößert hat, aus der Schüssel nehmen, auf der Arbeitsfläche nochmals gut durchkneten, zu einem Rechteck (40 x 50 cm) ausrollen. |
| **Für die Füllung** | |
| 50 g weiche Butter | mit |
| 100 g Honig | verrühren, auf den Teig streichen |
| 75 g verlesene Korinthen<br>75 g verlesene Rosinen | mit |
| 75 g abgezogenen,<br>gehackten Mandeln | vermengen, auf die Teigfläche streuen, das Teigrechteck von der längeren Seite her aufrollen, in 1½–2 cm breite Scheiben schneiden, die Teigscheiben auf ein gut gefettetes Backblech legen, mit |
| Kondensmilch | bestreichen, nochmals an einem warmen Ort gehen lassen, bis sie sich sichtbar vergrößert haben. |
| Ober-/Unterhitze | 170–200 °C (vorgeheizt) |
| Heißluft | 160–170 °C (nicht vorgeheizt) |
| Gas | Stufe 3–4 (vorgeheizt) |
| Backzeit | etwa 20 Minuten |

# PLÄTZCHEN

Außer ihrem Hang zum Exklusiven hatten sie wenig gemeinsam: der knorrige Bismarck und der poetische Fontane. Doch in ihrer Leidenschaft für den aparten Baumkuchen – seit nunmehr 200 Jahren eine Spezialität der Salzwedeler und Berliner Bäcker – trafen sie sich. Kein Wunder, ist dieser ungewöhnliche, in zig Schichten geformte Kuchen doch die extravagante Antwort neuzeitlicher Konditoren auf den altgriechischen, über offenem Feuer gegrillten Spießkuchen. Und die zarten Spitzen dieser zeitraubenden Kreation sind so, wie sie heißen: Spitze!

## Baumkuchen-spitzen

**Für den Teig**

**200 g weiche Butter oder Margarine** mit Handrührgerät mit Rührbesen auf höchster Stufe geschmeidig rühren, nach und nach

**200 g Zucker**
**1 Päckchen Vanillin-Zucker**
**3 EL Weinbrand** unterrühren, so lange rühren, bis eine gebundene Masse entstanden ist

**2 Eier**
**2 Eigelb** nach und nach unterrühren (jedes Ei bzw. Eigelb etwa ½ Minute)

**100 g Weizenmehl** mit
**50 g Speisestärke**
**2 gestrichenen TL Backpulver** mischen, sieben, esslöffelweise auf mittlerer Stufe unterrühren

**50 g abgezogene, gemahlene Mandeln** unterrühren

**2 Eiweiß** zu steifem Schnee schlagen, vorsichtig unter den Teig heben, den gefetteten Boden einer Kastenform (30 x 11 cm) mit Backpapier auslegen, 1 gut gehäuften Esslöffel Teig gleichmäßig mit einem Pinsel daraufstreichen, die Form auf dem Rost in den Backofen schieben (Abstand zwischen Grill und Teigschicht etwa 20 cm), die Teigschicht unter dem vorgeheizten Grill hellbraun backen.

**Grillzeit**
**Ober-/Unterhitze** etwa 2 Minuten
**Heißluft** etwa 2 Minuten
**Gas** etwa 2 Minuten

Als zweite Schicht 1–2 Esslöffel Teig auf die gebackene Schicht streichen, die Form wieder unter den Grill schieben, auf diese Weise zunächst die Hälfte des Teiges (6 Schichten) verarbeiten (die Einschubhöhe nach Möglichkeit so verändern, dass der Abstand von etwa 20 cm zwischen Grill und Teigschicht bestehen bleibt). Das fertige Gebäck mit einem Messer vorsichtig vom Rand der Form lösen, auf einen Kuchenrost stürzen, das Papier abziehen, den restlichen Teig auf die gleiche Weise backen, die beiden Gebäckstücke erkalten lassen, jeweils der Länge nach halbieren, sodass vier Stangen entstehen, diese dann so schneiden, dass Dreiecke (Spitzen) entstehen.

**Für den Guss**

**200 g Kuvertüre (Vollmilch-, Zartbitter oder Weiße Kuvertüre)** in kleine Stücke schneiden, in einem kleinen Topf im Wasserbad bei schwacher Hitze geschmeidig rühren, die Baumkuchenschnitten mit einer Gabel in die Kuvertüre tauchen, abtropfen lassen, auf einen Kuchenrost setzen, trocknen lassen, in einer gut schließenden Dose aufbewahren.

**Tipp** Jeweils die andersfarbige Kuvertüre in eine Pergamentpapiertüte füllen, feine Fäden über die Baumkuchenecken spritzen.

# Orangen-plätzchen

**Für den Teig**

| | |
|---|---|
| **175 g weiche Butter** | mit Handrührgerät mit Rührbesen auf höchster Stufe geschmeidig rühren, nach und nach |
| **100 g Zucker** | |
| **1 Päckchen Vanillin-Zucker** | |
| **1 Ei** | |
| **1 Prise Salz** | |
| **1 Fläschchen Backöl Zitrone** | unterrühren, so lange rühren, bis eine gebundene Masse entstanden ist |
| **300 g Weizenmehl** | sieben, 2/3 davon esslöffelweise auf mittlerer Stufe unterrühren, den Rest des Mehls mit dem Teigbrei auf der Arbeitsfläche zu einem glatten Teig verkneten, sollte er kleben, ihn eine Zeit lang kalt stellen, den Teig dünn ausrollen, mit einer runden Form (Durchmesser etwa 4 cm) ausstechen, auf ein gefettetes Backblech legen. |
| **Ober-/Unterhitze** | 170–200 °C (vorgeheizt) |
| **Heißluft** | 150–170 °C (nicht vorgeheizt) |
| **Gas** | Stufe 3–4 (vorgeheizt) |
| **Backzeit** | 10–15 Minuten |

**Für den Guss**

| | |
|---|---|
| **175 g gesiebten Puderzucker** | mit |
| **4–5 EL Orangenlikör oder Zitronensaft** | glatt rühren, sodass eine dickflüssige Masse entsteht, die erkalteten Plätzchen damit bestreichen |
| **kandierte Orangenscheiben** | in Stücke schneiden, die Plätzchen damit garnieren. |

1

# Orangen-Schoko-Plätzchen

| | |
|---|---|
| 200 g Weizenmehl | mit |
| 60 g Speisestärke<br>1 gestrichenen TL Backpulver | mischen, in eine Rührschüssel sieben |
| 100 g Zucker<br>1 Päckchen Vanillin-Zucker<br>abgeriebene Schale von 1 Orange (unbehandelt)<br>1 Ei<br>125 g weiche Butter oder Margarine | hinzufügen |
| 100 g Zartbitter-Schokolade | in kleine Stücke schneiden, hinzufügen, die Zutaten mit Handrührgerät mit Knethaken zunächst kurz auf niedrigster, dann auf höchster Stufe gut durcharbeiten ❶, anschließend auf der Arbeitsfläche zu einem glatten Teig verkneten, aus dem Teig etwa 3 cm dicke Rollen formen, breit drücken ❷, sodass die Teigstreifen etwa 5 cm breit und gut 1 cm hoch sind, kalt stellen, bis der Teig hart geworden ist, ihn dann mit einem scharfen Messer in knapp ½ cm dicke Scheiben schneiden, auf ein Backblech legen ❸. |

| | |
|---|---|
| Ober-/Unterhitze | 170–200 °C (vorgeheizt) |
| Heißluft | 150–170 °C (nicht vorgeheizt) |
| Gas | Stufe 3–4 (vorgeheizt) |
| Backzeit | etwa 10 Minuten |

❷

❸

## Cantuccini

(Foto)

| | |
|---|---|
| 500 g Weizenmehl | in eine Rührschüssel sieben |
| 250 g Zucker<br>3 verschlagene Eier<br>abgeriebene Schale von 1 Zitrone (unbehandelt)<br>abgeriebene Schale von ½ Orange (unbehandelt)<br>2 EL Orangensaft<br>2 EL Vino Santo oder Cream Sherry<br>etwa 25 g ganze Anissamen<br>1 Prise Salz<br>1 TL Backpulver<br>50 g weiche Butter<br>1 EL Schweineschmalz | hinzufügen, die Zutaten mit Handrührgerät mit Knethaken zunächst auf niedrigster, dann auf höchster Stufe gut durcharbeiten, anschließend auf der Arbeitsfläche zu einem glatten Teig verkneten, dabei |
| 200 g nicht abgezogene, ganze Mandeln | unterkneten, 5 gleich große Rollen formen, nebeneinander auf ein gefettetes Backblech legen. |
| Ober-/Unterhitze | etwa 180 °C (vorgeheizt) |
| Heißluft | etwa 160–170 °C (nicht vorgeheizt) |
| Gas | etwa Stufe 3 (vorgeheizt) |
| Backzeit | etwa 30 Minuten |
| | Nach dem Backen die noch heißen Teigrollen schräg in etwa 2 cm breite Scheiben schneiden. |
| **Hinweis** | Das Gebäck ist, wenn es trocken aufbewahrt wird, längere Zeit haltbar. |

## Gefüllte Herzen

| | |
|---|---|
| **Für den Teig** | |
| 250 g Weizenmehl | in eine Rührschüssel sieben |
| 125 g gesiebten Puderzucker<br>1 Päckchen Vanillin-Zucker<br>1 Prise Salz<br>abgeriebene Schale von ½ Zitrone (unbehandelt)<br>2 Eigelb<br>125 g weiche Butter | hinzufügen, die Zutaten mit Handrührgerät mit Knethaken zunächst kurz auf niedrigster, dann auf höchster Stufe gut durcharbeiten, anschließend auf der Arbeitsfläche zu einem glatten Teig verkneten, sollte er kleben, ihn eine Zeit lang kalt stellen (20–30 Minuten), den Teig dünn ausrollen, kleine Herzen ausstechen, auf ein mit Backpapier belegtes Backblech legen, aus der Hälfte der Herzen nochmals ein kleineres Herz ausstechen, auf ein mit Backpapier belegtes Backblech legen. |
| Ober-/Unterhitze | 170–200 °C (vorgeheizt) |
| Heißluft | 150–170 °C (nicht vorgeheizt) |
| Gas | Stufe 3–4 (vorgeheizt) |
| Backzeit | 8–10 Minuten |
| | Die Plätzchen vom Backblech lösen, erkalten lassen. |
| **Für die Füllung** | |
| 300 g rotes Johannisbeergelee | unter Rühren aufkochen lassen, evtl. mit |
| etwas roter Speisefarbe | einfärben, die nicht ausgestochenen Herzen dünn mit dem noch lauwarmen Gelee bestreichen, die Herzen (innen ausgestochen) mit |
| Puderzucker | bestäuben, auf die mit Gelee bestrichenen Herzen legen, restliches Gelee in Papiertütchen geben, in die Mitte der Herzen spritzen. |

HABOSO
SOLINGEN

# Grazer Mandelrauten

**Für den Teig**

| | |
|---|---|
| 300 g Weizenmehl | in eine Rührschüssel sieben |
| 100 g gesiebten Puderzucker<br>1 Päckchen Vanillin-Zucker<br>1 Prise Salz<br>1 Ei<br>abgeriebene Schale von ½ Zitrone (unbehandelt)<br>200 g weiche Butter | hinzufügen, die Zutaten mit Handrührgerät mit Knethaken zunächst kurz auf niedrigster, dann auf höchster Stufe gut durcharbeiten, anschließend auf der Arbeitsfläche zu einem glatten Teig verkneten, den Teig eine Zeit lang kalt stellen, ihn dann etwa 3 mm dick ausrollen, zuerst in etwa 2 ½ cm breite Streifen, dann in Rauten schneiden ❶, die Teigrauten auf ein gefettetes Backblech legen, mit |
| Kondensmilch | bestreichen, mit |
| etwa 60 g abgezogenen, gehackten Mandeln | bestreuen. |
| Ober-/Unterhitze | 170–200 °C (vorgeheizt) |
| Heißluft | 150–170 °C (nicht vorgeheizt) |
| Gas | Stufe 3–4 (vorgeheizt) |
| Backzeit | etwa 12 Minuten |

**Für die Füllung**

| | |
|---|---|
| gut 3 EL (50 ml) Schlagsahne | zum Kochen bringen |
| 100 g fein geschnittene Halbbitter-Kuvertüre | hinzufügen, von der Kochstelle nehmen, mit einem Schneebesen zu einer einheitlichen Masse verrühren, die Masse unter Rühren erkalten lassen, die erkaltete Kuvertüremasse mit Handrührgerät mit Rührbesen gut durchrühren |
| 25 g weiche Butter | unterrühren, die Hälfte der erkalteten Plätzchen mit der Masse bestreichen ❷, mit den übrigen Plätzchen bedecken, etwas andrücken. |

❶

❷

## Mandelplätzchen

| | |
|---|---|
| 300 g Weizen<br>75 g Buchweizen | fein mahlen, mit |
| 1 gestrichenen TL Backpulver | mischen, in eine Rührschüssel geben |
| 75 g Sucanat (aus Zuckerrohrsaft)<br>Mark aus 1 Vanilleschote<br>1 Prise Meersalz<br>1 Eigelb<br>250 g weiche Butter | hinzufügen, die Zutaten mit Handrührgerät mit Knethaken zunächst kurz auf niedrigster, dann auf höchster Stufe gut durcharbeiten |
| 200 g ganze, nicht abgezogene Mandeln | kurz auf mittlerer Stufe unterkneten, anschließend auf der Arbeitsfläche zu einem glatten Teig verkneten, aus dem Teig gut 2 ½–3 cm dicke Rollen formen, so lange kalt stellen, bis sie hart geworden sind, die Rollen in etwa ½ cm dicke Scheiben schneiden, auf ein dünn gefettetes Backblech legen. |
| Ober-/Unterhitze | 170–200 °C (vorgeheizt) |
| Heißluft | 150–170 °C (nicht vorgeheizt) |
| Gas | Stufe 3–4 (vorgeheizt) |
| Backzeit | etwa 15 Minuten |

## Erdnussplätzchen

| | |
|---|---|
| 125 g weiche Margarine oder Butter | mit Handrührgerät mit Rührbesen auf höchster Stufe geschmeidig rühren, nach und nach |
| 125 g braunen Rohrzucker<br>125 g Zucker<br>1 Päckchen Vanillin-Zucker<br>1 Prise Salz | unterrühren, so lange rühren, bis eine gebundene Masse entstanden ist |
| 2 Eier | nach und nach unterrühren (jedes Ei etwa ½ Minute) |
| 1 Glas (etwa 330 g) Erdnussmus aus gerösteten Erdnusskernen | auf mittlerer Stufe unterrühren |
| 250 g Weizenmehl | mit |
| 1 gestrichenen TL Backpulver | mischen, sieben, esslöffelweise auf mittlerer Stufe unterrühren, mit 2 Teelöffeln Häufchen von dem Teig abstechen, auf ein mit Backpapier belegtes Backblech setzen, etwas flach drücken, sodass die Plätzchen die Größe eines Fünfmarkstücks erhalten (die Löffel zwischendurch in lauwarmes Wasser tauchen). |
| Ober-/Unterhitze | 170–200 °C (vorgeheizt) |
| Heißluft | 150–170 °C (nicht vorgeheizt) |
| Gas | Stufe 3–4 (vorgeheizt) |
| Backzeit | etwa 10 Minuten |

## Choco-Cookies

(Foto)

| | |
|---|---|
| **Für den Teig** | |
| 150 g Margarine oder Butter | mit Handrührgerät mit Rührbesen auf höchster Stufe geschmeidig rühren, nach und nach |
| 100 g Zucker<br>150 g Farin-Zucker<br>1 Päckchen Bourbon Vanillin-Zucker<br>1 Prise Salz | unterrühren, so lange rühren, bis eine gebundene Masse entstanden ist |
| 2 Eier | nach und nach unterrühren (jedes Ei etwa ½ Minute) |
| 200 g Weizenmehl | mit |
| 1 gestrichenen TL Backpulver | mischen, sieben, unterrühren |
| 80 g gehackte Haselnusskerne<br>je 75 g geriebene Vollmilch- und Zartbitter-Schokolade | unterrühren, mit 2 Teelöffeln haselnussgroße Häufchen auf ein mit Backpapier belegtes Backblech setzen. |
| Ober-/Unterhitze | 170–200 °C (vorgeheizt) |
| Heißluft | 150–170 °C (nicht vorgeheizt) |
| Gas | Stufe 3–4 (vorgeheizt) |
| Backzeit | 10–15 Minuten |

## Sesamstäbchen

| | |
|---|---|
| 150 g Sesamsaat | unter Rühren (ohne Fett) in der Pfanne goldgelb rösten, kalt stellen |
| 80 g weiche Butter | mit Handrührgerät mit Rührbesen auf höchster Stufe geschmeidig rühren |
| 150 g flüssigen Honig<br>abgeriebene Schale von 1 Zitrone (unbehandelt)<br>½ TL gemahlenen Zimt<br>1 Prise Meersalz<br>½ TL Kardamom<br>½ TL gemahlene Nelken | unterrühren, so lange rühren, bis eine gebundene Masse entstanden ist |
| 1 Ei | unterrühren (etwa ½ Minute) |
| 50 g Gerstenmehl<br>100 g Weizen-Vollkornmehl | mischen, esslöffelweise auf mittlerer Stufe unterrühren, zuletzt die geröstete Sesamsaat unterrühren, den Teig etwa 1 Stunde abgedeckt ruhen lassen, danach auf ein gefettetes Backblech streichen, mit |
| 3 EL Sesamsaat | bestreuen. |
| Ober-/Unterhitze | etwa 175–200 °C (vorgeheizt) |
| Heißluft | etwa 150–175 °C (nicht vorgeheizt) |
| Gas | etwa Stufe 2–3 (vorgeheizt) |
| Backzeit | etwa 13–18 Minuten |

Die noch warme Gebäckplatte in Stäbchen von 3 x 5 cm schneiden.

## Gebäckstangen

| | |
|---|---|
| **Für den Teig** | |
| 250 g weiche Butter | mit Handrührgerät mit Rührbesen auf höchster Stufe in etwa ½ Minute geschmeidig rühren, nach und nach |
| 150 g Zucker<br>1 Prise Salz<br>1 Beutel Feine Orangenfrucht | unterrühren, so lange rühren, bis eine gebundene Masse entstanden ist |
| 1 Ei<br>1 Eigelb | unterrühren (jedes Ei bzw. Eigelb etwa ½ Minute) |
| 300–375 g Weizenmehl | mit |
| ½ gestrichenen TL Backpulver | mischen, sieben, 2/3 davon esslöffelweise auf mittlerer Stufe unterrühren, den Teigbrei mit dem Rest des Mehls auf der Arbeitsfläche zu einem glatten Teig verkneten, in eine Gebäckspritze oder Fleischwolf mit Teigvorsatzscheibe geben, 6 cm lange Stangen spritzen, abschneiden, auf ein mit Backpapier belegtes Backblech legen. |
| Ober-/Unterhitze | 200–220 °C (vorgeheizt) |
| Heißluft | 180–200 °C (nicht vorgeheizt) |
| Gas | Stufe 3–4 (vorgeheizt) |
| Backzeit | 12–15 Minuten |
| **Für den Guss** | |
| 150 g Halbbitter-Kuvertüre | in Stücke brechen, in einem kleinen Topf im Wasserbad bei schwacher Hitze geschmeidig rühren, die Gebäckstücke zur Hälfte hineintauchen, mit |
| gehackten Pistazien, Regenbogen-Zucker, Zuckerstreusel | bestreuen. |

# Prinzessbrezeln

**Für den Teig**

| | |
|---|---|
| 375 g Weizenmehl | mit |
| 40 g Kakao | mischen, in eine Rührschüssel sieben |
| 175 g Zucker<br>1 Päckchen Vanillin-Zucker<br>1 Prise Salz<br>1 Ei<br>250 g weiche Butter | hinzufügen, die Zutaten mit Handrührgerät mit Knethaken zunächst kurz auf niedrigster, dann auf höchster Stufe gut durcharbeiten, anschließend auf der Arbeitsfläche zu einem glatten Teig verkneten, sollte er kleben, ihn eine Zeit lang kalt stellen, den Teig zu bleistiftdicken Rollen formen ❶, in etwa 17 cm lange Stücke schneiden, zu Brezeln formen ❷, die Brezeln auf ein mit Backpapier belegtes Backblech legen. |

| | |
|---|---|
| Ober-/Unterhitze | 170–200 °C (vorgeheizt) |
| Heißluft | 150–170 °C (nicht vorgeheizt) |
| Gas | Stufe 3–4 (vorgeheizt) |
| Backzeit | 12–15 Minuten |

**Zum Bestreichen**

| | |
|---|---|
| 100 g Halbbitter-Kuvertüre | mit |
| 100 g Speisefettglasur | in einem kleinen Topf im Wasserbad bei schwacher Hitze geschmeidig rühren, die Brezeln damit bestreichen ❸, evtl. mit |
| etwa 60 g abgezogenen, gehackten, gebräunten Mandeln | bestreuen. |

❶

❷

❸

# Gefüllte Plätzchen

| | |
|---|---|
| **Für den Teig** | |
| 250 g Weizenmehl | mit |
| ½ gestrichenen TL Backpulver | mischen, in eine Rührschüssel sieben |
| 75 g Zucker<br>1 Päckchen Vanillin-Zucker<br>1 Prise Salz<br>1 Ei<br>125 g weiche Butter oder Margarine | hinzufügen, die Zutaten mit Handrührgerät mit Knethaken zunächst kurz auf niedrigster, dann auf höchster Stufe gut durcharbeiten, anschließend auf der Arbeitsfläche zu einem glatten Teig verkneten, sollte er kleben, ihn eine Zeit lang kalt stellen, den Teig messerrückendick ausrollen, mit einer ovalen Form ausstechen, auf ein gefettetes Backblech legen, goldgelb backen. |
| Ober-/Unterhitze | 170–200 °C (vorgeheizt) |
| Heißluft | 150–170 °C (nicht vorgeheizt) |
| Gas | Stufe 3–4 (vorgeheizt) |
| Backzeit | 7–10 Minuten |
| **Für die Füllung** | |
| 50 g Kokosfett | zerlassen, mit |
| 35 g gesiebtem Puderzucker<br>1 Päckchen Vanillin-Zucker<br>75 g geriebener Schokolade<br>50 g abgezogenen, gemahlenen Mandeln<br>½ Fläschchen Rum-Aroma<br>1 Ei | verrühren, die Hälfte der Plätzchen auf der Unterseite mit der Füllung bestreichen, die andere Hälfte mit der Unterseite darauflegen. |
| **Für den Guss** | |
| 150 g Puderzucker | mit |
| 1 gehäuften EL Kakao | mischen, sieben, mit |
| 2–3 EL heißem Wasser | glatt rühren, sodass eine dickflüssige Masse entsteht, die gefüllten Plätzchen zur Hälfte mit dem Guss überziehen. |

# Glückspilze

| | |
|---|---|
| **Für den Teig** | |
| 400 g Weizenmehl | mit |
| ½ gestrichenen TL Backpulver | mischen, in eine Rührschüssel sieben |
| 75 g Zucker<br>1 Päckchen Vanillin-Zucker<br>1 Prise Salz<br>2 Eier<br>150 g weiche Butter | hinzufügen, die Zutaten mit Handrührgerät mit Knethaken zunächst kurz auf niedrigster, dann auf höchster Stufe gut durcharbeiten, anschließend auf der Arbeitsfläche zu einem glatten Teig verkneten, ihn eine Zeit lang kalt stellen, den Teig etwa 3 mm dick ausrollen, mit einer runden, gezackten Form (Durchmesser etwa 5 cm) ausstechen, auf ein Backblech legen, mit |
| Kondensmilch | bestreichen, mit |
| etwa 200 g roten und 100 g grünen Belegkirschen<br>100 g abgezogenen, halbierten Mandeln | in Form von Pilzen garnieren. |
| Ober-/Unterhitze | 170–200 °C (vorgeheizt) |
| Heißluft | 150–170 °C (nicht vorgeheizt) |
| Gas | Stufe 3–4 (vorgeheizt) |
| Backzeit | 10–12 Minuten |
| **Zum Verzieren** | |
| 50 g Puderzucker | sieben, mit |
| etwas Wasser | verrühren, sodass eine spritzfähige Masse entsteht, mithilfe eines Pergamentpapiertütchens als Tupfen auf die erkalteten Pilzköpfe spritzen. |

# Prager Plätzchen

(Foto oben)

| | |
|---|---|
| **Für den Teig** | |
| 375 g Weizenmehl | mit |
| 1 gestrichenen TL Backpulver | mischen, in eine Rührschüssel sieben |
| 50 g Zucker | |
| 3 Eigelb | |
| 250 g weiche Butter | hinzufügen, die Zutaten mit Handrührgerät mit Knethaken zunächst kurz auf niedrigster, dann auf höchster Stufe gut durcharbeiten, anschließend auf der Arbeitsfläche zu einem glatten Teig verkneten, sollte er kleben, ihn eine Zeit lang kalt stellen, den Teig dünn ausrollen, mit einer runden Form (Durchmesser etwa 4 cm) ausstechen, auf ein Backblech legen. |
| **Für den Belag** | |
| 3 Eiweiß | steif schlagen, es muss so fest sein, dass ein Messerschnitt sichtbar bleibt |
| 200 g Puderzucker | sieben, nach und nach unterschlagen, die Masse in einen Spritzbeutel mit Lochtülle füllen, als Tuffs auf die Teigplätzchen spritzen, mit |
| 75 g abgezogenen, gehackten Mandeln | bestreuen, jeweils einige von |
| 175 g Korinthen | in jedes Plätzchen hineindrücken. |
| Ober-/Unterhitze | 170–200 °C (vorgeheizt) |
| Heißluft | 150–170 °C (nicht vorgeheizt) |
| Gas | Stufe 3–4 (vorgeheizt) |
| Backzeit | 10–15 Minuten |

# Streuselplätzchen mit Pfiff

| | |
|---|---|
| **Für den Teig** | |
| 250 g Weizenmehl | mit |
| 1 gestrichenen TL Backpulver | mischen, in eine Rührschüssel sieben |
| 100 g Zucker | |
| 175 g weiche Butter | |
| 75 g abgezogene, gemahlene Mandeln | hinzufügen, die Zutaten mit Handrührgerät zunächst auf niedrigster, dann auf höchster Stufe gut durcharbeiten, anschließend auf der Arbeitsfläche zu einem glatten Teig verkneten, sollte er kleben, ihn eine Zeit lang kalt stellen, den Teig etwa 2 mm dick ausrollen, mit einer runden Form (Durchmesser etwa 6 cm) ausstechen, auf ein Backblech legen. |

| | |
|---|---|
| **Für die Streusel** | |
| 250 g Weizenmehl | in eine Rührschüssel sieben |
| 125 g Zucker | |
| 1 Päckchen Vanillin-Zucker | |
| 1 Messerspitze gemahlenen Zimt | |
| 125 g weiche Butter | hinzufügen, die Zutaten mit Handrührgerät mit Knethaken zu Streuseln verarbeiten, gleichmäßig auf die Teigplätzchen verteilen, mit |
| kandierten Kirschen | belegen. |
| Ober-/Unterhitze | 170–200 °C (vorgeheizt) |
| Heißluft | 150–170 °C (nicht vorgeheizt) |
| Gas | Stufe 3–4 (vorgeheizt) |
| Backzeit | etwa 15 Minuten |

## Zimt-Baiser-Plätzchen

(Foto unten)

| | |
|---|---|
| **Für den Teig** | |
| 125 g Weizenmehl | in eine Rührschüssel sieben |
| 50 g Zucker | |
| 1 Päckchen Vanillin-Zucker | |
| 2 Eigelb | |
| 65 g weiche Butter | hinzufügen, die Zutaten mit Handrührgerät mit Knethaken zunächst kurz auf niedrigster, dann auf höchster Stufe gut durcharbeiten, anschließend auf der Arbeitsfläche zu einem glatten Teig verkneten, sollte er kleben, ihn eine Zeit lang kalt stellen, den Teig etwa 2 mm dick ausrollen, mit einer runden Form (Durchmesser 3–4 cm) ausstechen, auf ein gefettetes Backblech legen. |
| **Für die Baisermasse** | |
| 2 Eiweiß | mit |
| 100 g Zucker | |
| 1 TL gemahlenem Zimt | verrühren, im Wasserbad so lange schlagen, bis der Eischnee schnittfest ist |
| 100 g abgezogene, gemahlene Mandeln | unterheben, auf jedes Plätzchen etwas (etwa 3/4 TL) von der Baisermasse streichen |
| kandierte Kirschen | halbieren, die Plätzchen damit garnieren. |
| Ober-/Unterhitze | 170–200 °C (vorgeheizt) |
| Heißluft | 150–170 °C (nicht vorgeheizt) |
| Gas | Stufe 3–4 (vorgeheizt) |
| Backzeit | etwa 10 Minuten |

## Nusshäufchen

(Foto)

150 g weiche Butter — mit Handrührgerät mit Rührbesen auf höchster Stufe geschmeidig rühren, nach und nach

200 g Haselnussmus (aus dem Glas)
150 g Sucanat (zerdrückt) — unterrühren, so lange rühren, bis eine gebundene Masse entstanden ist

2 Eier — nach und nach unterrühren (jedes Ei etwa ½ Minute)

125 g fein gemahlenen Buchweizen
125 g fein gemahlenen Weizen oder Dinkel — mit
1 gestrichenen TL Backpulver — mischen, esslöffelweise auf mittlerer Stufe unterrühren, von dem Teig mit 2 Teelöffeln Häufchen abnehmen, auf ein mit Backpapier belegtes Backblech setzen, jeweils einige von

etwa 30 g abgezogenen, gehobelten Mandeln — in die Teighäufchen stecken.

Ober-/Unterhitze — 170–200 °C (vorgeheizt)
Heißluft — 150–170 °C (nicht vorgeheizt)
Gas — Stufe 3–4 (vorgeheizt)
Backzeit — etwa 15 Minuten

## Haferplätzchen

**Für den Teig**

250 g weiche Margarine — mit Handrührgerät mit Rührbesen auf höchster Stufe geschmeidig rühren, nach und nach

175 g Zucker
1 Beutel Feine Orangenfrucht — unterrühren, so lange rühren, bis eine gebundene Masse entstanden ist

1 Ei — unterrühren (etwa ½ Minute)

1 gestrichenen TL gemahlenen Zimt
1 gestrichenen TL gemahlenen Ingwer
1 Messerspitze gemahlenen Kardamom
200 g feine Haferflocken
100 g gemahlene Haselnusskerne — auf mittlerer Stufe unterrühren
100 g Weizenmehl — daraufsieben, unterkneten, den Teig kurze Zeit in den Kühlschrank stellen, etwa 1 cm dick ausrollen, runde Plätzchen ausstechen, auf ein mit Backpapier belegtes Backblech legen.

Ober-/Unterhitze — etwa 200 °C (vorgeheizt)
Heißluft — etwa 180 °C (nicht vorgeheizt)
Gas — etwa Stufe 4 (vorgeheizt)
Backzeit — 10–12 Minuten

Die Plätzchen auf einem Kuchenrost erkalten lassen.

**Für den Guss**

1–2 Beutel Kuchenglasur Zitrone — nach Anleitung auf der Packung erwärmen, die Plätzchen damit bestreichen, mit

Gebäckschmuck — garnieren.

# Dukaten-plätzchen

| | |
|---|---|
| Ober-/Unterhitze | 170–200 °C (vorgeheizt) |
| Heißluft | 150–170 °C (nicht vorgeheizt) |
| Gas | Stufe 3–4 (vorgeheizt) |
| Backzeit | etwa 10 Minuten |

**Für den Teig**

| | |
|---|---|
| 250 g Weizenmehl | mit |
| 1 gestrichenen TL Backpulver | mischen, in eine Rührschüssel sieben |
| 75 g Zucker<br>1 Päckchen Vanillin-Zucker<br>1 Prise Salz<br>1 Ei<br>1 EL Milch<br>125 g weiche Margarine oder Butter | hinzufügen, die Zutaten mit Handrührgerät mit Knethaken zunächst kurz auf niedrigster, dann auf höchster Stufe gut durcharbeiten, anschließend auf der Arbeitsfläche zu einem glatten Teig verkneten, sollte er kleben, ihn eine Zeit lang kalt stellen, den Teig dünn ausrollen, mit einer runden Form (Durchmesser etwa 4 cm) ausstechen, auf ein Backblech legen. |

**Für die Füllung**

| | |
|---|---|
| 125 g Kokosfett | zerlassen, kalt stellen |
| 75 g Puderzucker<br>30 g Kakao | mischen, in eine Rührschüssel sieben |
| 1 Päckchen Vanillin-Zucker<br>einige Tropfen Rum-Aroma<br>1 Ei | hinzufügen, nach und nach mit und dem lauwarmen Kokosfett verrühren, die Füllung kalt stellen, sobald sie etwas fester ist, die Hälfte der Plätzchen auf der Unterseite damit bestreichen, die übrigen darauflegen. |

**Für den Guss**

| | |
|---|---|
| etwa 75 g Kuvertüre | mit |
| etwas Kokosfett | in einem kleinen Topf im Wasserbad bei schwacher Hitze zu einer geschmeidigen Masse verrühren, die Plätzchen (wenn die Füllung etwas fester geworden ist) bis knapp zur Hälfte hineintauchen. |

# PATISSERIE

Wenn je eine Stadt die Kunst als Lebenselixier entdeckt hat, dann Florenz. Hier wurde und wird der Genuss als Selbstverständlichkeit gepflegt. Üppig wie Malerei und Musik geben sich Küchen und Keller. Man lebt gerne in Florenz. Und gut! Ganz typisch daher jene kleinen Küchlein, liebevoll und selbstbewusst Florentiner genannt, die reich mit Nüssen, Mandeln und Rosinen belegt als exquisite Knabberei geschätzt werden. Nicht nur in Italien.

## Florentiner Plätzchen

| | |
|---|---|
| **Für den Knetteig** | |
| 125 g Weizenmehl | mit |
| ½ gestrichenen TL Backpulver | mischen, in eine Rührschüssel sieben |
| 40 g Zucker | |
| 1 Päckchen Vanillin-Zucker | |
| 1 Prise Salz | |
| 1 EL Milch | |
| 60 g Margarine oder Butter | hinzufügen, die Zutaten mit Handrührgerät mit Knethaken zunächst kurz auf niedrigster, dann auf höchster Stufe gut durcharbeiten, anschließend auf der Arbeitsfläche zu einem glatten Teig verkneten, sollte er kleben, ihn eine Zeit lang kalt stellen (20–30 Minuten), den Teig auf der bemehlten Arbeitsfläche etwa 3 mm dick ausrollen, runde Plätzchen (Durchmesser 6–7 cm) ausstechen, auf ein mit Backpapier belegtes Backblech legen, hellgelb vorbacken. |
| Ober-/Unterhitze | etwa 170 °C (vorgeheizt) |
| Heißluft | etwa 150 °C (nicht vorgeheizt) |
| Gas | Stufe 3–4 (vorgeheizt) |
| Backzeit | etwa 7 Minuten |
| **Für den Belag** | |
| 30 g Butter | mit |
| 50 g Zucker | |
| 1 Päckchen Vanillin-Zucker | |
| 1 EL Honig | so lange erhitzen, bis die Masse leicht gebräunt ist |
| 3 EL Schlagsahne | hinzufügen, so lange rühren, bis der Zucker gelöst ist |
| 2 Päckchen (250 g) Studentenfutter | dazugeben, unter Rühren ein Mal aufkochen lassen, die vorgebackenen Plätzchen damit belegen (gut ½ cm Rand rundherum freilassen) auf ein mit Backpapier belegtes Backblech legen. |
| Backzeit | etwa 7 Minuten |
| **Für den Guss** | |
| 75 g Halbbitter-Kuvertüre | und |
| 75 g Vollmilch-Kuvertüre | |
| 20 g Kokosfett | im Wasserbad bei schwacher Hitze zu geschmeidiger Masse verrühren, Plätzchen mit der unteren Seite und dem Rand hineintauchen. |

# Amaretti

(Foto, etwa 50 Stück)

| | |
|---|---|
| 300 g abgezogene, gemahlene Mandeln | mit |
| 6 Tropfen Backöl Bittermandel | |
| 300 g Zucker | mischen |
| 3 Eiweiß | mit Handrührgerät mit Rührbesen sehr steif schlagen, das Eiweiß nach und nach unter die Mandelmischung rühren, aus dem Teig kleine Kugeln formen, ein Backblech mit Backpapier belegen, die Amaretti in größerem Abstand darauflegen, die Amaretti mehr trocknen als backen. |
| Ober-/Unterhitze | etwa 160 °C (vorgeheizt) |
| Heißluft | etwa 130 °C (nicht vorgeheizt) |
| Gas | etwa Stufe 1 (vorgeheizt) |
| Backzeit | etwa 25 Minuten |
| | Die Amaretti aus dem Ofen nehmen und noch warm mit |
| 25 g Puderzucker | bestäuben, etwas abkühlen lassen, dann vom Papier lösen. |

# Fruchtkugeln

(etwa 100 Stück)

| | |
|---|---|
| 250 g getrocknete Datteln | entsteinen |
| 250 g Backpflaumen (ohne Stein) | |
| 250 g getrocknete Aprikosen | die drei Zutaten durch die grobe Scheibe des Fleischwolfs geben |
| abgeriebene Schale von 1 Zitrone (unbehandelt) | |
| 2 EL Honig | hinzufügen, alles gut miteinander vermengen, aus der Masse mit nassen Händen Kugeln formen, in |
| etwa 80 g gemahlenen Walnusskernen oder abgezogenen, gemahlenen Mandeln oder gemahlenen Haselnusskernen | wälzen, einige Stunden bei Zimmertemperatur stehen lassen, die Fruchtkugeln in gut schließende Dosen geben. |

# Whisky-Taschen

(etwa 28 Stück)

**Für den Teig**

120 g hellen Sirup
100 g Zucker
1 Päckchen Vanillin-Zucker
120 g Butter oder Margarine – langsam erwärmen, zerlassen, in eine Rührschüssel geben, abkühlen lassen, unter die fast abgekühlte Masse

½ Fläschchen Backöl Zitrone
1 Fläschchen Backöl Butter-Vanille-Aroma
½ TL gemahlenen Ingwer
gut 1 TL Whisky – rühren

160 g gesiebtes Weizenmehl – nach und nach unterrühren, jeweils nur 4 Häufchen mithilfe eines Teelöffels auf ein mit Backpapier belegtes Backblech setzen (Teig läuft auseinander).

Ober-/Unterhitze: 170–200 °C (vorgeheizt)
Heißluft: 150–170 °C (nicht vorgeheizt)
Gas: Stufe 2–3 (vorgeheizt)
Backzeit: etwa 8 Minuten

Gebäck kurz abkühlen lassen, mit einem Messer lösen, sofort auf einen Teigroller legen, kurz abkühlen lassen, abnehmen, etwas nachformen, erkalten lassen.

**Für die Füllung**

(ausreichend für 14 Taschen)

500 ml (½ l) Schlagsahne – mit
2 Päckchen Sahnesteif
20 g gesiebtem Puderzucker – steif schlagen, mit
etwa 4 EL Whisky – abschmecken, Masse etwa 30 Minuten vor dem Verzehr in die Taschen spritzen.

**Tipp** Ungefülltes Gebäck in gut schließenden Dosen aufbewahren.

## Orangenblüten-Konfekt

(etwa 30 Stück)

**200 g Marzipan-Rohmasse** mit
**100 g gesiebtem Puderzucker**
**1 TL getrockneten Orangenschalen** mit Handrührgerät mit Knethaken verkneten, gut ¼ der Masse in Alufolie wickeln, beiseitelegen, unter die restliche Marzipanmasse

**50 g sehr fein gehacktes Orangeat**
**1–2 EL Orangenlikör** kneten, auf
**gesiebtem Puderzucker** etwa 1 cm dick ausrollen, runde Plätzchen (Durchmesser etwa 3 cm) ausstechen, die zurückgelassene Marzipan-Rohmasse dünn ausrollen, kleine Blüten (Durchmesser etwa 4 cm) ausstechen, in der Mitte etwas zusammendrücken, sodass eine halbgeschlossene Blüte entsteht, etwas antrocknen lassen

**100 g Halbbitter-Kuvertüre** klein schneiden, mit
**etwa Kokosfett** in einem kleinen Topf im Wasserbad bei schwacher Hitze geschmeidig rühren, die Marzipan-Plätzchen ganz in die Kuvertüre tauchen, mit einer schmalzinkigen Gabel herausholen, die Kuvertüre am Gefäßrand etwas abstreifen, die Plätzchen auf Pergamentpapier setzen

**2 EL gesiebten Puderzucker** mit
**1 EL Orangenlikör**
**etwas Orangensaft** zu einer dickflüssigen Masse verrühren, die Marzipan-Blüten damit bestreichen, in jede Mitte eines von

**etwa 30 Orangeat-Stückchen** setzen, jeweils eine Blüte auf eine mit Kuvertüre überzogene Marzipan-Praline setzen.

## Sun-Flower-Dream-Riegel

(Foto rechts)

**Für den Lebkuchenteig**
**300 g Honig**
**75 g Zucker**
**100 g Butter** bei mittlerer Hitze unter Rühren erwärmen, bis sich der Zucker völlig gelöst hat, auf Handwärme abkühlen lassen

**1 Ei**
**abgeriebene Schale von 1 Zitrone (unbehandelt)**
**1 EL Kakao**
**10 g Lebkuchengewürz** unterrühren

| | |
|---|---|
| 1 TL Pottasche | in |
| 1 EL heißem Wasser | auflösen, zusammen mit |
| 500 g Weizenmehl | unterrühren, den Teig auf ein gefettetes und bemehltes Backblech streichen. |
| Ober-/Unterhitze | etwa 180 °C (vorgeheizt) |
| Heißluft | etwa 160 °C (nicht vorgeheizt) |
| Gas | etwa Stufe 3 (vorgeheizt) |
| Backzeit | etwa 12 Minuten |

**Für den Knetteig**

| | |
|---|---|
| 300 g Weizenmehl | mit |
| ½ gestrichenen TL Backpulver | mischen, in eine Rührschüssel sieben |
| 100 g Zucker<br>1 Päckchen Vanillin-Zucker<br>1 Prise Salz<br>1 Ei | |
| 200 g Butter | hinzufügen, die Zutaten mit Handrührgerät mit Knethaken zunächst kurz auf niedrigster, dann auf höchster Stufe gut durcharbeiten, anschließend auf der Arbeitsfläche zu einem glatten Teig verkneten, sollte er kleben, ihn eine Zeit lang kalt stellen. |

**Für die Füllung**

| | |
|---|---|
| 180 g Butter | in einer großen Pfanne schmelzen |
| 120 g Zucker<br>100 ml Schlagsahne | unterrühren, die Masse etwas bräunen lassen, zuletzt |
| 500 g Sonnenblumenkerne | unterheben, die Masse auf den erkalteten Lebkuchenteig auftragen, etwas abkühlen lassen, den Knetteig in der Größe des Backblechs ausrollen, die Masse damit abdecken. |

**Für den Belag**

| | |
|---|---|
| 200 g Marzipan-Rohmasse | mit |
| abgeriebener Schale von 1 Orange (unbehandelt)<br>1 EL Orangenlikör<br>100 g Puderzucker | verkneten, ausrollen, daraus 10 Streifen schneiden, längs auf dem Knetteig verteilen, etwas antrocknen lassen. |
| Ober-/Unterhitze | etwa 200 °C (vorgeheizt) |
| Heißluft | etwa 180 °C (nicht vorgeheizt) |
| Gas | Stufe 4 (vorgeheizt) |
| Backzeit | 20 Minuten |
| | Nach dem Auskühlen das Ganze längs in 10 Stücke und quer in 3 Riegel schneiden |
| 400 g Kuvertüre | im Wasserbad auflösen, die Riegel damit überziehen. |

## Rosinen-Nuss-Konfekt

(etwa 80–90 Stück)

**250 g Haselnusskerne** auf ein Backblech geben, in den Backofen schieben, rösten lassen.

**Ober-/Unterhitze** etwa 200 °C (vorgeheizt)
**Heißluft** etwa 180 °C (nicht vorgeheizt)
**Gas** Stufe 3–4 (vorgeheizt)
**Backzeit** etwa 10 Minuten

Sobald die braune Haut der Haselnusskerne platzt, die Nüsse auf ein Sieb geben, etwas abkühlen lassen, die braune Haut abreiben, die Haselnusskerne erkalten lassen, halbieren oder vierteln, mit

**250 g Rosinen**
**15 g kandierten, gehackten Orangenschalen** in eine Schüssel geben

**175 g Zartbitter-Schokolade** in kleine Stücke brechen, in einem kleinen Topf im Wasserbad bei schwacher Hitze geschmeidig rühren, von der Kochstelle nehmen, die übrigen Zutaten hineingeben, mit der Schokolade vermengen, von der Masse mit 2 Teelöffeln Häufchen abstechen, auf Pergamentpapier setzen, sollte die Schokolade zu schnell fest werden, die Masse im Wasserbad wieder etwas erwärmen, das Konfekt mindestens 1 Stunde kalt stellen

**500 g Vollmilch-Kuvertüre** in Stücke schneiden, in einem kleinen Topf im Wasserbad bei schwacher Hitze geschmeidig rühren, die Konfektstücke einzeln in die Kuvertüre tauchen, auf einer schmalzinkigen Gabel herausnehmen, dabei die Kuvertüre am Topfrand gut abstreifen, auf Pergamentpapier setzen, fest werden lassen, das Konfekt in gut schließende Dosen geben, zwischen jede Lage Konfekt Pergamentpapier legen, das Konfekt kühl (Kühlschrank) aufbewahren.

## Hagebuttenkugeln

(Foto, etwa 40 Stück)

**2 EL Hagebuttenmark** mit der
**abgeriebenen Schale von 1 Orange (unbehandelt)**
**100 g abgezogenen, gemahlenen Mandeln**
**100 g gemahlenen Pistazien** in einer Schüssel gut verrühren und kleine Kugeln daraus formen

**150 g dunkle Kuvertüre** in Stücke schneiden, in einem Topf im Wasserbad bei schwacher Hitze zu einer geschmeidigen Masse verrühren, die Hagebuttenkugeln auf Zahnstocher spießen, in die warme Kuvertüre tauchen, noch feucht in

**3 EL gehackten Pistazien** wälzen, auf einem Kuchenrost trocknen lassen, in kleine Pralinenformen geben, kühl aufbewahren.

**Tipp** Die Kugeln können auch in Schokoladenstreusel oder Liebesperlen gewälzt werden.

## Zimt-Canache-Stangen

**100 ml Schlagsahne** zum Kochen bringen, von der Kochstelle nehmen

**200 g Vollmilch-Kuvertüre** sehr fein schneiden, mit
**25 g weicher Butter**
**1 schwach gehäuften TL gemahlenem Zimt** in die Sahne geben, unter Rühren auflösen, abkühlen lassen, bis die Masse halbfest ist, dann cremig aufschlagen, in einen Spritzbeutel mit weiter Lochtülle geben, Stangen von etwa 3 cm Länge auf Alufolie spritzen

**2 EL gesiebten Puderzucker** mit
**½ TL gemahlenem Zimt** vermischen, die Stangen darin wälzen, in einer gut schließenden Dose kühl aufbewahren.

# Mokkatörtchen

(Foto, 6 Stück)

| | |
|---|---|
| 3 Eiweiß | mit Handrührgerät mit Rührbesen auf höchster Stufe steif schlagen, nach und nach |
| 150 g Zucker<br>1 TL Essig | unterrühren, die Baisermasse in einen Spritzbeutel mit Lochtülle füllen, etwa 12 Böden von 9–10 cm Durchmesser auf ein mit Backpapier belegtes Backblech spritzen. |
| Ober-/Unterhitze | 100–120 °C (vorgeheizt) |
| Heißluft | 80–100 °C (nicht vorgeheizt) |
| Gas | 30 Minuten Stufe 1, 20 Minuten aus, 15 Minuten Stufe 1 (nicht vorgeheizt) |
| Backzeit | 70–80 Minuten |
| **Für die Füllung** | |
| 100 g weiche Butter | mit Handrührgerät mit Rührbesen geschmeidig rühren, nach und nach |
| 1 gehäuften EL gesiebten Puderzucker<br>3 Eigelb<br>50 g aufgelöste, abgekühlte Zartbitter-Schokolade | unterrühren |
| 1 ½–2 EL Instant-Kaffee | in |
| 1–1 ½ EL Kochendem Wasser | auflösen, unter die Creme rühren, die Mokkacreme in einen Spritzbeutel mit Sterntülle geben, auf 6 Baiserböden Tuffs spritzen, die restliche Creme auf die übrigen 6 Baiserböden spritzen, die Baiserböden mit den Tuffs daraufsetzen, die Mokkatörtchen mit |
| Mokkabohnen | garnieren. |

# Weichkrokant-Ecken

| | |
|---|---|
| **Für die Masse** | |
| 200 g abgezogene, gemahlene Mandeln | auf ein gefettetes Backblech geben, goldbraun rösten. |
| Ober-/Unterhitze | etwa 200 °C (vorgeheizt) |
| Heißluft | etwa 180 °C (nicht vorgeheizt) |
| Gas | etwa Stufe 3 (vorgeheizt) |
| Röstzeit | 6–8 Minuten |
| 500 g Puderzucker | sieben, mit |
| 50 g Honig<br>50 g Butter | in einen Topf geben, unter Rühren so lange erhitzen, bis die Masse karamellisiert, kurz aufkochen lassen, den Topf von der Kochstelle nehmen |
| 1 Vanillestange | aufschneiden, das Mark herauskratzen |
| 300 g Marzipan-Rohmasse | in grobe Würfel schneiden, die beiden Zutaten mit den Mandeln unter die Karamellmasse rühren |
| 125 ml (⅛ l) Schlagsahne | zuletzt unterrühren, die Masse auf ein gefettetes Backblech streichen, etwas abkühlen lassen, mit einem scharfen Messer erst in etwa 2 cm breite Streifen, dann in Rauten schneiden, erkalten lassen, mit einem Messer stückweise vom Blech lösen. |
| **Für den Guss** | |
| 100 g Halbbitter-Kuvertüre | in Stücke schneiden, in einem kleinen Topf im Wasserbad bei schwacher Hitze zu einer geschmeidigen Masse verrühren, beide Rautenenden in die Kuvertüre tauchen, am Rand des Gefäßes abstreichen, zum Trocknen auf Pergamentpapier oder Alufolie setzen. |

# Wiener Ringe

| | |
|---|---|
| **Für den Teig** | |
| 250 g weiche Butter | mit Handrührgerät mit Rührbesen auf höchster Stufe geschmeidig rühren, nach und nach |
| 125 g gesiebten Puderzucker<br>½ TL gemahlenen Zimt<br>4 EL Milch | unterrühren, so lange rühren, bis eine gebundene Masse entstanden ist |
| 300 g Weizenmehl | mit |
| 20 g Kakao | mischen, sieben, esslöffelweise auf mittlerer Stufe unterrühren, den Teig in einen Spritzbeutel mit Sterntülle füllen, Ringe von etwa 5 cm Durchmesser auf ein mit Backpapier belegtes Backblech spritzen ❶. |
| Ober-/Unterhitze | 170–200 °C (vorgeheizt) |
| Heißluft | 150–170 °C (nicht vorgeheizt) |
| Gas | Stufe 3–4 (vorgeheizt) |
| Backzeit | etwa 12 Minuten |
| | Die gebackenen Ringe erkalten lassen. |
| **Für die Füllung** | |
| 150 g weiche Butter | mit Handrührgerät mit Rührbesen geschmeidig rühren, nach und nach |
| 35 g gesiebten Puderzucker<br>150 g aufgelöste, abgekühlte Zartbitter-Schokolade | unterrühren ❷, etwas kalt stellen, die Creme in einen Spritzbeutel mit Sterntülle füllen, die Unterseite der Hälfte der Gebäckringe bespritzen ❸, jeweils mit einem Gebäckring belegen, leicht andrücken, die |
| Puderzucker | Wiener Ringe vor dem Servieren mit bestäuben. |

❶

❷

❸

## Nusstrüffel

**75 g weiche Butter** mit Handrührgerät mit Rührbesen geschmeidig rühren

**75 g gesiebten Puderzucker**
**1 Päckchen Vanillin-Zucker** unterrühren

**200 g Zartbitter-Schokolade** in Stücke brechen, in einem kleinen Topf im Wasserbad bei schwacher Hitze glatt rühren, unter die Butter-Zucker-Masse rühren, 2/3 von

**75 g gemahlenen Haselnusskernen (nach Belieben geröstet)** hinzufügen, die Masse eine Zeit lang kalt stellen, kleine Kugeln formen, in den restlichen Haselnusskernen wälzen, die Nusstrüffel in Cellophantüten verpacken oder in verschlossenen Glas- oder Porzellangefäßen kühl aufbewahren.

## Krokantbissen

**20 g Butter**
**60 g Zucker** so lange erhitzen, bis die Masse leicht gebräunt und der Zucker gelöst ist

**125 g abgezogene, gehackte Mandeln** hinzufügen, unter Rühren erhitzen, bis der Krokant genug gebräunt ist, auf ein geöltes Backblech geben, die erkaltete Krokantmasse in kleine Stücke stoßen

**100 g Zartbitter-Schokolade**
**5 EL Schlagsahne** in kleine Stücke brechen, mit in einem kleinen Topf im Wasserbad bei schwacher Hitze glatt rühren, etwas abkühlen lassen, den Krokant unterrühren, von der Masse Häufchen abstechen, auf Alufolie setzen, im Kühlschrank fest werden lassen, die Krokantbissen in Cellophantüten verpacken oder in verschlossenen Glas- oder Porzellangefäßen kühl aufbewahren.

## Schokoladen-Marzipan-Pralinen

(Foto)

| | |
|---|---|
| **Für die Masse** | |
| 200 g Marzipan-Rohmasse | mit |
| 1 gehäuften EL gesiebtem Puderzucker | verkneten |
| 40 g Halbbitter-Kuvertüre | in einem kleinen Topf im Wasserbad bei schwacher Hitze zu einer geschmeidigen Masse verrühren, mit |
| 2 EL Weinbrand | unter die Marzipanmasse rühren, die Masse auf einer mit |
| Puderzucker | bestäubten Arbeitsfläche etwa 1 cm dick ausrollen, beliebige Formen ausstechen ❶ oder aus der Masse kleine Kugeln formen. |
| **Zum Garnieren** | |
| 75–100 g Vollmilch-Kuvertüre | |
| 75–100 g Halbbitter-Kuvertüre | getrennt in einem kleinen Topf im Wasserbad bei schwacher Hitze zu einer geschmeidigen Masse verrühren, die Hälfte der Pralinen mit Vollmilch-, die andere Hälfte mit Zartbitter-Kuvertüre überziehen, mit |
| Schokoladenstreuseln oder Liebesperlen | bestreuen ❷. |

## Weiche Karamell-Nuss-Pralinen

| | |
|---|---|
| 165 g Zucker | in einen Stieltopf geben ❸, unter Rühren schmelzen lassen, bis er hellbraun ist ❹, den Topf von der Kochstelle nehmen |
| 15 g Butter<br>3 EL Schlagsahne | unterrühren, die Masse nochmals leicht erhitzen |
| 75 g Marzipan-Rohmasse<br>85 g geröstete Mandelsplitter | unterrühren, die Masse etwa 1 cm dick auf ein mit |
| Butter | bestrichenes Blech streichen, auskühlen lassen, kleine Rechtecke von etwa 1 x 3 cm schneiden. |
| **Für den Guss** | |
| Vollmilch-Kuvertüre | in einem kleinen Topf im Wasserbad bei schwacher Hitze zu einer geschmeidigen Masse verrühren, die Pralinen damit überziehen, mit |
| Kakao | bestäuben. |

## Ananas-Krokant-Pralinen

(Foto)

| | |
|---|---|
| 200 g Vollmilch-Kuvertüre | in Stücke schneiden, in einem kleinen Topf im Wasserbad bei schwacher Hitze zu einer geschmeidigen Masse verrühren, mit |
| 200 g Krokant | verrühren, mit 2 Teelöffeln Häufchen auf Backpapier setzen, mit |
| 60 g kandierten Ananasstückchen | garnieren, diese nach Belieben vorher in |
| 30 g geschmolzene Halbbitter-Kuvertüre | tauchen. |

❶

❷

❸

❹

# SAISONALES BACKEN

Wer sagt denn, dass man Kuchen nur backen sollte, wenn Gäste kommen? Backen hat immer Saison! Kein Monat, der nicht mit eigenen Ideen, Zutaten und Rezepten lockt. Das beginnt schon früh im Jahr mit üppigen Osterbroten und hübsch verzierten Osterlämmchen. Wenig später sorgt der Sommer mit übervollem Obstkorb für beerenstarke Tortenfantasien. Und was wäre der Herbst ohne Mutters wunderbar duftende Pflaumen- und Apfelkuchen vom Blech? Welch sättigende Seeligkeit! Selbst an winterlich trüben Tagen wird's gemütlich, wenn Apfel, Nuss und Mandelkern Einzug halten, wenn Lebkuchen, Weihnachtsplätzchen und Christstollen residieren. Zum großen Kehraus schließlich kommen nebst besten Wünschen Berliner auf den Tisch. Na denn – auf ein erfolgreiches, gutes neues (Back-)Jahr!

# KUCHEN

Mitunter liegt der Erfolg auf der Hand. Der Strudelteig ist das beste Beispiel dafür. Denn mit der richtigen Technik des Teigausziehens über den Handrücken hinweg, erweist sich die sensible Masse als ideale »figurbetonende« Hülle für die unterschiedlichsten Füllungen. Dünn und dezent im Charakter lässt der Strudel sein Innenleben wunderbar zur Geltung kommen. Die Wiener haben das schon vor langer Zeit entdeckt. Ihr Apfelstrudel ist nicht umsonst weltberühmt. Doch auch mit Birnen und Preiselbeeren schmeckt der Strudel köstlich.

## Strudel mit Birnen und Preiselbeeren

| | |
|---|---|
| **Für den Strudelteig** | |
| 200 g Weizenmehl | in eine Rührschüssel sieben |
| 1 Prise Salz<br>75 ml (5 EL) lauwarmes Wasser<br>50 ml (3 EL) Speiseöl | hinzufügen, alle Zutaten mit Handrührgerät mit Knethaken zunächst kurz auf niedrigster, dann auf höchster Stufe gut durcharbeiten, anschließend auf der Arbeitsfläche zu einem glatten Teig verkneten, sollte er kleben, ihn eine Zeit lang kalt stellen, den Teig auf Pergamentpapier in einen heißen, trockenen Kochtopf legen (vorher Wasser darin kochen), mit einem Deckel verschließen, etwa 30 Minuten ruhen lassen. |
| **Für die Füllung** | |
| 1 kg Birnen | schälen, vierteln, entkernen, in feine Scheibchen schneiden, mit |
| 200 g frischen, verlesenen Preiselbeeren<br>4 EL gehackten Walnusskernen<br>2 EL abgezogenen, gestiftelten Mandeln<br>50 g Zucker<br>1 EL gemahlenem Zimt | vermischen, den Teig auf einem bemehlten großen Tuch (Küchentuch) ausrollen, dünn mit etwas von |
| 50 g zerlassener Margarine oder Butter oder etwas Speiseöl | bestreichen, den Teig anheben, über den Handrücken zu einem Rechteck (50 x 70 cm) ausziehen, er muss durchsichtig sein, die Ränder, wenn sie dicker sind, abschneiden, den Teig mit etwas von dem Fett bestreichen, die Füllung auf dem Teig verteilen (an den kürzeren Seiten etwa 3 cm Teig frei lassen), die frei gebliebenen Teigränder auf die Füllung schlagen, den Teig von der längeren Seite her, mit der Füllung beginnend, aufrollen, an den Enden gut zusammendrücken, auf ein gefettetes Backblech legen, mit Fett bestreichen. |
| Ober-/Unterhitze | 170–200 °C (vorgeheizt) |
| Heißluft | 160–170 °C (nicht vorgeheizt) |
| Gas | Stufe 3–4 (vorgeheizt) |
| Backzeit | 45–55 Minuten |
| gesiebtem Puderzucker | Während des Backens den Strudel mit dem restlichen Fett bestreichen, vor dem Servieren den Strudel mit bestreuen. |
| **Tipp** | Anstelle des großen zwei kleine Strudel backen. |

# Beeren-schiffchen

(Foto Seite 170/171)

**Für den Teig**

| | |
|---|---|
| 125 g Weizenmehl | mit |
| 1 Messerspitze Backpulver | mischen, in eine Rührschüssel sieben |
| 25 g Zucker<br>1 Päckchen Vanillin-Zucker<br>1 Eigelb<br>½ EL Milch<br>65 g weiche Butter | hinzufügen, die Zutaten mit Handrührgerät mit Knethaken zunächst kurz auf niedrigster, dann auf höchster Stufe gut durcharbeiten, anschließend auf der Arbeitsfläche zu einem glatten Teig verkneten, sollte er kleben, ihn eine Zeit lang kalt stellen, den Teig ausrollen, in der Größe von 12 Schiffchen-Förmchen ausstechen, die Förmchen damit auslegen, die Förmchen auf ein Backblech setzen. |
| Ober-/Unterhitze | etwa 180 °C (vorgeheizt) |
| Heißluft | etwa 160 °C (nicht vorgeheizt) |
| Gas | etwa Stufe 4 (vorgeheizt) |
| Backzeit | etwa 10 Minuten |
| | Die gebackenen Schiffchen sofort aus den Förmchen lösen, erkalten lassen |
| 40 g Zartbitter-Schokolade | mit |
| etwas Kokosfett | in einem kleinen Topf im heißen Wasserbad bei schwacher Hitze zu einer geschmeidigen Masse verrühren, die Schiffchen damit ausstreichen. |

**Für die Füllung**

| | |
|---|---|
| 1 TL Speisestärke | mit |
| 1 EL Zucker<br>1 Päckchen Vanillin-Zucker<br>1 Becher (150 g) Crème fraîche | in einem Topf gut verrühren |
| 1 Ei | hinzufügen, die Masse unter ständigem Schlagen ein Mal aufkochen lassen, von der Kochstelle nehmen |
| 3 EL Kirschwasser | unterrühren, die Masse erkaltet in die Schiffchen geben, glatt streichen |
| 250 g gemischte Beeren | vorsichtig waschen, abtropfen lassen, mit |
| 1–2 EL Zucker | bestreuen, einige Zeit stehen lassen, abtropfen lassen, den Saft auffangen. |

**Für den Guss**

| | |
|---|---|
| 1 Päckchen Tortenguss<br>Zucker nach Angabe auf dem Päckchen<br>250 ml (¼ l) Wasser oder Fruchtsaft | nach Anleitung zubereiten, über das Obst verteilen. |

# Blechkuchen mit Beerenvariation

(Foto)

| | |
|---|---|
| **Für den Rührteig** | |
| 180 g Butterschmalz | mit Handrührgerät mit Rührbesen auf höchster Stufe geschmeidig rühren, nach und nach |
| 140 g Zucker<br>1 Päckchen Vanillin-Zucker<br>1 Prise Salz | unterrühren, so lange rühren, bis eine gebundene Masse entstanden ist |
| 3 große Eier | nach und nach unterrühren (jedes Ei etwa ½ Minute) |
| 200 g Weizenmehl | mit |
| 2 gestrichenen TL Backpulver | mischen, sieben, auf mittlerer Stufe unterrühren, den Teig auf ein gefettetes Backblech streichen. |
| Ober-/Unterhitze | etwa 180 °C (vorgeheizt) |
| Heißluft | etwa 160 °C (nicht vorgeheizt) |
| Gas | etwa Stufe 3 (vorgeheizt) |
| Backzeit | etwa 15–20 Minuten |
| **Für den Belag** | |
| 500 g vorbereitete Himbeeren<br>500 g vorbereitete Brombeeren<br>250 g vorbereitete Erdbeeren | abwechselnd in Längsstreifen auf den Kuchenboden legen, mit |
| 75 g Puderzucker | bestreuen |
| 2 Päckchen Tortenguss, rot<br>40 g Zucker<br>500 ml (½ l) Saft | nach Angabe auf dem Päckchen zubereiten, über die Beeren verteilen |
| 100 g gehobelte Haselnusskerne | in |
| 10 g Butterschmalz | anbräunen und über den Kuchen streuen. |

# Zwetschgen-Pie

| | |
|---|---|
| **Für den Teig** | |
| 250 g Weizenvollkornmehl | in eine Rührschüssel geben |
| 2–3 EL kaltes Wasser | |
| 1 Prise Salz | |
| 200 g weiche Butter | hinzufügen, die Zutaten mit Handrührgerät mit Knethaken zunächst kurz auf niedrigster, dann auf höchster Stufe gut durcharbeiten, anschließend auf der Arbeitsfläche zu einem glatten Teig verkneten, sollte der Teig kleben, ihn eine Zeit lang kalt stellen. |
| **Für den Belag** | |
| 1 kg Zwetschgen | waschen, abtrocknen, halbieren, entsteinen ❶ |
| 200 g Marzipan-Rohmasse (mit Honig) | mit |
| 1 Eiweiß | mit Handrührgerät mit Rührbesen verrühren, mit den Zwetschgen vermengen, die Hälfte des Teiges ausrollen, den Boden einer Pieform (Durchmesser 26 cm) damit auslegen, mit |
| 1 EL Semmelbrösel | bestreuen, die Zwetschgenmasse darauf verteilen ❷ |
| 1 Eigelb | mit |
| 1–2 EL Milch | verschlagen, etwas davon auf den Teigrand in der Pieform streichen, den restlichen Teig etwas größer als die Pieform ausrollen ❸, die Teigdecke auf die Zwetschgen legen, festdrücken, überstehenden Teig abschneiden, aus den Teigresten Motive ausschneiden, mit Eigelb bestreichen, auf die Teigdecke kleben ❹, die Teigdecke mit dem restlichen Eigelb bestreichen, mit einer Gabel mehrmals einstechen, mit |
| 2 EL Sucanat | bestreuen. |
| Ober-/Unterhitze | 200–220 °C (vorgeheizt) |
| Heißluft | 180–200 °C (nicht vorgeheizt) |
| Gas | Stufe 4–5 (vorgeheizt) |
| Backzeit | etwa 45 Minuten |
| | Die Zwetschgen-Pie warm mit |
| Schlagsahne oder Vanillesauce | servieren. |

❶

❷

3

4

# Apple-Pie

| | |
|---|---|
| 250 g Weizen | fein mahlen, in eine Rührschüssel geben |
| 2–3 EL kaltes Wasser<br>1 Prise Salz<br>200 g weiche Butter | hinzufügen, die Zutaten mit Handrührgerät mit Knethaken zunächst auf niedrigster, dann auf höchster Stufe gut durcharbeiten, anschließend auf der Arbeitsfläche zu einem glatten Teig verkneten, den Teig etwa 1 Stunde kalt stellen. |
| **Für den Belag** | |
| 1 ½ EL Honig<br>50 g weicher Butter<br>1 EL Milch | in einem kleinen Topf unter Rühren erhitzen, bis eine einheitliche Masse entstanden ist |
| 75 g abgezogene, gehobelte Mandeln | unterrühren, die Masse erkalten lassen |
| 1 ¼ kg Äpfel (z. B. Boskop) | schälen, achteln, entkernen, in dünne Scheiben schneiden, mit |
| 100 g Rosinen | vermengen, gut die Hälfte des Teiges ausrollen, eine Pieform (Durchmesser 28 cm, Boden gefettet) damit auslegen |
| 2 EL Semmelbrösel | daraufstreuen, die Apfelmischung darauf verteilen, die Teigränder über die Apfelfüllung legen, mit |
| kaltem Wasser | bestreichen, den restlichen Teig in der Größe der Pieform ausrollen, auf die Füllung legen, an den Rändern gut andrücken, den Mandelbelag darauf verteilen, die Teigoberfläche mehrmals mit einer Gabel einstechen. |
| Ober-/Unterhitze | 170–200 °C (vorgeheizt) |
| Heißluft | 150–180 °C (nicht vorgeheizt) |
| Gas | etwa Stufe 3 (vorgeheizt) |
| Backzeit | etwa 50 Minuten |
| | Sollten die Mandeln beim Backen zu stark bräunen, die Pie mit Backpapier oder Alufolie abdecken, die Apfel-Pie lauwarm servieren. |
| **Beigabe** | Geschlagene Sahne mit Ahornsirup oder Honig gesüßt. |

# Russischer Osterkuchen

(Foto)

**Für den Teig**

| | |
|---|---|
| 1 Päckchen Trocken-Backhefe | mit |
| 1 EL Zucker | |
| 125 ml (1/8 l) lauwarmer Milch | in einem Schüsselchen sehr sorgfältig anrühren, etwa 15 Minuten bei Zimmertemperatur stehen lassen |
| 500 g Weizenmehl | in eine Rührschüssel sieben, in die Mitte eine Vertiefung eindrücken |
| 100 g Zucker | |
| 1 Prise Salz | |
| 1/2 TL gemahlenen Kardamom | |
| abgeriebene Schale von 1/2 Zitrone (unbehandelt) | |
| 3 Eigelb | |
| 150 g zerlassene, abgekühlte Butter | an den Rand des Mehls geben, die angesetzte Hefe in die Vertiefung geben, die Zutaten mit Handrührgerät mit Knethaken zunächst auf niedrigster, dann auf höchster Stufe in etwa 5 Minuten zu einem Teig verarbeiten, den Teig abgedeckt so lange an einem warmen Ort gehen lassen, bis er sich sichtbar vergrößert hat, ihn dann auf höchster Stufe nochmals gut durchkneten |
| 75 g Rosinen | |
| 25 g Korinthen | |
| 25 g gewürfeltes Zitronat | |
| 60 g abgezogene, grobgehackte Mandeln | kurz auf mittlerer Stufe unterkneten, den Teig in eine gebutterte, hohe Wasserbad-Puddingform oder Guglhupfform (Durchmesser 24 cm) füllen, die Form darf nur zur Hälfte gefüllt sein, den Teig nochmals so lange an einem warmen Ort gehen lassen, bis er sich sichtbar vergrößert hat. |
| Ober-/Unterhitze | 220–250 °C (vorgeheizt) |
| Heißluft | 180–200 °C (nicht vorgeheizt) |
| Gas | Stufe 4–5 (nicht vorgeheizt) |
| Backzeit | etwa 25 Minuten |
| | dann |
| Ober-/Unterhitze | 180–200 °C |
| Heißluft | 160–180 °C |
| Gas | Stufe 3–4 |
| Backzeit | etwa 25 Minuten |

**Für den Guss**

| | |
|---|---|
| 200 g Puderzucker | sieben, mit |
| 2–3 EL Zitronensaft | glatt rühren, sodass eine dickflüssige Masse entsteht, den erkalteten Kuchen damit überziehen, mit Marzipanlämmchen oder Marzipanrosen garnieren. |

# Pflaumenkuchen mit Weincreme

**Für den Teig**

| | |
|---|---|
| 125 g Weizenmehl | in eine Rührschüssel sieben |
| 25 g Zucker | |
| 125 g Magerquark | |
| 125 g weiche Butter | hinzufügen, die Zutaten mit Handrührgerät mit Knethaken zunächst kurz auf niedrigster, dann auf höchster Stufe gut durcharbeiten, anschließend auf der Arbeitsfläche zu einem glatten Teig kneten, den Teig 1/2–1 Stunde kalt stellen, den Teig ausrollen, eine gefettete Springform (Durchmesser 28 cm, Boden gefettet) damit auslegen, den Teig am Springformrand hochdrücken, sodass ein etwa 3 cm hoher Rand entsteht, mit |
| 2 EL Semmelbrösel | bestreuen. |

**Für den Belag**

| | |
|---|---|
| 1 kg Pflaumen | waschen, abtrocknen, entsteinen, die Pflaumen mit der Innenseite nach oben schuppenförmig auf dem Teig anordnen. |
| Ober-/Unterhitze | etwa 200 °C (vorgeheizt) |
| Heißluft | etwa 180 °C (nicht vorgeheizt) |
| Gas | Stufe 3–4 (nicht vorgeheizt) |
| Backzeit | etwa 45 Minuten |
| | Den gebackenen Kuchen aus der Form lösen, erkalten lassen. |
| 1 Packung Rotwein-Creme | nach Anleitung auf der Packung zubereiten |
| 250 ml (1/4 l) Schlagsahne | fast steif schlagen |
| 1 Päckchen Sahnesteif | |
| 1 TL Zucker | mischen, einstreuen, die Sahne steif schlagen, die Hälfte der Sahne unter die Rotweincreme heben, auf die Pflaumen streichen, die restliche Sahne in einen Spritzbeutel mit Sterntülle füllen, Torte und Sahne im Spritzbeutel kalt stellen, sobald die Rotweincreme fest geworden ist, einen Sahnerand auf die Torte spritzen, die Tortenmitte mit |
| 1–2 EL Raspelschokolade | bestreuen. |

# Apfelkuchen mit Mandelblättchen

### Für den Teig

| | |
|---|---|
| 150 g weiche Butter oder Margarine | mit Handrührgerät mit Rührbesen auf höchster Stufe geschmeidig rühren, nach und nach |
| 125 g gesiebten Puderzucker<br>1 Prise Salz | unterrühren, so lange rühren, bis eine gebundene Masse entstanden ist |
| abgeriebene Schale von 1 Zitrone (unbehandelt)<br>1 ½ EL Portwein<br>3 Eier | nach und nach unterrühren (jedes Ei etwa ½ Minute) |
| 150 g Weizenmehl | mit |
| 40 g Speisestärke<br>½ TL Backpulver | mischen, sieben, esslöffelweise auf mittlerer Stufe unterrühren, den Teig in eine gut gefettete Form (30 x 20 cm) geben, glatt streichen ❶. |

### Für den Belag

| | |
|---|---|
| 1 kg mittelgroße Äpfel (z. B. Boskop) | schälen, das Kerngehäuse mit einem Apfelausstecher ausstechen, die Äpfel halbieren ❷, die gewölbte Apfelfläche mehrmals mit einem Messer einschneiden, die Apfelhälften in dem Saft von |
| 1 Zitrone | schwenken, dicht nebeneinander in den Teig drücken ❸, mit |
| 50 g abgezogenen, gehobelten Mandeln<br>25 g Hagelzucker | bestreuen. |
| Ober-/Unterhitze | etwa 170 °C (vorgeheizt) |
| Heißluft | etwa 150 °C (nicht vorgeheizt) |
| Gas | Stufe 2–3 (vorgeheizt) |
| Backzeit | 45–50 Minuten |

### Für die Glasur

| | |
|---|---|
| 125 g Aprikosenkonfitüre | durch ein Sieb streichen, mit |
| 4 EL Wasser | unter Rühren 2–3 Minuten kochen lassen, den gebackenen Kuchen dünn damit bestreichen ❹. |

❶

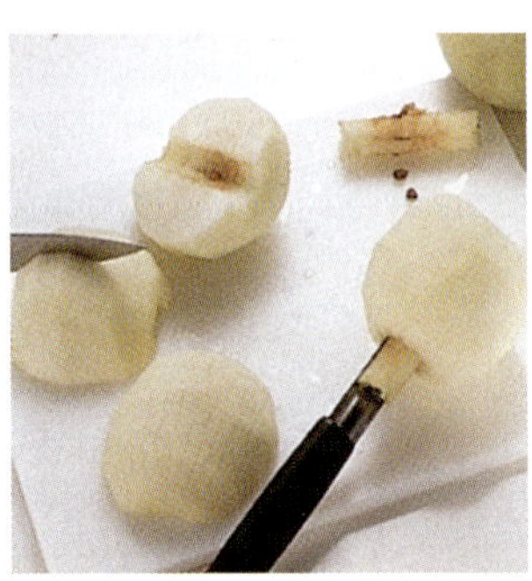

❷

❸

❹

# Birnenkuchen

**Für den Teig**

| | |
|---|---|
| 250 g Weizenmehl | in eine Rührschüssel sieben |
| etwa 3 EL kaltes Wasser<br>1–2 EL Zucker<br>1 Prise Salz<br>75 g weiche Butter oder Margarine<br>75 g Schweineschmalz | hinzufügen, die Zutaten mit Handrührgerät mit Knethaken zunächst kurz auf niedrigster, dann auf höchster Stufe gut durcharbeiten, anschließend auf der Arbeitsfläche zu einem glatten Teig verkneten, sollte er kleben, ihn etwa 1 Stunde kalt stellen. |

**Für die Füllung**

| | |
|---|---|
| 1 kg Birnen | schälen, vierteln, entkernen, in Stücke schneiden, mit |
| 4 EL Zitronensaft | beträufeln |
| 50 g braunen Rohrzucker | mit |
| 1 Messerspitze gemahlenem Zimt<br>1 Messerspitze gemahlenen Nelken | vermengen, mit |
| 50 g gemahlenen Haselnusskernen<br>30 g in Scheiben geschnittenen Haselnusskernen | zu den Birnen geben, alles vorsichtig vermengen, die Hälfte des Teiges ausrollen, den Boden und Rand einer Springform (Durchmesser etwa 28 cm, Boden gefettet) damit auslegen (Rand etwa 3 cm hoch), mit |
| 1 EL Semmelbrösel | bestreuen, die Birnenmasse darauf verteilen, den Teigrand in der Springform mit |
| Kondensmilch | bestreichen, den restlichen Teig etwas größer als den Springformboden ausrollen, die Teigdecke auf die Birnen legen, festdrücken, überstehenden Teig abschneiden, aus den Teigresten Motive ausschneiden, die untere Seite mit Kondensmilch bestreichen, auf die Teigdecke kleben, die Teigdecke mit |
| etwa 30 g zerlassener Butter | bestreichen, mit |
| 1–2 EL braunem Rohrzucker | bestreuen. |

| | |
|---|---|
| Ober-/Unterhitze | 200–220 °C (vorgeheizt) |
| Heißluft | 180–200 °C (nicht vorgeheizt) |
| Gas | Stufe 4–5 (vorgeheizt) |
| Backzeit | etwa 45 Minuten |

**Beigabe** Geschlagene Sahne.

# Königlicher Apfelkuchen

**Für den Teig**

| | |
|---|---|
| 200 g Marzipan-Rohmasse | grob zerkleinern, mit |
| 175 g weicher Butter | verrühren, nach und nach |
| 175 g Zucker<br>1 Päckchen Vanillin-Zucker<br>1 Prise Salz | unterrühren |
| 2 Eier | nach und nach unterrühren (jedes Ei etwa ½ Minute) |
| 300 g Weizenmehl | mit |
| 2 gestrichenen TL Backpulver | mischen, sieben, unterrühren. |

**Für den Belag**

| | |
|---|---|
| 1 kg kleine Äpfel (z. B. Boskop) | schälen, vierteln, entkernen, mehrmals längs einritzen, mit dem |
| Saft von 1 Zitrone | bepinseln. |

**Für die Streusel**

| | |
|---|---|
| 150 g Weizenmehl | sieben, mit |
| 75 g Zucker<br>1 Päckchen Vanillin-Zucker<br>30 g gemahlenen Mandeln | in eine Schüssel geben |
| 100 g zerlassene Butter | dazugeben, mit dem Handrührgerät mit Knethaken auf niedrigster Stufe zu Streuseln von gewünschter Größe verarbeiten, den Teig in eine Springform (Durchmesser 28 cm, Boden gefettet) streichen, die Äpfel kranzförmig darauflegen, mit den Streuseln bestreuen. |

| | |
|---|---|
| Ober-/Unterhitze | etwa 170 °C (vorgeheizt) |
| Heißluft | etwa 150 °C (nicht vorgeheizt) |
| Gas | etwa Stufe 3 (vorgeheizt) |
| Backzeit | 50–60 Minuten |

**Zum Aprikotieren**

| | |
|---|---|
| 100 g Aprikosenkonfitüre | mit |
| 2 EL Wasser | zum Kochen bringen, aufkochen lassen, den Apfelkuchen sofort nach dem Backen damit bestreichen. |

# Kanadischer Apfelkuchen

**Für den Teig**

| | |
|---|---|
| 150 g weiche Butter oder Margarine | mit Handrührgerät mit Rührbesen auf höchster Stufe geschmeidig rühren ❶, nach und nach |
| 75–100 g Ahornsirup, abgeriebene Schale von ½ Zitrone (unbehandelt), 1 Prise Salz | unterrühren, so lange rühren, bis eine gebundene Masse entstanden ist |
| 3 Eier | nach und nach unterrühren (jedes Ei etwa ½ Minute) |
| 50 g fein gemahlenen Dinkel oder Weizen | mit |
| 1 gehäuften TL Backpulver | mischen, mit |
| 125 g feinen Haferflocken | vermengen, esslöffelweise auf mittlerer Stufe unterrühren, ⅔ des Teiges in eine Spring- oder Pieform (Durchmesser 28 cm, Boden gefettet) geben, glatt streichen. |

**Für den Belag**

| | |
|---|---|
| 600–750 g mürbe Äpfel | schälen, vierteln, entkernen, in Scheibchen schneiden, auf dem Teig verteilen ❷ |
| 50 g verlesene Sultaninen | darüberstreuen, den restlichen Teig mithilfe von 2 Teelöffeln in Häufchen auf den Äpfeln verteilen ❸, mit |
| 50 g Butterflöckchen | belegen |
| 40 g abgezogene, gehobelte Mandeln | darüberstreuen. |

| | |
|---|---|
| Ober-/Unterhitze | 170–200 °C (vorgeheizt) |
| Heißluft | 150–180 °C (nicht vorgeheizt) |
| Gas | Stufe 3–4 (vorgeheizt) |
| Backzeit | 50–60 Minuten |

❶

❷

❸

# Sächsischer Heidelbeerkuchen

(Foto)

| | |
|---|---|
| **Für den Teig** | |
| 375 g Weizenmehl | in eine Rührschüssel sieben, mit |
| 1 Päckchen Trocken-Backhefe | sorgfältig vermischen |
| 50 g Zucker | |
| 1 Päckchen Vanillin-Zucker | |
| 1 Ei | |
| 2 Eigelb | |
| 200 ml lauwarme Milch | |
| 50 g zerlassene, abgekühlte Butter oder Margarine | hinzufügen, die Zutaten mit Handrührgerät mit Knethaken zunächst auf niedrigster, dann auf höchster Stufe in etwa 5 Minuten zu einem Teig verarbeiten, den Teig abgedeckt so lange an einem warmen Ort stehen lassen, bis er sich sichtbar vergrößert hat, den gegangenen Teig aus der Schüssel nehmen, auf der Arbeitsfläche nochmals gut durchkneten, auf einem gefetteten Backblech ausrollen, vor den Teig einen mehrfach geknickten Streifen Alufolie legen, den Teig nochmals 15 Minuten gehen lassen. |
| **Für den Belag** | |
| 1 kg Heidelbeeren | waschen, gut abtropfen lassen |
| 50 g Butter | zerlassen, den Teig damit bestreichen, mit 3 von |
| 5 EL Semmelbröseln | bestreuen, die Heidelbeeren gleichmäßig darauf verteilen |
| 100 g Zucker | mit |
| 1 TL gemahlenem Zimt | vermischen, über die Heidelbeeren streuen |
| 50 g Butterflöckchen | darauf verteilen, die restlichen Semmelbrösel darüberstreuen. |
| Ober-/Unterhitze | etwa 220 °C (vorgeheizt) |
| Heißluft | etwa 200 °C (nicht vorgeheizt) |
| Gas | Stufe 4–5 (nicht vorgeheizt) |
| Backzeit | etwa 25 Minuten |

# Sauerkirschkuchen

| | |
|---|---|
| **Für den Belag** | |
| 1 kg Sauerkirschen | waschen, abtropfen lassen, entstielen, entsteinen |
| 200 g Mandeln | kurze Zeit in kochendes Wasser geben, in kaltem Wasser abschrecken, enthäuten, die Mandeln halbieren. |
| **Für den Teig** | |
| 250 g weiche Butter oder Margarine | mit Handrührgerät mit Rührbesen auf höchster Stufe geschmeidig rühren, nach und nach |
| 250 g gesiebten Puderzucker | unterrühren, so lange rühren, bis eine gebundene Masse entstanden ist |
| 6 Eier | nach und nach unterrühren (jedes Ei etwa ½ Minute) |
| 1 Prise Salz | |
| 2 TL abgeriebene Schale von 1 Zitrone (unbehandelt) | |
| 300 g Weizenmehl | mit |
| 100 g Speisestärke | |
| 1 gestrichenen TL Backpulver | mischen, sieben, esslöffelweise auf mittlerer Stufe unterrühren, zuletzt |
| 4 EL saure Sahne | unterrühren, den Teig auf ein gefettetes, mit |
| Weizenmehl | bestäubtes Backblech geben, glatt streichen, die abgetropften Sauerkirschen darauf verteilen, mit den halbierten Mandeln bestreuen. |
| Ober-/Unterhitze | etwa 200 °C (vorgeheizt) |
| Heißluft | etwa 180 °C (nicht vorgeheizt) |
| Gas | Stufe 3–4 (vorgeheizt) |
| Backzeit | 30–35 Minuten |
| | Den gebackenen Kuchen etwa 15 Minuten auf dem Blech auskühlen lassen. |
| **Für den Guss** | |
| 150 g gesiebten Puderzucker | mit |
| 3–4 EL Kirschwasser | |
| evtl. etwas Eiweiß | zu einem dickflüssigen Guss verrühren, den Kuchen damit bestreichen, den Kuchen in Stücke schneiden, mit |
| geschlagener Sahne | servieren. |

# Apfel-Mohn-Kuchen

**Für den Teig**

| | |
|---|---|
| 200 g Weizenmehl | mit |
| 1 gestrichenen TL Backpulver | mischen, in eine Rührschüssel sieben |
| 125 g Zucker<br>1 Päckchen Vanillin-Zucker<br>1 Prise Salz<br>½ Eigelb<br>1 Eiweiß<br>125 g weiche Butter<br>150 g gemahlene, leicht geröstete Haselnusskerne | hinzufügen, die Zutaten mit Handrührgerät mit Knethaken zunächst kurz auf niedrigster, dann auf höchster Stufe gut durcharbeiten, anschließend auf der Arbeitsfläche zu einem glatten Teig verkneten. |

**Für die Mohnfüllung**

| | |
|---|---|
| 250 g frisch gemahlenen Mohn | mit |
| 150 ml heißer Milch<br>50 g Butter | gut verrühren, etwa 15 Minuten zum Quellen stehen lassen, kalt stellen. |

**Für die Apfelfüllung**

| | |
|---|---|
| etwa 1 kg Äpfel (z. B. Boskop) | schälen, vierteln, entkernen, in sehr kleine Stücke schneiden, mit |
| 75 g Zucker<br>1 Messerspitze gemahlenem Zimt | unter Rühren leicht dünsten lassen, kalt stellen, knapp ⅓ des Teiges dünn ausrollen, mit einer runden, gezackten Form (Durchmesser etwa 3 cm) Plätzchen ausstechen, beiseitelegen, gut die Hälfte des restlichen Teiges auf dem Boden einer Springform (Durchmesser 28 cm, Boden gefettet) ausrollen, den Rest des Teiges zu einer Rolle formen, sie als Rand auf den Teigboden legen, so an die Form drücken, dass ein etwa 3 cm hoher Rand entsteht, unter die abgekühlte Mohnmasse |
| 1 Päckchen Soßenpulver Vanillegeschmack<br>125 g Zucker<br>1 Ei | rühren, auf den Teigboden streichen, die erkaltete Apfelfüllung gleichmäßig darauf verteilen, mit den Teigplätzchen belegen |
| ½ Eigelb | mit |
| 1 TL Milch | verschlagen, die Teigplätzchen damit bestreichen. |

| | |
|---|---|
| Ober-/Unterhitze | 170–200 °C (vorgeheizt) |
| Heißluft | 150–180 °C (nicht vorgeheizt) |
| Gas | Stufe 3–4 (nicht vorgeheizt) |
| Backzeit | etwa 40 Minuten |

# Kirsch-Mais-Kuchen

| | |
|---|---|
| 100 g weiche Butter | mit Handrührgerät mit Rührbesen auf höchster Stufe geschmeidig rühren, nach und nach |
| 80 g flüssigen Honig<br>1 Prise Salz<br>1 TL gemahlenen Zimt<br>1 Messerspitze gemahlene Nelken | unterrühren, so lange rühren, bis eine gebundene Masse entstanden ist |
| 3 Eigelb | nach und nach unterrühren (jedes Eigelb etwa ½ Minute) |
| 100 g Maismehl<br>150 g Weizenvollkornmehl | mit |
| 2 TL Backpulver | mischen, esslöffelweise auf mittlerer Stufe unterrühren, den Teig etwa 40 Minuten quellen lassen |
| 3 Eiweiß | steif schlagen, unter den Teig heben, den Boden einer Springform (Durchmesser 28 cm, Boden gefettet, mit Backpapier belegt) mit der Hälfte von |
| 60 g gehackten Haselnusskernen | bestreuen, 2/3 des Teiges einfüllen, glatt streichen |
| etwa 750 g entsteinte Sauerkirschen | darauf verteilen, den restlichen Teig esslöffelweise darauf verteilen, den Kuchen mit den restlichen Haselnusskernen bestreuen. |
| Ober-/Unterhitze | 175–200 °C (vorgeheizt) |
| Heißluft | 150–180 °C (nicht vorgeheizt) |
| Gas | Stufe 2–3 (vorgeheizt) |
| Backzeit | 40–50 Minuten |

# Rhabarberkuchen mit Baiser

| | |
|---|---|
| **Für den Teig** | |
| 300 g Weizenmehl | mit |
| 1 Päckchen Backpulver | mischen, in eine Rührschüssel sieben |
| 150 g Speisequark | |
| 6 EL Milch | |
| 6 EL Speiseöl | |
| 75 g Zucker | |
| 1 Päckchen Vanillin-Zucker | |
| 1 Prise Salz | hinzufügen, die Zutaten mit Handrührgerät mit Knethaken auf höchster Stufe in etwa 1 Minute verarbeiten, anschließend auf der Arbeitsfläche zu einer Rolle formen, den Teig auf einem gefetteten Backblech knapp ½ cm dick ausrollen, vor den Teig einen mehrfach umgeknickten Streifen Alufolie leben. |
| **Für den Belag** | |
| 1 ½ kg Rhabarber | waschen, in Stücke schneiden (nicht abziehen), gleichmäßig auf den Teig legen. |
| Ober-/Unterhitze | 170–200 °C (vorgeheizt) |
| Heißluft | 160–170 °C (nicht vorgeheizt) |
| Gas | Stufe 3–4 (nicht vorgeheizt) |
| Backzeit | etwa 25 Minuten |
| **Für das Baiser** | |
| 3 Eiweiß | steif schlagen, nach und nach |
| 150 g Zucker | unterschlagen, die Baisermasse in Tuffs auf den Rhabarber setzen, nochmals in den vorgeheizten Backofen schieben, goldbraun werden lassen. |
| Ober-/Unterhitze | 200–220 °C (vorgeheizt) |
| Heißluft | 180–200 °C (nicht vorgeheizt) |
| Gas | Stufe 4–5 (vorgeheizt) |
| Backzeit | etwa 8 Minuten |

# Aprikosen-Mandel-Schnitten

**Für den Teig**

| | |
|---|---|
| 300 g Weizenmehl | mit |
| 75 g Speisestärke<br>1 gestrichenen TL Backpulver | mischen, in eine Rührschüssel sieben |
| 175 g Zucker<br>1 Päckchen Vanillin-Zucker<br>1 Prise Salz<br>1 Ei<br>175 g weiche Butter | hinzufügen, die Zutaten mit Handrührgerät mit Knethaken zunächst kurz auf niedrigster, dann auf höchster Stufe gut durcharbeiten, anschließend auf der Arbeitsfläche zu einem glatten Teig verkneten, sollte er kleben, ihn eine Zeit lang kalt stellen, den Teig auf einem gefetteten Backblech ausrollen, vor den Teig einen mehrfach umgeknickten Streifen Alufolie legen. |

**Für den Belag**

| | |
|---|---|
| 2 Becher (je 150 g) Crème fraîche | mit |
| 75 g Zucker<br>1 Päckchen Vanillin-Zucker<br>1 Päckchen Soßenpulver Vanillegeschmack<br>125 g abgezogenen, gemahlenen Mandeln<br>1 Ei | gut verrühren, gleichmäßig auf dem Teig verteilen |
| etwa 1 kg Aprikosen | waschen, abtrocknen, halbieren, entsteinen, mit der Wölbung nach unten gleichmäßig auf die Crème-fraîche-Masse legen, in jede Aprikosenhälfte eine von |
| 70 g abgezogenen, halbierten Mandeln | legen. |
| Ober-/Unterhitze | 170–200 °C (vorgeheizt) |
| Heißluft | 150–180 °C (nicht vorgeheizt) |
| Gas | Stufe 3–4 (vorgeheizt) |
| Backzeit | etwa 40 Minuten |
| | Das Gebäck sofort nach dem Backen mit etwas von |
| 30 g Puderzucker | bestäuben, erkalten lassen, mit dem restlichen Puderzucker bestäuben, das Gebäck in Schnitten schneiden. |

# Sächsische Gewürzstollen

(Foto)

| | |
|---|---|
| 6 Eier | mit |
| 500 g Zucker<br>1 Prise Salz | schaumig rühren |
| 1 TL gemahlene Nelken<br>20 g gemahlenen Zimt<br>500 g ungeschälte, ganze Mandeln | zugeben |
| 700 g Weizenmehl<br>1 Päckchen Backpulver | unterkneten, den Teig halbieren, auf einer mit Mehl bestreuten Arbeitsfläche 1 cm dick, 20 x 30 cm groß ausrollen, zu einem Stollen formen, mit der anderen Teighälfte genauso verfahren, die Stollen auf ein gefettetes Backblech legen, mit |
| 1 verquirlten Eigelb | bestreichen. |
| Ober-/Unterhitze | etwa 180 °C (vorgeheizt) |
| Heißluft | etwa 160–170 °C (nicht vorgeheizt) |
| Gas | etwa Stufe 2 (vorgeheizt) |
| Backzeit | etwa 45 Minuten |
| **Tipp** | In Alufolie verpackt bleiben die Stollen lange frisch. |

# Kirschbombe

| | |
|---|---|
| **Für den Teig** | |
| 2 Eier<br>3–4 EL heißes Wasser | mit Handrührgerät mit Rührbesen auf höchster Stufe in 1 Minute schaumig schlagen |
| 100 g Zucker<br>1 Päckchen Vanillin-Zucker | mischen, in 1 Minute einstreuen, dann noch etwa 3 Minuten schlagen |
| 75 g Weizenmehl | mit |
| 40 g Speisestärke<br>1 gestrichenen TL Backpulver | mischen, die Hälfte auf die Eiercreme sieben, kurz auf niedrigster Stufe unterrühren, den Rest des Mehl-Gemisches auf dieselbe Weise unterarbeiten, den Teig etwa 1 cm dick auf ein mit Backpapier belegtes Backblech streichen, an der offenen Seite des Backblechs das Papier unmittelbar vor dem Teig zur Falte knicken, sodass ein Rand entsteht, sofort backen. |
| Ober-/Unterhitze | 200–220 °C (vorgeheizt) |
| Heißluft | 180–200 °C (nicht vorgeheizt) |
| Gas | Stufe 3–4 (vorgeheizt) |
| Backzeit | etwa 10–15 Minuten |
| | Das Gebäck sofort nach dem Backen auf ein mit |
| Zucker | bestreutes Geschirrtuch stürzen, das Backpapier mit kaltem Wasser bestreichen, vorsichtig, aber schnell abziehen, den Biskuit gleichmäßig mit |
| 200–250 g roter Konfitüre | bestreichen, von der längeren Seite her aufrollen, auskühlen lassen. |
| **Für die Füllung** | |
| 1 kg Süßkirschen | waschen, entstielen, entsteinen, mit |
| etwa 100 g Zucker | vermengen, kurze Zeit zum Saftziehen stehen lassen, eben zum Kochen bringen, abtropfen und erkalten lassen, Saft auffangen, evtl. mit Wasser auf 250 ml (1/4 l) ergänzen |
| 30 g Speisestärke | mit 4 Esslöffeln von dem Saft anrühren, den übrigen Kirschsaft zum Kochen bringen, in den von der Kochstelle genommenen Saft die Speisestärke rühren, kurz aufkochen lassen, die Kirschen kalt stellen, in die abgekühlte Kirschcreme |
| 5 EL Kirschwasser | rühren, die Biskuitrolle in etwa 1 cm dicke Scheiben schneiden, eine Schüssel damit auslegen (einige Scheiben zurücklassen) |
| 250 ml (1/4 l) Schlagsahne | 1/2 Minute schlagen |
| 1 Päckchen Vanillin-Zucker | mit |
| 1 Päckchen Sahnesteif | mischen, einstreuen, die Sahne steif schlagen, 3 Esslöffel davon in einen Spritzbeutel füllen, die restliche Schlagsahne in die mit den Biskuitscheiben ausgelegte Schüssel füllen, glatt streichen, die Kirschcreme darauf verteilen, mit den restlichen Biskuitscheiben bedecken, die Kirschbombe bis zum Servieren kalt stellen, auf eine runde Platte stürzen, mit der Schlagsahne aus dem Spritzbeutel verzieren, mit |
| Kirschen | garnieren. |

# TORTEN

Ganz in Weiß mit einem Blumenstrauß ... Wer möchte am schönsten Tag im Leben auf eine richtige Hochzeitstorte verzichten? Nicht nur traditionell dreistöckig, sondern ganz modern auch dreieckig ist dieses Meisterwerk garantierter Blickfang auf jeder Festtafel. Marzipan und Kuvertüre sorgen dafür, dass die einzelnen Teigschichten Format bekommen. Weiße Schokolade bringt die Eleganz und die lila Veilchen überbringen eine charmante Botschaft: Die schönsten Schätze blühen im Verborgenen. Es gilt, sie zu entdecken!

## Hochzeitstorte

**Für den Teig**

| | |
|---|---|
| 750 g weiche Margarine oder Butter | mit Handrührgerät mit Rührbesen auf höchster Stufe geschmeidig rühren, nach und nach |
| 750 g Zucker<br>2 Päckchen Vanillin-Zucker<br>6 Eier<br>12 Eigelb<br>175 ml (12 EL) Rum | hinzugeben |
| 450 g Weizenmehl<br>100 g Speisestärke<br>2 Päckchen Backpulver | mischen, sieben, esslöffelweise auf mittlerer Stufe unterrühren |
| 12 Eiweiß | steif schlagen, zuletzt unter den Teig heben, einen Backrand (30 x 30 cm) auf ein mit Backpapier belegtes Backblech stellen, 2–3 gut gehäufte Esslöffel Teig gleichmäßig mit einem Pinsel in den Backrand streichen, das Backblech auf dem Rost in den Backofen schieben (Abstand zwischen Grill und Teigschicht etwa 20 cm), die Teigschicht unter dem vorgeheizten Grill hellbraun backen. |
| Grillzeit | etwa 2 Minuten |
| | Als zweite Schicht wieder 1–2 Esslöffel Teig auf die gebackene Schicht streichen, das Backblech wieder unter den Grill schieben, auf diese Weise den ganzen Teig verarbeiten (die Einschubhöhe nach Möglichkeit so verändern, dass der Abstand von etwa 20 cm zwischen Grill und Teigschichten bestehen bleibt), das fertige Gebäck mit einem Messer vorsichtig vom Backrand lösen, stürzen, das Papier abziehen, erkalten lassen, das Quadrat diagonal teilen, sodass Dreiecke entstehen, ein Dreieck nochmals teilen, von einer Seite der kleinen Dreiecke 5 cm abschneiden (anderweitig verwenden) |
| 4 EL Aprikosenkonfitüre | durch ein Sieb streichen, die einzelnen Dreiecke damit einstreichen. |

**Für die Marzipandecke**

| | |
|---|---|
| 500 g Marzipan-Rohmasse | mit |
| 150 g gesiebtem Puderzucker | verkneten, zwischen Klarsichtfolie dünn ausrollen, die Dreiecke damit einzeln eindecken. |

**Zum Garnieren**

| | |
|---|---|
| 600 g weiße Kuvertüre | im Wasserbad auflösen, die Dreiecke einzeln überziehen, zum Abtropfen auf ein Kuchengitter geben, die Dreiecke zusammensetzen, solange die Kuvertüre noch weich ist, die restliche Kuvertüre dünn auf eine Platte streichen, erkalten lassen, mit einem Spachtel dünne Späne abschaben, großzügig auf der Torte verteilen |
| kandierte Veilchen | zwischen die Schokospäne setzen. |

# Erdbeertorte

(Foto)

**Für den Teig**

125 ml (1/8 l) Wasser
25 g Butter
1 Prise Salz – am besten in einem Stieltopf zum Kochen bringen

75 g Weizenmehl
15 g Speisestärke – mischen, sieben, auf ein Mal in die von der Kochstelle genommene Flüssigkeit schütten, zu einem glatten Kloß rühren, unter Rühren etwa 1 Minute erhitzen, den heißen Kloß sofort in eine Rührschüssel geben, nach und nach

2–3 Eier – mit Handrührgerät mit Knethaken auf höchster Stufe unterarbeiten, weitere Eizugabe erübrigt sich, wenn der Teig stark glänzt und so von einem Löffel abreißt, dass lange Spitzen hängen bleiben

1 Messerspitze Backpulver – in den erkalteten Teig einarbeiten, den Teig in drei Teile teilen, Backpapier auf ein Backblech legen, Kreise (Durchmesser 24 cm) aufzeichnen, jeweils ein Drittel des Teiges gleichmäßig in jeden Kreis streichen.

Ober-/Unterhitze: 200–220 °C (vorgeheizt)
Heißluft: 170–180 °C (nicht vorgeheizt)
Gas: Stufe 4–5 (vorgeheizt)
Backzeit: 20–25 Minuten

Sofort nach dem Backen die Böden lösen, einzeln auf einem Kuchenrost erkalten lassen.

**Für die Füllung**

1 kg Erdbeeren – waschen, gut abtropfen lassen, entstielen, 8 kleinere Erdbeeren zurückbehalten, die restlichen Erdbeeren halbieren oder vierteln

10–12 Blatt weiße Gelatine – nach Anleitung einweichen

200 ml Schlagsahne
500 g Magerquark
125 ml (1/8 l) Eierlikör
60 g Zucker
2 Päckchen Vanillin-Zucker – miteinander verrühren, die Gelatine ausdrücken, tropfnass bei mittlerer Hitze in einem Topf vorsichtig auflösen, unter die Quark-Sahne-Masse rühren, halbfest werden lassen, die Hälfte davon auf einem Brandteigboden verstreichen, die Hälfte der Erdbeeren sofort darauf verteilen, damit sie in die Creme einsinken (evtl. etwas andrücken), den zweiten Brandteigboden auflegen, mit der übrigen Quark-Sahne-Masse bestreichen, die übrigen Erdbeeren darauf verteilen, den dritten Brandteigboden auflegen, mit Erdbeeren,

Schokoladenspänen
Zitronenmelisseblättchen – garnieren, sofort servieren.

# Erdbeer-Sahnetorte

**Für den Teig**

**2 Eier**
**2–3 EL heißes Wasser** mit Handrührgerät mit Rührbesen auf höchster Stufe in 1 Minute schaumig schlagen

**2 gehäufte EL Zucker**
**1 Prise Salz** in 1 Minute einstreuen, dann noch etwa 2 Minuten schlagen

**2 gehäufte EL Weizenmehl** mit
**2 gehäuften EL abgezogenen, gemahlenen Mandeln** mischen, die Hälfte davon auf die Eiercreme geben, kurz auf niedrigster Stufe unterrühren, den Rest des Mehl-Mandel-Gemisches auf dieselbe Weise unterarbeiten, den Teig in eine Springform (Durchmesser 28 cm, Boden gefettet, mit Backpapier belegt) füllen, glatt streichen.

**Ober-/Unterhitze** 170–200 °C (vorgeheizt)
**Heißluft** 150–170 °C (nicht vorgeheizt)
**Gas** Stufe 3–4 (vorgeheizt)
**Backzeit** etwa 15 Minuten

Den gebackenen Tortenboden sofort aus der Form lösen, auf einen Kuchenrost stürzen, das Backpapier abziehen, den Boden erkalten lassen.

**Für den Belag**

**1 Päckchen Gelatine gemahlen, weiß** mit
**3 EL kaltem Wasser** in einem kleinen Topf anrühren, 10 Minuten zum Quellen stehen lassen

**300 g Erdbeeren** vorsichtig waschen, abtropfen lassen, entstielen, pürieren

**75 g Zucker**
**1 Päckchen Vanillin-Zucker**
**1 EL Zitronensaft** unterrühren, die Gelatine unter Rühren erwärmen, bis sie gelöst ist, unter das Erdbeerpüree rühren, sobald die Masse beginnt dicklich zu werden

**375 ml (3/8 l) Schlagsahne** steif schlagen, unterheben, den erkalteten Tortenboden auf eine Tortenplatte legen, den mit Backpapier ausgelegten Springformrand darumstellen, die Erdbeersahne auf den Tortenboden geben, glatt streichen, etwa 2 Stunden kalt stellen

**700 g Erdbeeren** waschen, abtropfen lassen, entstielen, halbieren, mit
**Zucker** bestreuen, einige Zeit durchziehen lassen, auf ein Sieb geben, den Saft auffangen, die Erdbeeren schuppenförmig auf der Erdbeersahne anrichten, den Erdbeersaft mit
**Wasser** auf 250 ml (1/4 l) Flüssigkeit auffüllen.

**Für den Guss**

aus
**1 Päckchen Tortenguss, rot**
**1 gestrichenen EL Zucker**
**250 ml (1/4 l) Erdbeerflüssigkeit** nach Anleitung auf dem Päckchen einen Tortenguss zubereiten, die Erdbeeren mit dem Guss bestreichen.

**250 ml (1/4 l) Schlagsahne** 1/2 Minute schlagen
**1 Päckchen Sahnesteif**
**1 Päckchen Vanillin-Zucker** einstreuen, die Sahne steif schlagen, in einen Spritzbeutel mit gezackter Tülle füllen, den Tortenrand ringsherum mit senkrechten Linien bespritzen.

# Beerentorte

**Für den Teig**

| | |
|---|---|
| 300 g Weizenmehl | in eine Rührschüssel sieben |
| 75 g Zucker<br>1 Päckchen Vanillin-Zucker<br>2 EL Sherry oder Weißwein<br>175 g Butter oder Margarine | hinzufügen, die Zutaten mit Handrührgerät mit Knethaken zunächst kurz auf niedrigster, dann auf höchster Stufe gut durcharbeiten, anschließend auf der Arbeitsfläche zu einem glatten Teig verkneten, sollte er kleben, ihn eine Zeit lang kalt stellen, 2/3 des Teiges auf dem Boden einer Springform (Durchmesser 28 cm) ausrollen, unter den Rest des Teiges |
| 1 EL Weizenmehl | kneten, zu einer Rolle formen, die Rolle als Rand auf den Teigboden legen und so an die Form drücken, dass ein 2–3 cm hoher Rand entsteht, den Teigboden mehrmals mit einer Gabel einstechen. |

| | |
|---|---|
| Ober-/Unterhitze | 200–220 °C (vorgeheizt) |
| Heißluft | 170–180 °C (nicht vorgeheizt) |
| Gas | Stufe 3–4 (vorgeheizt) |
| Backzeit | 20–25 Minuten |

**Für den Belag**

| | |
|---|---|
| 8 Blatt Gelatine (weiß) | in kaltem Wasser 10 Minuten quellen lassen |
| 500 g Sahnequark (40 % Fett) | mit |
| 2 Bechern (300 g) Joghurt<br>100 g Puderzucker<br>2 EL Zitronensaft | verrühren, Gelatine ausdrücken, tropfnass auflösen, mit etwas von der Quark-Joghurt-Masse verrühren, unter die restliche Quark-Joghurt-Masse rühren |
| 250 ml (1/2 l) Schlagsahne | steif schlagen, unter die Masse heben, die Hälfte der Masse auf den Boden verteilen, etwa 2/3 von |
| 800–1000 g gesäubertcm Beerenobst, z. B. Brombeeren, Himbeeren, Johannisbeeren | darauf verteilen, den Rest der Masse vorsichtig (vom Rand aus) darüberstreichen, die Torte kalt stellen, sobald die Masse anfängt fest zu werden, die übrigen Beeren darauf verteilen, im Kühlschrank etwa 2 Stunden fest werden lassen. |

**Für den Tortenrand**

| | |
|---|---|
| 2 EL Aprikosenkonfitüre | durch ein Sieb streichen, den Rand der Torte damit bestreichen, mit |
| 100 g gerösteten Mandelblättchen | garnieren, mit |
| Puderzucker | bestäuben. |

# Feine Johannisbeertorte

**Für den Knetteig**

| | |
|---|---|
| 150 g Weizenmehl | in eine Rührschüssel sieben |
| 40 g Zucker<br>1 Päckchen Vanillin-Zucker<br>2 Eigelb<br>75 g weiche Butter oder Margarine | hinzufügen, die Zutaten mit Handrührgerät mit Knethaken zunächst kurz auf niedrigster, dann auf höchster Stufe gut durcharbeiten, anschließend auf der Arbeitsfläche zu einem glatten Teig verkneten, sollte er kleben, ihn eine Zeit lang kalt stellen, den Teig auf dem gefetteten Boden einer Springform (Durchmesser 28 cm) ausrollen, mehrmals mit einer Gabel einstechen, den Springformrand darumlegen. |

| | |
|---|---|
| Ober-/Unterhitze | 200–220 °C (vorgeheizt) |
| Heißluft | 180–200 °C (nicht vorgeheizt) |
| Gas | Stufe 3–4 (nicht vorgeheizt) |
| Backzeit | etwa 15 Minuten |

❶

❷

| | |
|---|---|
| | den Tortenboden sofort nach dem Backen vom Springformboden lösen, darauf erkalten lassen. |

**Für den Mandel-Biskuitteig**

| | |
|---|---|
| 2 Eiweiß | mit Handrührgerät mit Rührbesen steif schlagen |
| 2 gehäufte EL Zucker | |
| 1 Prise Salz | unterschlagen |
| 3 Eigelb | hinzufügen |
| 2 gehäufte EL Weizenmehl | sieben, mit |
| 2 EL abgezogenen, gemahlenen Mandeln | unterheben, den Teig in eine Springform (Durchmesser 28 cm, Boden gefettet, mit Backpapier belegt) füllen, glatt streichen. |
| Ober-/Unterhitze | 170–200 °C (vorgeheizt) |
| Heißluft | 160–170 °C (nicht vorgeheizt) |
| Gas | Stufe 3–4 (nicht vorgeheizt) |
| Backzeit | etwa 15 Minuten |

Sofort nach dem Backen den Tortenboden aus der Form lösen, auf einen Kuchenrost stürzen, das Backpapier abziehen, den Boden erkalten lassen.

**Für den Belag**

| | |
|---|---|
| 1 kg Johannisbeeren | waschen, abtropfen lassen, die Beeren mit einer Gabel von den Stielen streifen, mit |
| 175 g Zucker | bestreuen, zum Saftziehen stehen lassen, gut abtropfen lassen, von dem Saft 150 ml abmessen, mit |
| 50 ml Wasser | auf 200 ml ergänzen, zum Kochen bringen |
| 50 g Speisestärke | mit |
| 5 EL kaltem Wasser | anrühren, die Flüssigkeit damit binden, die Johannisbeeren vorsichtig unterheben, den Knetteigboden auf ein mit Backpapier belegtes Backblech legen, mit |
| 2 EL Johannisbeergelee | bestreichen, den Biskuitboden darauflegen, mit der Johannisbeermasse bestreichen ❶ (1–2 cm am Rand frei lassen). |

**Für die Baisermasse**

| | |
|---|---|
| 3 Eiweiß | steif schlagen, es muss ein Messerschnitt sichtbar sein, nach und nach |
| 150 g Zucker | unterschlagen, Baisermasse auf die Torte streichen ❷, mit einem Esslöffel Vertiefungen eindrücken. |
| Ober-/Unterhitze | Vorheizen 100 °C, 20 Minuten backen, dann umschalten auf 220 °C, noch 5 Minuten innerhalb dieser Aufheizzeit backen |
| Heißluft | 20 Minuten 80 °C, 5 Minuten 180–200 °C |
| Gas | 20 Minuten Stufe 1, 5 Minuten Stufe 4 |
| Backzeit | etwa 25 Minuten |

# Himbeertorte

**Für den Teig**

| | |
|---|---|
| 4 Eier | mit Handrührgerät mit Rührbesen auf höchster Stufe in 1 Minute schaumig schlagen |
| 125 g Zucker<br>1 Päckchen Vanillin-Zucker | mischen, in 1 Minute einstreuen, dann noch etwa 2 Minuten schlagen |
| 125 g Weizenmehl<br>1 TL Backpulver | mischen, auf die Eiercreme sieben, auf niedrigster Stufe unterrühren, den Teig in eine Springform (Durchmesser 26 cm, Boden gefettet, mit Backpapier belegt) füllen. |
| Ober-/Unterhitze | 170–220 °C (vorgeheizt) |
| Heißluft | 150–170 °C (nicht vorgeheizt) |
| Gas | Stufe 3–4 (nicht vorgeheizt) |
| Backzeit | 20–30 Minuten |
| | Den Tortenboden aus der Form lösen, gut auskühlen lassen. |

**Für die Creme**

| | |
|---|---|
| 4 Eigelb | mit |
| 100 g Zucker<br>1 Päckchen Vanillin-Zucker<br>500 ml (1/2 l) Milch | weißschaumig schlagen |
| 60 g Weizenmehl | daraufsieben, unterziehen, den Rest der Milch zum Kochen bringen, die Eier-Mehl-Mischung unterrühren, zum Kochen bringen, 1 Minute kochen lassen |
| 2 TL gemahlene Gelatine, weiß | mit |
| 2 EL Wasser | in einem kleinen Topf anrühren, 10 Minuten zum Quellen stehen lassen, unter Rühren erwärmen, bis alles gelöst ist, unter die Creme rühren ❶ |
| 4 Eiweiß | steif schlagen, unterheben, die Creme in eine Schüssel umfüllen, abkühlen lassen. |

**Für den Belag und die Garnitur**

| | |
|---|---|
| 600 g Himbeeren | sorgfältig verlesen, den ausgekühlten Tortenboden ein Mal waagerecht durchschneiden, den unteren Boden mit 2/3 der Creme bestreichen ❷, mit gut der Hälfte der Himbeeren belegen, den oberen Boden (auf der aufgeschnittenen Seite) dünn mit Creme bestreichen, mit der bestrichenen Seite auf die Himbeeren legen |
| 500 ml (1/2 l) Schlagsahne | mit |
| 2 Päckchen Sahnesteif<br>20 g Zucker | steif schlagen, 1/3 der Sahne in einen Spritzbeutel mit gezackter Tülle geben, mit dem Rest der Sahne Rand und obere Seite der Torte bestreichen ❸, den Rand mit |
| Krokant | bestreuen, die obere Seite der Torte mit einem Sahnerand bespritzen, die restlichen Himbeeren in die Mitte der Torte geben ❹. |

**Zum Bestreichen**

| | |
|---|---|
| 1/2 Päckchen Tortenguss, rot<br>125 ml (1/8 l) Himbeersaft<br>(evtl. ergänzt mit Wasser) | nach Anleitung auf dem Päckchen zubereiten, die Himbeeren damit bestreichen. |

❶

❷

❸

❹

# Himbeereis-Torte

| | |
|---|---|
| 2 Eiweiß | steif schlagen |
| 100 g feinkörnigen Zucker | nach und nach unterschlagen, Masse als Boden (Durchmesser 26 cm, Boden wird während des Backens etwas größer) auf ein mit gefettetem Backpapier belegtes Backblech streichen. |
| Ober-/Unterhitze | 100–120 °C (vorgeheizt) |
| Heißluft | 80–100 °C (nicht vorgeheizt) |
| Backzeit | etwa 1½ Stunden |
| Gas | Stufe 1, 30–40 Minuten, dann 20 Minuten im ausgeschalteten Backofen lassen |
| | Nach dem Backen das Backpapier abziehen, Boden auf einem Kuchenrost erkalten lassen |
| 50 g Schokolade | in kleine Stücke brechen, in einem kleinen Topf im Wasserbad bei schwacher Hitze zu einer geschmeidigen Masse verrühren, den Boden damit bestreichen, in eine Springform (Durchmesser 28 cm, Boden gefettet, mit Backpapier belegt) geben. |
| **Für das Himbeereis** | |
| 600 g tiefgekühlte Himbeeren | auftauen, pürieren, passieren |
| 50 g Zucker<br>1 Beutel Zitronen-Aroma | unterrühren |
| 100 ml Milch<br>4 Eigelb<br>75 g Zucker<br>2 Päckchen Vanillin-Zucker | in einer Schüssel im Wasserbad mit Schneebesen zu einer dicklichen Masse schlagen, so lange weiterschlagen, bis die Masse schwer vom Löffel fließt, kalt stellen |
| 500 ml (½ l) Schlagsahne | steif schlagen, unter die erkaltete Masse ziehen, in etwa 1 Stunde im Gefrierfach halbfest werden lassen, glatt rühren, von den passierten Himbeeren 3 Esslöffel abnehmen, die restlichen unter das Eis rühren, die Masse in die Springform geben (Springformrand vorher fetten, mit Papierstreifen auslegen), mit den zurückgelassenen Himbeeren besprenkeln, so mit einem Holzstäbchen durchziehen, dass ein Muster entsteht, Torte in das Gefrierfach stellen (am besten über Nacht), gefrieren lassen, Torte etwa 1 Stunde vor dem Verzehr aus der Springform lösen, auf eine Tortenplatte geben |
| 100 ml Schlagsahne | steif schlagen, Tortenrand damit bestreichen, nach Belieben |
| Erdbeeren und Himbeeren | auf die Mitte der Torte geben, nach Belieben mit |
| geschabter Schokolade | und |
| Partykerzen | garnieren. |
| **Tipp** | Baiserboden kann schon einige Tage vor der Tortenzubereitung gebacken werden. Ihn gut verpackt in Alufolie aufbewahren, damit er nicht weich wird. |

# Russische Apfeltorte

**Für den Knetteig**

| | |
|---|---|
| 150 g Weizenmehl | mit |
| 1 Messerspitze Backpulver | mischen, in eine Rührschüssel sieben |
| 40 g Zucker<br>1 Päckchen Vanillin-Zucker<br>1 Prise Salz<br>100 g weiche Butter oder Margarine | hinzufügen, die Zutaten mit Handrührgerät mit Knethaken zunächst kurz auf niedrigster, dann auf höchster Stufe gut durcharbeiten, anschließend auf der Arbeitsfläche zu einem glatten Teig verkneten, sollte er kleben, ihn eine Zeit lang kalt stellen, den Teig auf einer Springform (Durchmesser 28 cm, Boden gefettet) ausrollen, den Teigboden mehrmals mit einer Gabel einstechen. |
| Ober-/Unterhitze | 200–220 °C (vorgeheizt) |
| Heißluft | 180–200 °C (nicht vorgeheizt) |
| Gas | Stufe 3–4 (vorgeheizt) |
| Backzeit | etwa 15 Minuten |
| | Den Boden sofort nach dem Backen vom Springformboden lösen, darauf erkalten lassen. |

**Für den Biskuitteig**

| | |
|---|---|
| 5 Eier<br>3 EL heißes Wasser | mit Handrührgerät mit Rührbesen auf höchster Stufe in 1 Minute schaumig schlagen |
| 150 g Zucker | mit |
| 1 Päckchen Vanillin-Zucker | mischen, in 1 Minute einstreuen, dann noch etwa 2 Minuten schlagen |
| 125 g Weizenmehl | mit |
| 125 g Speisestärke | |

| | |
|---|---|
| **2½ gestrichenen TL Backpulver** | mischen, die Hälfte davon auf die Eiercreme sieben, kurz auf niedrigster Stufe unterrühren, den Rest des Mehl-Gemisches auf dieselbe Weise unterarbeiten, den Teig in eine Springform (Durchmesser 28 cm, Boden gefettet, mit Backpapier belegt) füllen, glatt streichen. |
| **Ober-/Unterhitze** | 170–200 °C (vorgeheizt) |
| **Heißluft** | 150–170 °C (nicht vorgeheizt) |
| **Gas** | Stufe 3–4 (nicht vorgeheizt) |
| **Backzeit** | etwa 35 Minuten |
| | Den gebackenen Boden sofort aus der Form lösen, auf einen Kuchenrost stürzen, das Papier abziehen, den Boden erkalten lassen, drei Mal durchschneiden. |

**Für die Buttercreme**

| | |
|---|---|
| **1 Päckchen Puddingpulver Vanillegeschmack 50 g Zucker 500 ml (½ l) Milch** | aus nach Anleitung auf dem Päckchen einen Pudding zubereiten, abkühlen lassen, dabei ab und zu durchrühren |
| **250 g weiche Butter** | geschmeidig rühren |
| **1 gehäuften EL Zucker** | unterrühren, den erkalteten Pudding (er sollte die gleiche Temperatur haben wie die Butter) langsam unter Rühren hinzufügen ❶. |

**Für die Apfelmasse**

| | |
|---|---|
| **750 g säuerliche Äpfel** | schälen, vierteln, entkernen, in Spalten schneiden |
| **500 ml (½ l) Wasser** | zum Kochen bringen, die Äpfel hineingeben ❷, einige Minuten schwach kochen lassen, aus der Flüssigkeit nehmen, abtropfen und erkalten lassen, die Apfelspalten vorsichtig mit |
| **3 EL Aprikosenkonfitüre (durch ein Sieb gestrichen) 2 EL Rum 50 g verlesenen Korinthen** | vermengen, unter knapp die Hälfte der Apfelmasse |
| **2 EL Mandelsplitter** | heben, den Knetteig mit |
| **2–3 EL Aprikosenkonfitüre** | bestreichen, den ersten Biskuitboden darauflegen |
| **4 EL Rum 2 EL Wasser 1 TL Zucker** | mit verrühren, den aufgelegten Biskuitboden damit beträufeln, knapp die Hälfte der Buttercreme daraufstreichen ❸, den zweiten Biskuitboden darauflegen, die Apfelmasse (ohne Mandeln) darauf verteilen ❹, den dritten Biskuitboden darauflegen, etwas andrücken, knapp die Hälfte der restlichen Buttercreme darauf verteilen, den vierten Biskuitboden darauflegen, von der restlichen Buttercreme 2–3 Esslöffel in einen Spritzbeutel mit Sterntülle füllen, mit der restlichen Creme Tortenrand und einen etwa 4 cm breiten Rand auf der Tortenoberfläche bestreichen, die vorbereitete Apfelmasse in die Mitte ❺ geben, die mit der Buttercreme bestrichene Tortenoberfläche und den Rand mit |
| **100–125 g Krokant** | bestreuen ❻, mit der Buttercreme aus dem Spritzbeutel verzieren. |

❶

❷

❸

❹

❺

❻

## Tarte à l'orange

(Foto unten)

**Für den Teig**

200 g Weizenmehl sieben

25 g Zucker
1 EL Speiseöl
1 Päckchen Vanillin-Zucker
100 g Butter hinzufügen, die Zutaten mit Handrührgerät mit Knethaken zunächst auf niedrigster, dann auf höchster Stufe gut durcharbeiten, anschließend auf der Arbeitsfläche zu einem glatten Teig verkneten, sollte er kleben, ihn eine Zeit lang kalt stellen, eine Tarteform (Durchmesser 26 cm) ausfetten, Teig ausrollen, die Tarteform damit belegen, mehrmals mit einer Gabel einstechen.

**Für den Belag**

den Boden mit

2–3 EL Orangenmarmelade bestreichen

125 ml (1/8 l) Schlagsahne mit
50 g Zucker
3 Eiern
abgeriebener Schale von
1 Orange (unbehandelt) verrühren, in die Form geben

5 Orangen schälen, sodass die Haut mit entfernt wird, in Scheiben schneiden, schuppenförmig in Kreisen auf den Guss legen.

Ober-/Unterhitze 200–220 °C (vorgeheizt)
Heißluft 170–190 °C (nicht vorgeheizt)
Gas etwa Stufe 4 (vorgeheizt)
Backzeit etwa 30 Minuten

Den Kuchen auf einem Rost auskühlen lassen, nach dem Auskühlen in der Form schneiden, mit
Puderzucker bestreuen.

## Italienische Kürbistorte

(Foto rechts)

**Für den Teig**

200 g Weizenmehl mit
1 gestrichenen TL Backpulver mischen, in eine Rührschüssel sieben

| | |
|---|---|
| 50 g Zucker<br>1 Prise Salz<br>1 Ei<br>75 g Butter | hinzufügen, die Zutaten mit Handrührgerät mit Knethaken zunächst kurz auf niedrigster, dann auf höchster Stufe gut durcharbeiten, anschließend auf der Arbeitsfläche zu einem glatten Teig verkneten, sollte er kleben, ihn eine Zeit lang kalt stellen, 2/3 des Teiges auf dem gefetteten Boden einer Springform (Durchmesser 28 cm) ausrollen, unter den Rest des Teiges |
| 1 gestrichenen EL Weizenmehl | kneten, zu einer Rolle formen, sie als Rand auf den Teigboden legen, so an die Form drücken, dass ein etwa 3 cm hoher Rand entsteht, den Teigboden mehrmals mit einer Gabel einstechen. |
| Ober-/Unterhitze | 200–220 °C (vorgeheizt) |
| Heißluft | 180–200 °C (nicht vorgeheizt) |
| Gas | Stufe 3–4 (vorgeheizt) |
| Backzeit | etwa 10 Minuten |

**Für die Füllung**

| | |
|---|---|
| 400 g eingelegten, abgetropften Kürbis, süß-sauer (2 Gläser) | im Mixer pürieren |
| 100 g Butter | schaumig rühren |
| 125 g Zucker | einstreuen |
| 6 Eier | nach und nach unterrühren |
| 125 ml (1/8 l) Schlagsahne<br>100 g abgezogene, gemahlene Mandeln<br>50 g Speisestärke<br>abgeriebene Schale von 1 Zitrone (unbehandelt)<br>1 Messerspitze gemahlene Nelken | zugeben, mit dem Kürbismus mischen, die Füllung auf dem vorgebackenen Boden verteilen, den Kuchen weiterbacken. |
| Ober-/Unterhitze | 170–200 °C (vorgeheizt) |
| Heißluft | 150–170 °C (nicht vorgeheizt) |
| Gas | Stufe 3–4 (vorgeheizt) |
| Backzeit | etwa 50 Minuten |
| | 10 Minuten vor Ende der Backzeit |
| 25 g abgezogene, blättrig geschnittene Mandeln | über den Kuchen streuen. |

↑ sehr mächtig. oben muss eine Schokoladenglasur machen

# Schokoladen-Weihnachts-Torte

**Für den Knetteig**

| | |
|---|---|
| 150 g Weizenmehl | in eine Rührschüssel sieben |
| 40 g Zucker | |
| 1 Prise Salz | |
| 100 g Margarine oder Butter | hinzufügen, die Zutaten mit Handrührgerät mit Knethaken zunächst kurz auf niedrigster, dann auf höchster Stufe gut durcharbeiten, anschließend auf der Arbeitsfläche zu einem glatten Teig verkneten, sollte er kleben, ihn eine Zeit lang kalt stellen (20–30 Minuten), den Teig auf dem gefetteten Boden einer Springform (Durchmesser 28 cm) ausrollen, mehrmals mit einer Gabel einstechen, mit Springformrand backen. |
| Ober-/Unterhitze | 200–220 °C (vorgeheizt) |
| Heißluft | 180–200 °C (nicht vorgeheizt) |
| Gas | Stufe 3–4 (vorgeheizt) |
| Backzeit | etwa 15 Minuten |
| | Sofort nach dem Backen Boden lösen, aber erst nach dem Erkalten auf eine Tortenplatte legen. |

**Für den dunklen Rührteig**

| | |
|---|---|
| 125 g Margarine oder Butter | mit Handrührgerät mit Rührbesen auf höchster Stufe geschmeidig rühren, nach und nach |
| 150 g Zucker | |
| 1 Päckchen Vanillin-Zucker | |
| 1 Prise Salz | unterrühren, so lange rühren, bis eine gebundene Masse entstanden ist |
| 3 Eier | nach und nach unterrühren (jedes Ei etwa ½ Minute) |
| 100 g Weizenmehl | mit |
| 30 g Speisestärke | |
| 10 g Kakao | |
| 3 gestrichenen TL Backpulver | mischen, sieben, abwechselnd esslöffelweise mit |
| 1 EL Wasser | auf mittlerer Stufe unterrühren, den Teig in die vorbereitete Springform füllen. |
| Ober-/Unterhitze | etwa 175 °C (vorgeheizt) |
| Heißluft | etwa 160 °C (nicht vorgeheizt) |
| Gas | etwa Stufe 3 (vorgeheizt) |
| Backzeit | etwa 30 Minuten |
| | Den ausgekühlten Boden ein Mal durchschneiden. |

**Für den hellen Rührteig**

| | |
|---|---|
| 65 g Margarine oder Butter | mit Handrührgerät mit Rührbesen auf höchster Stufe geschmeidig rühren, nach und nach |
| 65 g Zucker | |
| 1 Päckchen Vanillin-Zucker | |
| 1 Prise Salz | unterrühren, so lange rühren, bis eine gebundene Masse entstanden ist |
| 2 Eier | nach und nach unterrühren (jedes Ei etwa ½ Minute) |
| 65 g Weizenmehl | mit |
| 1 ½ gestrichenen TL Backpulver | mischen, sieben, unterrühren, den Teig in die vorbereitete Springform füllen. |
| Ober-/Unterhitze | etwa 175 °C (vorgeheizt) |
| Heißluft | etwa 160 °C (nicht vorgeheizt) |
| Gas | etwa Stufe 3 (vorgeheizt) |
| Backzeit | etwa 20 Minuten |

**Für die Schokoladenblätter**

| | |
|---|---|
| je 75 g Halbbitter-, Vollmilch- und Weiße Kuvertüre | nach Anleitung mit |
| je 5 g Margarine | auflösen, auf eine Platte streichen, fest werden lassen, mit einem Spachtel zu Blättern schaben. |

**Für die Zuckerlösung**

| | |
|---|---|
| 125 ml (⅛ l) Wasser | mit |
| 60 g Zucker | aufkochen |
| 5 EL Himbeergeist | unterrühren. |

**Für die Buttercreme**

| | |
|---|---|
| 250 g Butter | mit |
| 100 g Margarine | mit dem Handrührgerät mit Rührbesen geschmeidig rühren |
| Mark von 2 Vanilleschoten | hinzufügen |
| 5 Eier | mit |
| 150 g Zucker | im Wasserbad in 5 Minuten zu einer dicklichen Masse aufschlagen, 5 Minuten kalt schlagen, mit der Buttermasse verrühren, den Knetteigboden mit |
| 50 g aufgelöster Kuvertüre | bestreichen, mit einem der dunklen |

Böden bedecken, mit einem Drittel der Zuckerlösung tränken, mit

2 EL Waldfrucht-konfitüre

bestreichen, dann ein Drittel der Buttercreme darauf verteilen, den hellen Boden darauflegen, tränken und wie den dunklen Boden bestreichen, den dunklen Boden darauflegen, andrücken und tränken, mit der restlichen Buttercreme Oberfläche und Rand bestreichen, Schokoladentäfelchen am Rand andrücken, Oberfläche mit Schokoladenblättern garnieren.

Tipp Die Torte schmeckt am besten, wenn sie drei Tage durchgezogen ist.

# KLEINGEBÄCK

Es gibt Dinge, auf die man nicht verzichten sollte. Weihnachten ohne Plätzchen ist genauso undenkbar wie Ostern ohne entsprechendes und ansprechendes Kleingebäck. Es gehört einfach dazu. Außerdem finden die bunten Eier im knusprigen Hefekranz ein ganz vorzügliches Nest und das weiß bestäubte Osterlamm macht den schön gedeckten Tisch erst festlich. Da freuen sich nicht nur die Osterhasen. Da sind auch die kleinen und großen Naschkatzen immer wieder begeistert.

## Osterlämmchen

| | |
|---|---|
| **Für den Teig** | |
| **125 g weiche Margarine oder Butter** | mit Handrührgerät mit Rührbesen auf höchster Stufe geschmeidig rühren, nach und nach |
| **125 g Zucker**<br>**1 Päckchen Vanillin-Zucker**<br>**1 Prise Salz**<br>**5 Tropfen Backöl Zitrone** | unterrühren, so lange rühren, bis eine gebundene Masse entstanden ist |
| **2 Eier** | nach und nach unterrühren (jedes Ei etwa ½ Minute) |
| **125 g Weizenmehl** | mit |
| **1 gestr. TL Backpulver** | sieben, auf mittlerer Stufe unterrühren, den Teig in eine gefettete mit |
| **Semmelbröseln** | ausgestreute Lämmchenform (etwa 750 ml Inhalt) füllen, auf dem Rost in den Backofen schieben. |
| **Ober-/Unterhitze** | 170–220 °C (vorgeheizt) |
| **Heißluft** | 150–170 °C (nicht vorgeheizt) |
| **Gas** | Stufe 2–3 (nicht vorgeheizt) |
| **Backzeit** | etwa 60 Minuten |
| | Lämmchen etwas in der Form abkühlen lassen, dann aus der Form lösen, auf einem Kuchenrost vollständig auskühlen lassen. |
| **Zum Verzieren** | |
| **150 g gesiebten Puderzucker** | mit |
| **1–2 EL heißem Wasser** | zu einer dickflüssigen Masse verrühren, über das erkaltete Gebäck gießen, gleichmäßig verstreichen, mit |
| **30 g Kokosraspeln** | bestreuen oder die Lämmchen mit |
| **gesiebtem Puderzucker** | bestreuen. |

# Brombeer-schiffchen

| | |
|---|---|
| **Für den Teig** | |
| **125 g Weizenmehl** | mit |
| **1 Messerspitze Backpulver** | mischen, in eine Rührschüssel sieben |
| **25 g Zucker** | |
| **1 Päckchen Vanillin-Zucker** | |
| **1 Eigelb** | |
| **½ EL Milch** | |
| **65 g weiche Butter** | hinzufügen, die Zutaten in einer Küchenmaschine oder mit Handrührgerät mit Knethaken zunächst kurz auf niedrigster, dann auf höchster Stufe gut durcharbeiten, anschließend auf der Arbeitsfläche zu einem glatten Teig verkneten, sollte er kleben, ihn eine Zeit lang kalt stellen, den Teig ausrollen, in der Größe von 12 Schiffchen-Förmchen ausstechen, die Förmchen damit auslegen, die Förmchen auf ein Backblech setzen, in den Backofen schieben. |
| **Ober-/Unterhitze** | etwa 200 °C (vorgeheizt) |
| **Heißluft** | etwa 180 °C (nicht vorgeheizt) |
| **Gas** | etwa Stufe 4 (nicht vorgeheizt) |
| **Backzeit** | etwa 12 Minuten |
| | Die gebackenen Schiffchen sofort aus den Förmchen lösen, erkalten lassen. |
| **40 g Zartbitter-Schokolade** | mit |
| **etwas Kokosfett** | in einem kleinen Topf im Wasserbad bei schwacher Hitze zu einer geschmeidigen Masse verrühren, die Schiffchen damit ausstreichen. |
| **Für die Füllung** | |
| **2 TL Speisestärke** | mit |
| **1 EL Zucker** | |
| **1 Päckchen Vanillin-Zucker** | |
| **1 Becher (150 g) Crème fraîche** | in einem Topf gut verrühren |
| **1 Ei** | hinzufügen, die Masse unter ständigem Schlagen ein Mal aufkochen lassen, von der Kochstelle nehmen |
| **3 EL Kirschwasser** | unterrühren, die Masse erkaltet in die Schiffchen geben, glatt streichen |
| **250 g Brombeeren** | vorsichtig waschen, abtropfen lassen, mit |
| **1–2 EL Zucker** | bestreuen, einige Zeit stehen lassen, abtropfen lassen, den Saft auffangen, mit |
| **1 gehäuften EL Brombeer- oder Johannisbeergelee** | verrühren, zum Kochen bringen, etwas einkochen lassen, die Brombeeren auf die Schiffchen verteilen, mit dem flüssigen Gelee bestreichen |
| **1 Eiweiß** | steif schlagen |
| **50 g Zucker** | unterschlagen, den Eischnee in einen Spritzbeutel mit großer, gezackter Tülle geben, auf die Brombeeren spritzen, unter den vorgeheizten Grill schieben, in 1–2 Minuten hell bräunen lassen. |

# Rhabarbertörtchen

**Für den Teig**

| | |
|---|---|
| 150 g Weizenmehl | mit |
| 1 gestrichenen TL Backpulver | mischen, in eine Rührschüssel sieben |
| 75 g Zucker<br>1 Päckchen Vanillin-Zucker<br>1 Ei<br>75 g weiche Butter | hinzufügen, die Zutaten in einer Küchenmaschine oder mit Handrührgerät mit Knethaken zunächst kurz auf niedrigster, dann auf höchster Stufe gut durcharbeiten, anschließend auf der Arbeitsfläche zu einem glatten Teig verkneten, sollte er kleben, ihn eine Zeit lang kalt stellen, den Teig etwa 3 mm dick ausrollen, mit einer runden Form (Durchmesser etwa 10 cm) ausstechen, auf ein gefettetes Backblech legen, mehrmals mit einer Gabel einstechen, in den Backofen schieben. |
| Ober-/Unterhitze | 170–200 °C (vorgeheizt) |
| Heißluft | 150–180 °C (nicht vorgeheizt) |
| Gas | Stufe 3–4 (vorgeheizt) |
| Backzeit | 10–15 Minuten |

**Zum Bestreichen**

| | |
|---|---|
| 30 g Kuvertüre | in einem kleinen Topf im Wasserbad zu einer geschmeidigen Masse verrühren, die erkalteten Plätzchen am Rand etwa 1 cm breit damit bestreichen. |

**Für den Belag**

| | |
|---|---|
| 750 g Rhabarber | waschen, abtrocknen, in etwa 2 cm lange Stücke schneiden (nicht abziehen), mit |
| 150 g Zucker | bestreuen, sobald der Rhabarbersaft gezogen hat, ihn zum Kochen bringen, bei schwacher Hitze weich dünsten (er darf nicht zerfallen), auf ein Sieb geben, etwas abkühlen lassen, 250 ml (1/4 l) von dem Saft abmessen. |

**Für den Guss**

| | |
|---|---|
| 1 Päckchen Tortenguss, rot | mit |
| 250 ml (1/4 l) Rhabarbersaft<br>40 g Zucker | nach Anleitung auf dem Päckchen zubereiten, den Rhabarber in die Mitte der Plätzchen geben, den Guss darüber verteilen. |

**Zum Verzieren**

| | |
|---|---|
| 250 ml (1/4 l) Schlagsahne | 1/2 Minute schlagen |
| 1 Päckchen Vanillin-Zucker | mit |
| 1 Päckchen Sahnesteif | mischen, einstreuen, die Sahne steif schlagen, um den Rhabarber spritzen. |

# Osterkränzchen

**Für den Teig**

| | |
|---|---|
| 500 g Weizenmehl | in eine Rührschüssel sieben, mit |
| 1 Päckchen Trocken-Backhefe | sorgfältig vermischen |
| 50 g Zucker<br>1 Päckchen Vanillin-Zucker<br>1 Fläschchen Butter-Vanille-Aroma<br>1 Prise Salz<br>2 Eier<br>50 g zerlassene, abgekühlte Butter<br>100 ml Milch<br>125 ml (1/8 l) Schlagsahne | nacheinander hinzugeben, die Zutaten mit Handrührgerät mit Knethaken zunächst auf niedrigster, dann auf höchster Stufe in etwa 3 Minuten zu einem Teig verarbeiten, den Teig abgedeckt an einem warmen Ort so lange stehen lassen, bis er sich sichtbar vergrößert hat, den gegangenen Teig aus der Schüssel nehmen, auf der Arbeitsfläche nochmals gut durchkneten, 2 Rollen (50 cm lang) daraus formen, umeinanderschlingen, als Kranz auf ein mit Backpapier belegtes Backblech legen, Teig nochmals an einem warmen Ort gehen lassen, bis er sich sichtbar vergrößert hat. |
| 1 Eigelb | mit |
| 1 EL Milch | verschlagen, Kranz damit bestreichen. |
| Ober-/Unterhitze | 180–200 °C (vorgeheizt) |
| Heißluft | 160–180 °C (nicht vorgeheizt) |
| Gas | Stufe 3–4 (vorgeheizt) |
| Backzeit | 30–40 Minuten |

**Tipp** Anstelle des großen Kranzes acht kleine Kränze backen.

# Vollkornkörbchen mit Beeren

**Für den Teig**

**200 g Weizen-Vollkornmehl** in eine Rührschüssel geben

**200 g gut ausgedrückten Magerquark**
**200 g weiche Butter**
**1 Eigelb**
**1 Prise Meersalz** hinzufügen, die Zutaten mit Handrührgerät mit Knethaken auf höchster Stufe in etwa 1 Minute verarbeiten, anschließend auf der Arbeitsfläche zu einem festen Teig verkneten, ihn in Alufolie eingewickelt über Nacht im Kühlschrank ruhen lassen, den Teig etwa gut ½ cm dick ausrollen, 6 Kreise (etwa 10 cm Durchmesser) ausschneiden, auf ein gefettetes Backblech legen, den restlichen Teig zu einem 40 cm langen Stück ausrollen, in 12 etwa 1,5 cm breite Streifen schneiden, jeden Streifen drehen, bis er eine Länge von etwa 27 cm hat, zu 12 Kreisen (Durchmesser von 10 cm) formen, als Rand auf jeden Kreisboden 2 Teigstreifen übereinanderlegen.

**Ober-/Unterhitze** etwa 170 °C (vorgeheizt)
**Heißluft** etwa 150 °C (nicht vorgeheizt)
**Gas** etwa Stufe 2 (vorgeheizt)
**Backzeit** etwa 30 Minuten

Die gebackenen Körbchen abkühlen lassen.

**6 EL Honig** in einem Gefäß im warmen Wasserbad erhitzen, die Korbböden und -ränder dünn mit etwas Honig bestreichen.

**Für die Füllung**

**600 g gemischte Beeren** verlesen, waschen, abtropfen lassen, in die Körbchen füllen, den restlichen Honig mit

**3 EL Orangensaft** verrühren, darüber träufeln.

# Johannisbeer-Mandel-Schnitten

**Für den Teig**

| | |
|---|---|
| 4 Eier<br>3–4 EL heißes Wasser | mit Handrührgerät mit Rührbesen auf höchster Stufe in 1 Minute schaumig schlagen |
| 150 g Zucker<br>1 Päckchen Vanillin-Zucker | mischen, in 1 Minute einstreuen, dann noch etwa 2 Minuten schlagen |
| 1 gehäuften EL Weizenmehl | mit |
| 1 TL Backpulver<br>½ TL gemahlenem Zimt<br>200 g mit der Schale gemahlenen Mandeln | mischen, die Hälfte davon auf die Eiercreme sieben, kurz auf niedrigster Stufe unterrühren, den Rest des Mehl-Gemisches auf dieselbe Weise unterarbeiten, den Teig auf ein gefettetes, mit Backpapier belegtes Backblech geben, glatt streichen, das Papier an der offenen Seite des Blechs zur Falte knicken, sodass ein Rand entsteht. |
| Ober-/Unterhitze | etwa 200 °C (vorgeheizt) |
| Heißluft | etwa 180 °C (nicht vorgeheizt) |
| Gas | Stufe 3–4 (vorgeheizt) |
| Backzeit | etwa 15 Minuten |
| Zucker | Sofort nach dem Backen die Biskuitplatte auf ein mit bestreutes Geschirrtuch stürzen, das Backpapier vorsichtig, aber schnell abziehen, die Gebäckplatte erkalten lassen. |

**Für die Füllung**

| | |
|---|---|
| 500 g Johannisbeeren | vorsichtig waschen, abtropfen lassen, die Beeren mit einer Gabel von den Stielen streifen, pürieren, durch ein Sieb streichen, mit |
| 5 EL Zucker | süßen |
| 6 Blatt Gelatine, weiß | in |
| kaltem Wasser | einweichen, etwa 5 Minuten zum Quellen stehen lassen, gut ausdrücken, in einem kleinen Topf auflösen, unter das Fruchtpüree rühren, sobald die Masse beginnt, dicklich zu werden |
| 500 ml (½ l) Schlagsahne | steif schlagen, unterheben, die Gebäckplatte halbieren, gut die Hälfte der Frucht-Sahne-Masse auf eine Gebäckplatte streichen, mit der anderen Gebäckplatte bedecken, etwas andrücken, mit der restlichen Frucht-Sahne-Masse bestreichen, mit |
| 1 EL Schokoblättchen | bestreuen, das Gebäck mehrere Stunden kalt stellen, in 16 Schnitten teilen |
| 125 ml (⅛ l) Schlagsahne | mit |
| 1 TL Zucker | steif schlagen, in einen Spritzbeutel mit Sterntülle füllen, die Schnitten damit verzieren, jede Schnitte mit einer von |
| 16 kleinen Johannisbeerrispen | garnieren. |

# Feigentörtchen

**Für den Teig**

| | |
|---|---|
| 250 g Butter | mit Handrührgerät mit Rührbesen auf höchster Stufe geschmeidig rühren, nach und nach |
| 175 g Zucker<br>1 Päckchen Vanillin-Zucker<br>1 Prise Salz | unterrühren, so lange rühren, bis eine gebundene Masse entstanden ist |
| 1 Ei | unterrühren |
| 225 g Weizenmehl | mit |
| 100 g Speisestärke | mischen, unterrühren |
| 75 g abgezogene, gemahlene Mandeln | unterrühren, den Teig in einen Spritzbeutel (mit gezackter Tülle) füllen, spiralförmig (Durchmesser etwa 6 cm) auf ein gefettetes Backblech spritzen |
| etwa 375 g frische Feigen | vorsichtig waschen, trockentupfen, Stiele und Blüten entfernen, die Feigen in Scheiben schneiden, auf dem Teig verteilen. |
| Ober-/Unterhitze | etwa 200 °C (vorgeheizt) |
| Heißluft | etwa 180 °C (nicht vorgeheizt) |
| Gas | Stufe 3–4 (vorgeheizt) |
| Backzeit | etwa 15 Minuten |

**Zum Aprikotieren**

| | |
|---|---|
| 2 EL Aprikosenkonfitüre | durch ein Sieb streichen, mit |
| 1 EL Wasser | unter Rühren aufkochen lassen, sofort nach dem Backen die Törtchen damit bestreichen, mit |
| Hagelzucker | bestreuen. |

# Gebäcktannen

| | |
|---|---|
| **Für den Teig** | |
| 300 g Weizenmehl | mit |
| 1 gestrichenen TL Backpulver | mischen, in eine Rührschüssel sieben |
| 50 g Zucker | |
| 3 Eigelb | |
| 175 g weiche Butter | hinzufügen, die Zutaten in einer Küchenmaschine oder mit Handrührgerät mit Knethaken zunächst kurz auf niedrigster, dann auf höchster Stufe gut durcharbeiten, anschließend auf der Arbeitsfläche zu einem glatten Teig verkneten, sollte er kleben, ihn eine Zeit lang kalt stellen, den Teig knapp ½ cm dick ausrollen, entweder mithilfe einer ausgeschnittenen Tannenbaumschablone Tannenbäume ausschneiden oder mit Förmchen ausstechen ❶, auf ein gefettetes Backblech legen, in den Backofen schieben. |
| Ober-/Unterhitze | etwa 200 °C (vorgeheizt) |
| Heißluft | etwa 180 °C (nicht vorgeheizt) |
| Gas | Stufe 3–4 (vorgeheizt) |
| Backzeit | etwa 10 Minuten |
| **Für den Belag** | |
| 2–3 EL Orangenmarmelade | durch ein Sieb streichen, die heißen Gebäcktannen damit bestreichen ❷ |
| 3 Eiweiß | mit |
| 150 g Zucker | |
| ½ TL gemahlenem Zimt | steif schlagen |
| 150 g Kokosraspel | unterheben, die Gebäcktannen damit bestreichen ❸, das Backblech in den Backofen schieben. |
| Ober-/Unterhitze | 130–150 °C (vorgeheizt) |
| Heißluft | 110–130 °C (nicht vorgeheizt) |
| Gas | Stufe 1–2 (vorgeheizt) |
| Backzeit | 20–25 Minuten |
| | Die erkalteten Gebäcktannen nach Belieben mit |
| Puderzucker | bestäuben, mit |
| Liebesperlen | garnieren. |
| **Tipp** | Auf die Gebäcktannen mit flüssiger Kuvertüre oder mit Puderzucker- oder Kakaoguss Namen oder »Frohe Weihnachten« o. Ä. spritzen oder die Gebäcktannen mit grünem Guss bestreichen. Dazu gesiebten Puderzucker mit etwas Eiweiß und Lebensmittelfarbe verrühren. |

❶

❷

❸

# Honigkuchen-pärchen

| | |
|---|---|
| 250 g Honig | mit |
| 100 g Zucker | |
| 1 Päckchen Vanillin-Zucker | |
| 1 Ei | |
| 1 gestrichenen EL gemahlenem Zimt | |
| 1 Messerspitze gemahlenen Nelken | |
| 1 Messerspitze gemahlener Muskatblüte | |
| 3 Tropfen Backöl Zitrone | |
| ½ Fläschchen Rum-Aroma | mit einem Rührlöffel gut verrühren |
| 500 g Weizenmehl | mit |
| 1 Päckchen Backpulver | mischen, sieben, 2/3 davon unterrühren, den Rest unterkneten, den Teig gut 1 cm dick ausrollen, Figuren ausschneiden (am besten nach Papierschablonen), auf ein gefettetes Backblech legen, mit |
| Kondensmilch | bestreichen, mit |
| Gebäckschmuck | |
| Mandeln | |
| Belegkirschen | |
| Rosinen | |
| Pistazienkernen | |
| Schokoblättchen | |
| Zitronat (Sukkade) | garnieren. |

| | |
|---|---|
| Ober-/Unterhitze | 170–200 °C (vorgeheizt) |
| Heißluft | 150–180 °C (nicht vorgeheizt) |
| Gas | Stufe 3–4 (vorgeheizt) |
| Backzeit | etwa 25 Minuten |

# Nikolausstiefel

| | |
|---|---|
| **Für den Teig** | |
| 125 g Honig<br>50 g Zucker<br>1 Päckchen<br>Vanillin-Zucker<br>60 g Butter | langsam erwärmen, zerlassen, in eine Rührschüssel geben, kalt stellen, unter die fast erkaltete Masse mit Handrührgerät mit Rührbesen |
| 1 Eigelb<br>1 Messerspitze<br>gemahlenen Zimt<br>1 Messerspitze<br>gemahlene Nelken | rühren |
| 250 g Weizenmehl<br>2 gestrichenen TL<br>Backpulver<br>1 gestrichenen TL<br>Kakao | mit<br><br><br><br>mischen, sieben, 2/3 davon esslöffelweise auf mittlerer Stufe unterrühren, den Rest des Mehls auf der Arbeitsfläche unterkneten, den Teig gut 1/2 cm dick ausrollen, Stiefel von gewünschter Größe (am besten nach Papierschablone) ausschneiden, aus dem restlichen Teig Plätzchen ausstechen, die Teigstücke auf ein gefettetes Backblech legen. |
| Ober-/Unterhitze | 170–200 °C (vorgeheizt) |
| Heißluft | 150–180 °C (nicht vorgeheizt) |
| Gas | Stufe 3–4 (vorgeheizt) |
| Backzeit | etwa 15 Minuten |
| **Zum Verzieren** | |
| 100 g Puderzucker | sieben, mit so viel |
| Eiweiß | verrühren, dass eine spritzfähige Masse entsteht, die Stiefel mit dem Guss verzieren, mit |
| Gebäckschmuck<br>Belegkirschen<br>abgezogenen Mandeln | garnieren, die Plätzchen ebenfalls verzieren und garnieren. |

## Neujahrs-Brezel

| | |
|---|---|
| 500 g Weizenmehl | in eine Rührschüssel sieben, mit |
| 1 Päckchen Trocken-Backhefe | sorgfältig mischen |
| 75 g Zucker<br>1 Päckchen Vanillin-Zucker<br>1 Prise Salz<br>1 Ei<br>200 g zerlassene Butter<br>125 ml (1/8 l) lauwarme Milch | hinzufügen, die Zutaten in einer Küchenmaschine oder mit Handrührgerät mit Knethaken zunächst auf niedrigster, dann auf höchster Stufe in etwa 5 Minuten zu einem Teig verarbeiten, den Teig abgedeckt so lange an einem warmen Ort stehen lassen, bis er sich sichtbar vergrößert hat, dann nochmals durchkneten, etwas Teig zum Garnieren beiseitelegen, den restlichen Teig in 3 gleich große Stücke teilen (je etwa 45 cm lang), zu Rollen formen, diese zu einem Zopf flechten und zu einer Brezel zusammenlegen, aus dem zurückgelegten Teig eine Blume formen, auf die Brezel legen, mit |
| Kondensmilch | bestreichen, die Brezel auf ein gefettetes Backblech legen, jeweils in die Mitte der Brezel etwas Alufolie legen, damit eine Öffnung bestehen bleibt, den Teig an einem warmen Ort nochmals gehen lassen, bis er sich sichtbar vergrößert hat. |
| Ober-/Unterhitze | 170–200 °C (vorgeheizt) |
| Heißluft | 160–170 °C (nicht vorgeheizt) |
| Gas | Stufe 2–3 (vorgeheizt) |
| Backzeit | etwa 40 Minuten |

## Weihnachts-männer

| | |
|---|---|
| 500 g Weizenmehl | in eine Rührschüssel sieben |
| 1 Päckchen Trocken-Backhefe | sorgfältig vermischen |
| 75 g Zucker<br>1 Päckchen Vanillin-Zucker<br>1 Prise Salz<br>75 g zerlassene, lauwarme Butter<br>250 ml (1/4 l) lauwarme Milch | hinzufügen, die Zutaten mit Handrührgerät mit Knethaken zuerst auf niedrigster, dann auf höchster Stufe in etwa 5 Minuten zu einem Teig verarbeiten, den Teig an einem warmen Ort so lange stehen lassen, bis er sich sichtbar vergrößert hat, ihn dann auf der Arbeitsfläche nochmals gut durchkneten, den Teig in 4 gleich große Stücke teilen, diese zu etwa 22 cm langen, ovalen Stücken ausrollen, Figuren daraus-schneiden, je 2 auf ein gefettetes Backblech legen, die Teigstücke mit |
| Kondensmilch | bestreichen, nach Belieben mit |
| Rosinen<br>Korinthen<br>kandierten Kirschen oder abgezogenen Mandeln<br>Zitronat (Sukkade) | garnieren (Teigreste mitverwenden), den Teig nochmals so lange an einem warmen Ort gehen lassen, bis er sich sichtbar vergrößert hat. |
| Ober-/Unterhitze | 200–220 °C (vorgeheizt) |
| Heißluft | 180–200 °C (nicht vorgeheizt) |
| Gas | Stufe 4–5 (vorgeheizt) |
| Backzeit | 15–20 Minuten |

Nach Belieben das Gebäck sofort nach dem Backen mit heißem Zuckerwasser bestreichen.

# Weihnachtshappen

**Für den Teig**

| | |
|---|---|
| 200 g Margarine oder Butter | mit Handrührgerät mit Rührbesen auf höchster Stufe geschmeidig rühren, nach und nach |
| 200 g Zucker<br>1 Prise Salz | unterrühren, so lange rühren, bis eine gebundene Masse entstanden ist |
| 2 Eier | nach und nach unterrühren (jedes Ei etwa ½ Minute) |
| 1 gestrichenen EL gemahlenen Zimt<br>1 Messerspitze gemahlene Nelken | hinzufügen |
| 250 g Weizenmehl<br>1 gestrichenen TL Backpulver | mit<br>mischen, sieben, auf mittlerer Stufe unterrühren, zuletzt |
| 100 g geriebene Zartbitter-Schokolade<br>100 g Grümmel (gestoßener, brauner Kandis)<br>125 g abgezogene, in dicke Scheiben geschnittene Mandeln | unterrühren, den Teig etwa 1½ cm dick auf ein gefettetes Backblech streichen, vor den Teig einen mehrfach umgeknickten Streifen Alufolie legen. |
| Ober-/Unterhitze | 170–200 °C (vorgeheizt) |
| Heißluft | 150–170 °C (nicht vorgeheizt) |
| Gas | Stufe 3–4 (vorgeheizt) |
| Backzeit | etwa 15-20 Minuten |

**Für den Guss**

| | |
|---|---|
| 100 g dunkle Kuchenglasur | nach Anleitung auf dem Päckchen auflösen, das erkaltete Gebäck damit bestreichen, kurze Zeit kalt stellen und mit einer Gabel Verzierungen durch den Guss ziehen, sobald der Guss fest geworden ist, das Gebäck in Vierecke (4 x 4 cm) schneiden. |

# Printen

| | |
|---|---|
| **Für den Belag** | |
| 120 g Haselnusskerne | auf einem Backblech im Backofen unter häufigem Wenden rösten, bis die Haut abplatzt. |
| Ober-/Unterhitze | etwa 200 °C (vorgeheizt) |
| Heißluft | etwa 180 °C (nicht vorgeheizt) |
| Gas | etwa Stufe 4 (vorgeheizt) |
| | Auf ein Küchentuch geben, durch Reiben die Haut entfernen, die Nüsse halbieren. |
| **Für den Teig** | |
| 125 g Honig | mit |
| 50 g Zucker | |
| 50 g Butter | |
| 2 EL Milch | langsam erwärmen, zerlassen, in eine Rührschüssel geben, kalt stellen, unter die fast erkaltete Masse mit Handrührgerät mit Rührbesen |
| 50 g gestoßenen Grümmel | |
| je ½ gestrichenen TL | |
| gemahlenen Kandis | |
| gemahlene Nelken | |
| gemahlenen Zimt | rühren |
| 250 g Weizenmehl | mit |
| 3 gestrichenen TL | |
| Backpulver | mischen, sieben, ⅔ davon esslöffelweise unterrühren, das restliche Mehl auf der Arbeitsplatte unterkneten, sollte der Teig kleben, ihn eine Zeit lang kalt stellen, Teig etwa ½ cm dick ausrollen, Rechtecke (3 x 5 cm) ausschneiden, auf ein mit Backpapier belegtes Backblech legen, ⅓ des Teiges mit Nüssen belegen, ½ des Teiges mit |
| Milch | bestreichen, mit |
| Hagelzucker | bestreuen, das letzte Drittel ohne Belag backen. |
| Ober-/Unterhitze | 170–200 °C (vorgeheizt) |
| Heißluft | 150–170 °C (nicht vorgeheizt) |
| Gas | Stufe 3–4 (vorgeheizt) |
| Backzeit | etwa 10 Minuten |
| **Für den Guss** | |
| 150 g Vollmilch-Kuvertüre | mit etwas |
| Kokosfett | in einem kleinen Topf im Wasserbad bei schwacher Hitze zu einer geschmeidigen Masse verrühren, nach dem Backen die Plätzchen mit den Nüssen nach unten in die Kuvertüre tauchen, ebenso die Plätzchen ohne Belag, diese dann mit |
| abgezogenen, gehackten Mandeln | bestreuen. |

# Osterhase und Osterhenne

**500 g Weizenmehl** in eine Rührschüssel sieben, mit
**1 Päckchen Trocken-Backhefe** sorgfältig mischen
**125 g Zucker**
**1 Päckchen Vanillin-Zucker**
**1 Prise Salz**
**75 g zerlassene, lauwarme Butter**
**250 ml (¼ l) lauwarme Milch** hinzufügen, die Zutaten mit Handrührgerät mit Knethaken zuerst auf niedrigster, dann auf höchster Stufe in etwa 5 Minuten zu einem Teig verarbeiten, den Teig an einem warmen Ort so lange stehen lassen, bis er sich sichtbar vergrößert hat, ihn dann auf der Arbeitsfläche nochmals gut durchkneten, aus dem Teig jeweils ein Rechteck von 32 x 35 cm auf einem gefetteten Backblech ausrollen, aus dem restlichen Teig lange, etwa ½ cm breite Streifen schneiden, je 2 Steifen zu einer Kordel drehen, den Rand der Teigrechtecke damit umlegen ❶, jeweils einen Osterhasen und eine Osterhenne auf Papier zeichnen, ausschneiden, die Papierschablone auf die Teigrechtecke legen, mit einem Messerrücken die Konturen auf dem Teig eindrücken ❷ ❸
**1 Eigelb** mit
**1 EL Milch** verschlagen, die Teigränder (Kordeln) damit bestreichen, am oberen Rand der Teigrechtecke ein Loch ausstanzen, die Teigrechtecke nochmals etwa 5 Minuten gehen lassen, die Backbleche dann in den Backofen schieben (nacheinander backen) ❹.

**Ober-/Unterhitze** 200–220 °C (vorgeheizt)
**Heißluft** 180–200 °C (nicht vorgeheizt)

❶

❷

| | |
|---|---|
| Gas | Stufe 4–5 (nicht vorgeheizt) |
| Backzeit | etwa 15 Minuten |

**Für den Guss**

| | |
|---|---|
| 200 g gesiebten Puderzucker | mit so viel |
| Eiweiß | verrühren, dass eine dickflüssige Masse entsteht, den Puderzuckerguss in 3 Teile teilen, unter einen Teil |
| etwas gesiebten Kakao | rühren, unter den zweiten Teil |
| etwas gelbe Back- und Speisefarbe | rühren, den Osterhasen und die Osterhenne mit dem weißen, dem gelben und dem braunen Zuckerguss (mithilfe eines Pergamentpapiertütchens) verzieren, mit |
| Gebäckschmuck | garnieren. |

3

4

# Osterküken

(12 Stück)

**Für den Teig**

| | |
|---|---|
| 500 g Weizenmehl | in eine Rührschüssel sieben, mit |
| 1 Päckchen Trocken-Backhefe | sorgfältig vermischen |
| 50 g Zucker<br>1 Päckchen Vanillin-Zucker<br>1 Prise Salz<br>2 Eier<br>150 g Crème fraîche<br>125 ml (1/8 l) lauwarme Milch | hinzufügen, die Zutaten mit Handrührgerät mit Knethaken zunächst auf niedrigster, dann auf höchster Stufe in etwa 5 Minuten zu einem Teig verarbeiten, den Teig abgedeckt so lange an einem warmen Ort stehen lassen, bis er sich sichtbar vergrößert hat (etwa 20 Minuten). |

**Für den Belag**

| | |
|---|---|
| 50 g Butter | zerlassen |
| 40 g Honig<br>40 g Zucker<br>75 g abgezogene, gehobelte Mandeln | hinzufügen, unter Rühren etwa 1 Minute kochen lassen, warm stellen, den gegangenen Teig aus der Schüssel nehmen, auf der Arbeitsfläche nochmals gut durchkneten, zu einer länglichen Rolle formen, gut 1/2 cm dick ausrollen, mit einer runden Form jeweils 12 Plättchen (etwa 8,5 cm, etwa 6,5 cm, etwa 3,5 cm) ausstechen, auf einem mit Backpapier belegtem Backblech zu Küken zusammensetzen, Ansatzstellen mit Kondensmilch bestreichen, heiße Mandelmasse in die Mitte des Rumpfes streichen (1 cm Rand frei lassen, »Kopf« und »Schnabel« dünn mit Kondensmilch bestreichen, jeweils eine |
| Rosine | als »Auge« in den Kopf drücken. |

| | |
|---|---|
| Ober-/Unterhitze | 200–220 °C (vorgeheizt) |
| Heißluft | 180–200 °C (nicht vorgeheizt) |
| Gas | Stufe 4–5 (vorgeheizt) |
| Backzeit | etwa 15 Minuten |

# Rheinische Muzen

| | |
|---|---|
| **Für den Teig** | |
| 50 g Butterschmalz | zerlassen, in eine Rührschüssel geben und lauwarm abkühlen lassen, mit Handrührgerät mit Rührbesen auf höchster Stufe geschmeidig rühren, nach und nach |
| 40 g Zucker<br>1 TL Vanillin-Zucker<br>1 Prise Salz | unterrühren, so lange rühren, bis eine gebundene Masse entstanden ist |
| 1 Ei<br>2 EL Rum | unterrühren |
| 250 g Weizenmehl | sieben und die Hälfte unterrühren, das restliche Mehl unterkneten, den Teig auf der bemehlten Arbeitsplatte etwa 3 mm dick ausrollen und in 7 cm große Rauten schneiden |
| Butterschmalz | erhitzen, die Muzen portionsweise beidseitig in 1–2 Minuten goldbraun ausbacken, auf Küchenpapier abtropfen lassen, noch warm mit |
| 2 EL Puderzucker | bestäuben. |

# Stutenkerle und Martinsgänse

(Für 8–10 Stutenkerle oder 8 Martinsgänse)

| | |
|---|---|
| 500 g Weizenmehl | in eine Rührschüssel sieben, mit |
| 1 Päckchen Trocken-Backhefe | sorgfältig vermischen |
| 2 EL Zucker<br>1 gestrichenen TL Salz<br>1 Ei<br>1 Eiweiß<br>100 g zerlassene, abgekühlte Butter oder Margarine<br>gut 125 ml (1/8 l) lauwarme Milch | hinzufügen, die Zutaten in der Küchenmaschine oder mit Handrührgerät mit Knethaken zuerst auf niedrigster, dann auf höchster Stufe in etwa 5 Minuten zu einem glatten Teig verarbeiten, den Teig an einem warmen Ort so lange gehen lassen, bis er sich sichtbar vergrößert hat, ihn dann auf der Arbeitsfläche nochmals gut durchkneten. |
| **Für Stutenkerle** | den Teig etwa 1 cm dick ausrollen, aus Pappe eine Stutenkerlschablone (etwa 18 cm hoch und gut 8 cm breit) ausschneiden, auf den Teig legen, Stutenkerle ausschneiden, auf ein gefettetes Backblech legen, mit Teig garnieren, als Augen |
| Rosinen oder Korinthen | eindrücken |
| 1 Eigelb | mit |
| 1–2 EL Milch | verschlagen, die Stutenkerle damit bestreichen |
| 8–10 Tonpfeifen | in die Stutenkerle drücken, sie auf ein gefettetes Backblech legen, abgedeckt nochmals etwa 20 Minuten gehen lassen. |
| Ober-/Unterhitze | etwa 200 °C (vorgeheizt) |
| Heißluft | etwa 180 °C (nicht vorgeheizt) |
| Gas | Stufe 3–4 (vorgeheizt) |
| Backzeit | etwa 15–20 Minuten |
| **Für die Martinsgänse** | den Teig knapp 1 cm dick ausrollen, mithilfe einer Pappschablone Gänse (Körperlänge etwa 14 cm, Körperbreite etwa 10 cm und Gesamthöhe etwa 20 cm) ausschneiden, die Gänse auf ein gefettetes Backblech legen |
| 1 Eigelb | mit |
| 1–2 EL Milch | verschlagen, die Gänse mit |
| Hagelzucker | bestreuen, abgedeckt an einem warmen Ort nochmals etwa 20 Minuten gehen lassen. |
| Ober-/Unterhitze | etwa 200 °C (vorgeheizt) |
| Heißluft | etwa 180 °C (nicht vorgeheizt) |
| Gas | Stufe 3–4 (vorgeheizt) |
| Backzeit | etwa 15–20 Minuten |

# Muttertagsherz

**Für den Teig**

| | |
|---|---|
| 125 g Butter oder Margarine | mit Handrührgerät mit Rührbesen geschmeidig rühren, nach und nach |
| 125 g Zucker<br>1 Päckchen Vanillin-Zucker<br>1 Prise Salz | und |
| 3 Eier | (jedes Ei ½ Minute lang rühren) unterrühren |
| 150 g Weizenmehl<br>25 g Speisestärke<br>1 gestr. TL Backpulver | mischen, sieben und esslöffelweise unterrühren |
| 75 g abgezogene, gemahlene Mandeln | unterheben, den Teig in eine gefettete Herzkuchenform füllen und auf dem Rost in den Backofen stellen. |
| Ober-/Unterhitze | 180–200 °C (vorgeheizt) |
| Heißluft | 160–180 °C (nicht vorgeheizt) |
| Gas | Stufe 3–4 (vorgeheizt) |
| Backzeit | 35–45 Minuten |

Das Herz etwa 5 Minuten in der Form ruhen lassen, dann stürzen und auskühlen lassen.

**Für die Füllung**

| | |
|---|---|
| 6 Blatt weiße Gelatine | in Wasser 10 Minuten quellen lassen, das Herz ein Mal waagerecht durchschneiden, mit |
| 2 EL Erdbeerkonfitüre | füllen |
| 500 g Erdbeeren | putzen, waschen, Stengelansatz entfernen und pürieren |
| 2 EL Zitronensaft | unterrühren, die ausgedrückte, aufgelöste Gelatine unter die Erdbeermasse geben |
| 600 ml Schlagsahne | fast steif schlagen, Gelatinelösung unterrühren, Sahne ganz steif schlagen |
| 60 g Puderzucker | unterrühren, mit ⅓ der Masse das Herz füllen, die 2. Teigplatte daraufgeben, mit der restlichen Masse Oberfläche und Rand bestreichen, das Herz nach Belieben mit |
| gehackten Pistazien<br>Krokant<br>Schokostreusel<br>Blumenschmuck | garnieren. |

# Thorner Schnitten

(Foto)

**Für den Teig**

| | |
|---|---|
| 75 g Honig<br>60 g Zucker<br>2 EL Wasser<br>25 g Butter | in einem kleinen Topf langsam erwärmen, zerlassen, in eine Rührschüssel geben, kalt stellen, unter die fast erkaltete Masse mit Handrührgerät mit Rührbesen auf höchster Stufe |
| 1 Ei<br>2 TL Lebkuchen-Gewürz<br>1 Beutel Zitronen-Aroma<br>abgeriebene Schale von ½ Zitrone (unbehandelt)<br>1 EL Rum | rühren |
| 200 g Weizenmehl | mit |
| 100 g Roggenmehl<br>2 gestrichenen TL Backpulver | mischen, sieben, ⅔ davon esslöffelweise auf mittlerer Stufe unterrühren, den Teigbrei mit dem Rest des Mehls auf der Arbeitsfläche zu einem glatten Teig verkneten, dann dünn ausrollen und rechteckige Plätzchen von etwa 10 x 6 cm ausschneiden, mit |
| Kondensmilch | bestreichen, mit |
| abgezogenen, halbierten Mandeln<br>Haselnusskernen<br>Sonnenblumenkernen | belegen, die Nüsse und Mandeln nochmals mit Kondensmilch bestreichen, die Plätzchen auf ein gefettetes Backblech legen. |
| Ober-/Unterhitze | etwa 200 °C (vorgeheizt) |
| Heißluft | etwa 180 °C (nicht vorgeheizt) |
| Gas | Stufe 3–4 (vorgeheizt) |
| Backzeit | 10–12 Minuten |

# PLÄTZCHEN

Advent ohne Weihnachtsbäckerei und der bunte Teller ohne Plätzchen? Unvorstellbar. Das wäre ja wie ein wunderschön verpackter Geschenkkarton ohne Inhalt. Nein, Apfel, Nuss und Mandelkern gehören unter den Christbaum. Spekulatius und Printen sind ebenso unentbehrlich wie die vielen Zimtsterne, die vom vorweihnachtlichen Himmel fallen, die Marzipanmonde, die Brezeln und Busserln, die Kipferl und Springerle. Auf dass die Herzen und Münder der Leckermäuler aufgehen wie Christstollen.

## Dominosteine

| | |
|---|---|
| **Für den Teig** | |
| 125 g Honig | mit |
| 125 g Zuckerrübensirup<br>75 g Zucker<br>1 Päckchen Vanillin-Zucker<br>125 g Margarine | in einem Topf unter Rühren langsam erwärmen, zerlassen, in eine Rührschüssel geben, kalt stellen, unter die fast erkaltete Masse |
| 1 ½ TL Honigkuchengewürz<br>4 Tropfen Backöl Bittermandel<br>1 Beutel Rum-Aroma<br>2 Eier<br>50 g sehr fein gehacktes Zitronat | rühren |
| 300 g Weizenmehl | mit |
| 2 gestrichenen TL Backpulver | mischen, sieben, nach und nach unterrühren, den Teig auf ein gefettetes Backblech streichen, vor den Teig einen mehrfach geknickten Streifen Alufolie legen. |
| Ober-/Unterhitze | 170–200 °C (vorgeheizt) |
| Heißluft | 160–170 °C (nicht vorgeheizt) |
| Gas | Stufe 3–4 (vorgeheizt) |
| Backzeit | 15–20 Minuten |
| **Für die Füllung** | |
| 200 g rotes Johannisbeergelee | unter Rühren 1–2 Minuten kochen lassen, die Oberfläche einer Gebäckhälfte mit einem Teil davon bestreichen |
| 200 g Marzipan-Rohmasse | mit |
| 50 g gesiebtem Puderzucker | verkneten, dünn auf |
| Puderzucker | ausrollen (in der Größe einer Gebäckplatte), auf die bestrichene Platte legen, wieder mit Gelee bestreichen, die andere Gebäckhälfte darauflegen, über Nacht beschweren, das Gebäck in Würfel (2 x 2 cm) schneiden, in das restliche, wieder erwärmte Gelee tunken, fest werden lassen. |
| **Für den Guss** | |
| je 150 g weiße und dunkle Kuvertüre | mit |
| jeweils 15 g Kokosfett | im Wasserbad auflösen, die Würfel damit überziehen. |

## Zimttaler

| | |
|---|---|
| **Für den Teig** | |
| 300 g Weizenmehl | mit |
| 1 gestrichenen TL Backpulver | mischen, in eine Rührschüssel sieben |
| 75 g gesiebten Puderzucker | |
| 1 Prise Salz | |
| 1 Ei | |
| 1 gehäuften TL gemahlenen Zimt | |
| 200 g weiche Margarine oder Butter | |
| 100 g gemahlene, geröstete Haselnusskerne | hinzufügen, die Zutaten mit Handrührgerät mit Knethaken zunächst kurz auf niedrigster, dann auf höchster Stufe gut durcharbeiten, anschließend auf der Arbeitsfläche zu einem glatten Teig verkneten, sollte er kleben, ihn eine Zeit lang kalt stellen, den Teig etwa 3 mm dick ausrollen, mit einer runden Form (Durchmesser etwa 4 cm) Plätzchen ausstechen, auf ein Backblech legen. |
| Ober-/Unterhitze | 170–200 °C (vorgeheizt) |
| Heißluft | 150–180 °C (nicht vorgeheizt) |
| Gas | Stufe 3–4 (vorgeheizt) |
| Backzeit | etwa 10 Minuten |
| **Zum Bestreichen** | |
| 25 g Butter | zerlassen, die Hälfte der Plätzchen auf der Oberseite damit bestreichen. |
| **Zum Bestreuen** | |
| 40 g Zucker | mit |
| 1 Messerspitze gemahlenen Zimt | vermengen, die bestrichenen Plätzchen sofort damit bestreuen, damit der Zucker gut haftet. |
| **Für die Füllung** | |
| | die restlichen Plätzchen auf der Unterseite mit |
| etwa 3 EL Himbeergelee | bestreichen, die mit Zimt-Zucker bestreuten Plätzchen daraufsetzen. |

## Marzipanmonde

| | |
|---|---|
| 200 g Marzipan-Rohmasse | mit |
| 75 g gesiebtem Puderzucker | |
| 150 g nicht abgezogenen, gemahlenen Mandeln | |
| 3 gestrichenen TL Speisestärke | |
| 1 Eiweiß | |
| 30 g fein gewürfeltem Zitronat (Sukkade) | |
| 2 TL Orangenlikör | |
| ½ Fläschchen Backöl Zitrone | mit Handrührgerät mit Knethaken zunächst kurz auf niedrigster, dann auf höchster Stufe gut durcharbeiten, die Masse auf der mit |
| Puderzucker | bestäubten Arbeitsfläche knapp 1 cm dick ausrollen, Halbmond ausstechen, auf ein mit Backpapier belegtes Backblech legen. |
| Ober-/Unterhitze | 170–200 °C (vorgeheizt) |
| Heißluft | 150–180 °C (nicht vorgeheizt) |
| Gas | Stufe 2–3 (vorgeheizt) |
| Backzeit | 10–15 Minuten |
| | (Plätzchen müssen sich noch feucht anfühlen.) Die erkalteten Plätzchen mit |
| Puderzucker | bestäuben. |

# Marzipan-stangen

| | |
|---|---|
| **Für den Teig** | |
| 200 g Marzipan-Rohmasse | mit Handrührgerät mit Rührbesen geschmeidig rühren |
| 125 g weiche Margarine oder Butter | hinzufügen, auf höchster Stufe geschmeidig rühren, nach und nach |
| 100 g Zucker<br>1 Päckchen Vanillin-Zucker<br>1 Prise Salz<br>abgeriebene Schale von 1 Zitrone (unbehandelt) | unterrühren, so lange rühren, bis eine gebundene Masse entstanden ist |
| 2 Eier | nach und nach unterrühren (jedes Ei etwa ½ Minute) |
| 200 g Weizenmehl | mit |
| 1 gestrichenen TL Backpulver | mischen, sieben, esslöffelweise auf mittlerer Stufe unterrühren, den Teig in einen Spritzbeutel mit kleiner Lochtülle füllen, 5 cm lange spiralförmige Stangen auf ein mit Backpapier belegtes Backblech spritzen. |
| Ober-/Unterhitze | 170–200 °C (vorgeheizt) |
| Heißluft | 150–180 °C (nicht vorgeheizt) |
| Gas | Stufe 3–4 (vorgeheizt) |
| Backzeit | 8–10 Minuten |
| **Für den Guss** | |
| 100 g Halbbitter-Kuvertüre | mit |
| etwas Kokosfett | in einem kleinen Topf im Wasserbad bei schwacher Hitze zu einer geschmeidigen Masse verrühren, die Hälfte der erkalteten Stangen damit verzieren, die übrigen Stangen mit den Enden hineintauchen. |

# Zedernbrot

(Foto links)

| | |
|---|---|
| 2 Eiweiß | so steif schlagen, dass ein Messerschnitt sichtbar bleibt |
| 250 g Puderzucker | mit |
| 1 Päckchen Vanillin-Zucker | mischen, sieben, esslöffelweise unterschlagen |
| 1 Tropfen Backöl Bittermandel<br>½ EL Zitronensaft<br>abgeriebene Schale von ½ Zitrone (unbehandelt) | und die Hälfte von |
| 400 g abgezogenen, gemahlenen Mandeln | unterrühren, vom Rest der Mandeln so viel unterkneten, dass der Teig kaum noch klebt, Teig auf einer mit |
| Puderzucker | bestäubten Arbeitsplatte etwa 1 cm dick ausrollen, Halbmonde ausstechen, auf ein mit Backpapier belegtes Backblech legen. |
| Ober-/Unterhitze | etwa 130 °C (vorgeheizt) |
| Heißluft | etwa 110 °C (nicht vorgeheizt) |
| Gas | Stufe 1–2 (nicht vorgeheizt) |
| Backzeit | etwa 30 Minuten |

**Für den Guss**

| | |
|---|---|
| 150 g Puderzucker | sieben, mit |
| 3–4 EL Zitronensaft | zu einer dickflüssigen Masse glatt rühren, die erkalteten Halbmonde damit bestreichen. |

# Zimtknusperchen

(Foto unten)

| | |
|---|---|
| 2 Eier | mit |
| 200 g grobkörnigem Zucker | mit Handrührgerät mit Rührbesen auf höchster Stufe schaumig rühren |
| 3 schwach gehäufte TL gemahlenen Zimt | mit |
| 1 Messerspitze gemahlenen Nelken<br>65 g fein gehacktem Zitronat (Sukkade)<br>75–100 g abgezogenen, gemahlenen Mandeln | unterrühren |
| 250 g Weizenmehl | mit |
| 2½ gestrichenen TL Backpulver | mischen, sieben, esslöffelweise auf mittlerer Stufe unterrühren, den Teig knapp 3 mm dick ausrollen, in Rechtecke (etwa 3 x 5 cm) schneiden, Rechtecke auf ein mit Backpapier belegtes Backblech legen |
| 1 kleines Ei | verschlagen, die Teigrechtecke damit bestreichen, mit |
| 75–100 g abgezogenen, halbierten Mandeln | belegen. |
| Ober-/Unterhitze | 170–200 °C (vorgeheizt) |
| Heißluft | 160–170 °C (nicht vorgeheizt) |
| Gas | Stufe 3–4 (vorgeheizt) |
| Backzeit | 12–15 Minuten |

Die erkalteten Zimtknusperchen in gut schließende Dosen geben, etwa 10 Tage lang durchziehen lassen.

# Kokosplätzchen

**Für den Teig**

| | |
|---|---|
| **250 g Weizenmehl** | mit |
| **1 gestrichenen TL Backpulver** | mischen, in eine Rührschüssel sieben |
| **75 g Zucker** | |
| **1 Päckchen Vanillin-Zucker** | |
| **2 Eigelb** | |
| **125 g weiche Butter** | hinzufügen, die Zutaten mit Handrührgerät mit Knethaken zunächst kurz auf niedrigster, dann auf höchster Stufe gut durcharbeiten, anschließend auf der Arbeitsfläche zu einem glatten Teig verkneten, sollte er kleben, ihn eine Zeit lang kalt stellen, den Teig dünn ausrollen, mit zwei verschieden großen Formen (Durchmesser etwa 4,5 cm und 3 cm) ausstechen, die größeren Plätzchen auf ein gefettetes Backblech legen. |

**Für den Belag**

| | |
|---|---|
| **3 Eiweiß** | zu steifem Schnee schlagen, er muss so fest sein, dass ein Messerschnitt sichtbar bleibt |
| **100 g Zucker** | |
| **175 g Kokosraspel** | |
| **3 Tropfen Backöl Bittermandel** | unterheben, die Kokosmasse in Häufchen auf die Teigplätzchen geben, jeweils ein kleines Teigplätzchen schräg daranlegen |
| **1 Eigelb** | mit |
| **1 TL Kondensmilch** | verschlagen, die kleinen Teigplätzchen damit bestreichen. |

| | |
|---|---|
| **Ober-/Unterhitze** | 170–200 °C (vorgeheizt) |
| **Heißluft** | 150–180 °C (nicht vorgeheizt) |
| **Gas** | Stufe 3–4 (vorgeheizt) |
| **Backzeit** | 10–15 Minuten |

## Nusskipferl

| | |
|---|---|
| 300 g Weizenmehl | in eine Rührschüssel sieben |
| 100 g gesiebten Puderzucker | |
| 1 Päckchen Vanillin-Zucker | |
| 1 Prise Salz | |
| 1 kleines Ei | |
| 100 g gemahlene, leicht geröstete Haselnusskerne | |
| 200 g weiche Butter | hinzufügen, die Zutaten mit Handrührgerät mit Knethaken zunächst kurz auf niedrigster, dann auf höchster Stufe gut durcharbeiten, anschließend auf der Arbeitsfläche zu einem glatten Teig verkneten, sollte er kleben, ihn eine Zeit lang kalt stellen, den Teig portionsweise zu bleistiftdicken Rollen formen, in etwa 6 cm lange Stücke schneiden, an den Enden etwas dünner rollen ❶, die Kipferl auf ein gefettetes, mit Backpapier belegtes Backblech legen. |
| Ober-/Unterhitze | 170–200 °C (vorgeheizt) |
| Heißluft | 150–180 °C (nicht vorgeheizt) |
| Gas | Stufe 3–4 (vorgeheizt) |
| Backzeit | etwa 12 Minuten |
| | Die Nusskipferl sofort nach dem Backen mit |
| Puderzucker | bestäuben ❷. |

## Busserl

| | |
|---|---|
| 2 Eiweiß | mit Handrührgerät mit Rührbesen auf höchster Stufe steif schlagen, der Schnee muss so fest sein, dass ein Messerschnitt sichtbar bleibt, nach und nach |
| 100 g feinkörnigen Zucker | unterschlagen |
| 1 gestrichenen EL Kakao | sieben, mit |
| 50 g Zartbitter-Schokolade, fein geschnitten | vorsichtig unterheben, mit 2 Teelöffeln walnussgroße Häufchen auf ein mit Backpapier belegtes Backblech setzen. |
| Ober-/Unterhitze | 130–150 °C (vorgeheizt) |
| Heißluft | 110–130 °C (nicht vorgeheizt) |
| Gas | Stufe 1–2 (vorgeheizt) |
| Backzeit | 25–35 Minuten |

❶

❷

# Pfeffernüsse mit Guss

(Foto oben)

**Für den Teig**

| | |
|---|---|
| 250 g Weizenmehl | mit |
| 1 1/2 gestrichenen TL Backpulver | mischen, in eine Rührschüssel sieben |
| 160 g Zucker<br>1/4 Fläschchen Backöl Zitrone<br>1 Prise Salz<br>1 Ei<br>je 1 Messerspitze gemahlenen Ingwer, gemahlenen Kardamom, gemahlene Nelken, gemahlenen Nelkenpfeffer, gemahlenen weißen Pfeffer<br>3 EL Milch oder Wasser<br>25 g abgezogene, gemahlene Mandeln<br>25 g sehr fein gewürfeltes Zitronat (Sukkade) | hinzufügen, die Zutaten mit Handrührgerät mit Knethaken zunächst kurz auf niedrigster, dann auf höchster Stufe gut durcharbeiten, anschließend auf der Arbeitsfläche zu einem glatten Teig verkneten, sollte er kleben, ihn eine Zeit lang kalt stellen (20–30 Minuten), den Teig auf der bemehlten Arbeitsfläche gut 1 cm dick ausrollen, mit einer runden Form (Durchmesser etwa 3 cm) ausstechen, auf ein gefettetes Backblech legen. |

| | |
|---|---|
| Ober-/Unterhitze | 170–200 °C (vorgeheizt) |
| Heißluft | 150–170 °C (nicht vorgeheizt) |
| Gas | Stufe 3–4 (vorgeheizt) |
| Backzeit | etwa 15 Minuten |

**Für den Guss**

| | |
|---|---|
| 175 g Puderzucker | sieben, mit |
| 2 EL heißem Wasser | und |
| gut 2 TL Eiweiß | glatt rühren, sodass eine dickflüssige Masse entsteht, die erkalteten Pfeffernüsse damit bestreichen, sobald der Guss fest ist, die Pfeffernüsse mit 1 Stück Graubrot (auf Papier gelegt) in einer gut schließenden Blechdose aufbewahren. |

# Springerle

(Foto unten)

| | |
|---|---|
| 2 Eier | mit Handrührgerät schaumig schlagen, nach und nach |
| 200 g gesiebten Puderzucker | mit |
| 1 Päckchen Vanillin-Zucker | hinzugeben, so lange schlagen, bis eine dicke, cremeartige Masse entstanden ist |
| 225 g Weizenmehl | mit |
| 1 Messerspitze Backpulver | mischen, sieben, so viel davon unter die Masse rühren, dass ein fester Brei entsteht, den Rest des Mehls auf die Arbeitsfläche sieben, den Brei daraufgeben, mit Mehl bedecken, mit den Händen zu einem glatten Teig verkneten, sollte er kleben, noch bis zu |
| 50 g Weizenmehl | hineinkneten, den Teig etwa 1 cm dick ausrollen, Rechtecke in der Größe des Backmodels herausschneiden, sie mit |
| Weizenmehl | bestäuben, in den bemehlten Model drücken, sie dann abheben, die aufgeprägten Rechtecke zerschneiden, die Springerle auf ein gefettetes, mit |
| Anissamen | bestreutes Backblech legen, in einem mäßig warmen Raum etwa 24 Stunden trocknen lassen (Bleche nicht übereinanderstellen). |

| | |
|---|---|
| Ober-/Unterhitze | 120–150 °C (vorgeheizt) |
| Heißluft | 100–120 °C (nicht vorgeheizt) |
| Gas | Stufe 1–2 (vorgeheizt) |
| Backzeit | etwa 30 Minuten |

Da die Oberfläche des Gebäcks weiß bleiben soll, ist es empfehlenswert, nach dem Aufgehen, sobald sich ein kleiner Sockel gebildet hat, ein kaltes Backblech oben in den Backofen zu schieben, die Springerle nach dem Backen einige Tage offen (nicht in einer Dose) an der Luft stehen lassen, damit sie weich werden, sie erst dann in eine Blechdose geben, gut geschlossen aufbewahren.

## Walnussbusserl

(Foto unten, 45 Stück)

| | |
|---|---|
| 250 g Weizenmehl | mit |
| 1 gestrichenen TL Backpulver<br>1 TL gemahlenem Zimt<br>1 Messerspitze Macis | mischen, in eine Rührschüssel sieben |
| 1 Prise Salz<br>70 g Zucker<br>1 Ei<br>125 g Butter | hinzufügen, die Zutaten mit Handrührgerät mit Knethaken zunächst auf niedrigster, dann auf höchster Stufe gut durcharbeiten, anschließend auf der Arbeitsfläche zu einem glatten Teig verkneten, den Teig zu einer Rolle mit 3 cm Durchmesser formen und abgedeckt etwa 3 Stunden kalt stellen, von der Rolle 1 cm dicke Scheiben abschneiden und zu Kugeln formen, die Kugeln auf ein mit Backpapier belegtes Blech setzen und leicht flach drücken. |
| Ober-/Unterhitze | 170–200 °C (vorgeheizt) |
| Heißluft | 150–170 °C (nicht vorgeheizt) |
| Gas | Stufe 3–4 (vorgeheizt) |
| Backzeit | 8–10 Minuten |
| 100 g Zartbitter-Kuvertüre<br>etwas Kokosfett | in kleine Stücke schneiden, mit in einem kleinen Topf im Wasserbad bei schwacher Hitze zu einer geschmeidigen Masse verrühren, die ausgekühlten Plätzchen mit je 1 Teelöffel Kuvertüre verzieren, mit |
| 100 g halbierten Walnüssen | verzieren. |

## Schwedische Braune Kuchen

(Foto rechts)

| | |
|---|---|
| 60 g dunklen Sirup<br>100 g Zucker<br>1 Päckchen Vanillin-Zucker<br>125 g Butter<br>2 EL Wasser | langsam erwärmen, zerlassen, in eine Rührschüssel geben, abkühlen lassen, unter die fast abgekühlte Masse |
| je 1 Messerspitze gemahlene Nelken und Ingwer<br>1 schwach gehäuften TL gemahlenen Zimt | rühren |
| 250 g Weizenmehl | mit |
| 1/2 gestrichenen TL Backpulver | mischen, sieben, unterrühren, zum Schluss |
| 40 g abgezogene, gehobelte Mandeln<br>40 g fein gehacktes Zitronat (Sukkade) | unterarbeiten, aus dem Teig Rollen von etwa 3 cm Durchmesser formen, in Alufolie verpackt kalt stellen (am besten über Nacht), Rollen in sehr dünne Scheiben schneiden, auf ein gefettetes Backblech setzen. |
| Ober-/Unterhitze | 170–200 °C (vorgeheizt) |
| Heißluft | 150–170 °C (nicht vorgeheizt) |
| Gas | Stufe 3–4 (vorgeheizt) |
| Backzeit | 8–10 Minuten |

# PATISSERIE

Fingerspitzengefühl und Finesse – bei der Herstellung von Hippengebäck wird beides benötigt und bestätigt!
Die makronenartige Masse, bestehend aus Eiern, Mehl, Sahne, Zucker, Marzipan-Rohmasse und Gewürzen, ist der hauchzarte Stoff, aus dem sich filigrane Dekorträume zaubern lassen. Im Handumdrehen sind sie gerollt, die feinen Gebäcke zum Tee, die knusprigen Röllchen und Fächer, die jeden Eisbecher zur lockenden Sommerfantasie machen, und die reizvollen Garnituren, die jede Torte leicht, duftig und edler erscheinen lassen.

## Variationen aus Hippenteig

**Für den Teig**

| | |
|---|---|
| **100 g Puderzucker** | mit |
| **2 Eiern** | und |
| **200 g Marzipan-Rohmasse** | mit dem Pürierstab gründlich verrühren |
| **80 g Weizenmehl** | darübersieben, so viel von |
| **100 ml Milch** | dazugeben, dass eine gut streichfähige, nicht zu weiche Masse entsteht, unter 1–2 Esslöffel des Teiges |
| **½–1 EL gesiebtes Kakaopulver** | rühren, die Masse in einen kleinen Spritzbeutel aus Papier füllen, auf 2 mm starker Pappe (Fotokarton) mit Bleistift Formen aufzeichnen<br>- für die gefüllten Tulpen Kreise (Durchmesser 14 cm)<br>- für die Tütchen Kreise (Durchmesser 10 cm)<br>- für die Röllchen Kreise (Durchmesser 7 cm)<br>- für die Blätter nach der Vorgabe auf der folgenden Seite vorgehen<br>- für die Schmetterlinge die Vorlage von der folgenden Seite abnehmen<br>die Formen mit einem Tapeziermesser aus der Pappe ausschneiden, sodass der Rand stehen bleibt, für jede Form eine eigene Schablone anfertigen, Backbleche gut einfetten, mit |
| **Weizenmehl** | bestäuben, für einige Zeit in den Gefrierschrank stellen, damit der Teig nicht so schnell auseinanderläuft, jeweils 1–2 Esslöffel des Teiges je nach Form in den Hohlraum in der Schablone geben, mit einer Palette oder einem breiten Messer glatt streichen, die Blätter mit Blattadern aus der Spritztüte verzieren, die Schmetterlinge mit Punkten bespritzen, das Blech in den Backofen schieben. |

| | |
|---|---|
| **Ober-/Unterhitze** | 160–170 °C (vorgeheizt) |
| **Heißluft** | 140–150 °C (nicht vorgeheizt) |
| **Gas** | Stufe 2–3 (vorgeheizt) |
| **Backzeit** | etwa 10 Minuten |

(Fortsetzung Seite 244)

nach dem Backen die Gebäcke nach und nach mit einer gefetteten Palette vom Blech nehmen und sofort formen, die übrigen noch im Backofen belassen, da sie sich sonst nicht mehr formen lassen, die großen Kreise über einer kleinen Schale zu Tulpen formen, die mittleren Kreise über einer Schillerlockenform zu Tütchen formen, die kleinen Kreise über dünnen Holzstäbchen zu Rollen formen, die Flügel der Schmetterlinge vorsichtig hochbiegen, die Tütchen mit

**steif geschlagener Sahne** füllen,

**die Tulpen mit gemischtem, gezuckertem Beerenobst** füllen,

die Röllchen von beiden Enden in aufgelöste Schokoladen-Kuvertüre tauchen.

**Tipp** Die Blätter und Schmetterlinge eignen sich als Dekorationen für Torten und Desserts.

# Pistazien-Marzipan-Herzen

**200 g Marzipan-Rohmasse** mit

**100 g gesiebtem Puderzucker**

**50 g gemahlenen Pistazienkernen**

**1 EL Kirsch- oder Marillen-Likör** mit Handrührgerät mit Knethaken verkneten, die Masse auf

**gesiebtem Puderzucker** etwa 1 cm dick ausrollen, mit einem Garnierausstecher Herzen ausstechen (die Ausstechförmchen jeweils vorher in gesiebten Puderzucker tauchen), die Marzipanherzen vorsichtig aus der Form drücken (an der Form haftende Marzipanreste entfernen), die Marzipanherzen mit Alufolie abgedeckt 1–2 Stunden kühl stellen

**150–200 g Halbbitter-Kuvertüre** in kleine Stücke schneiden, in einem kleinen Topf im Wasserbad bei schwacher Hitze geschmeidig rühren, die Marzipan-Herzen einzeln in die Kuvertüre tauchen, auf einer schmalzinkigen Gabel herausheben, die Kuvertüre am Topfrand gut abstreifen, die Herzen auf Pergamentpapier setzen, den Guss fest werden lassen (evtl. zwischendurch umsetzen)

**30 g weiße Kuvertüre** in kleine Stücke schneiden, in einem kleinen Topf im Wasserbad bei schwacher Hitze geschmeidig rühren, in eine Pergamentpapiertüte füllen, feine Fäden über die Herzen spritzen, mit

**Pistazienkernen** garnieren.

# Frankfurter Mandelbrenten

(Foto oben)

| | |
|---|---|
| 200 g geröstete, gemahlene Mandeln | mit |
| 4 EL (60 ml) Rosenwasser | |
| 100 g Zucker | mit einem Handrührgerät mit Rührbesen verrühren |
| 50 g Puderzucker | mit |
| 40 g Weizenmehl | mischen, sieben, mit der Mandelmasse auf der Tischplatte verkneten, den Teig eine Zeit lang kalt stellen, den Teig auf einer mit |
| Puderzucker | bestäubten Arbeitsplatte ausrollen, ovale Plätzchen (etwa 6 x 3 cm) ausstechen, die Plätzchen auf ein mit Backpapier belegtes Backblech legen |
| 1 Eigelb | verschlagen, die Plätzchen damit bestreichen |
| 200 g abgezogene Mandeln | halbieren, in Form eines Tannenzapfens auf die Plätzchen legen. |

| | |
|---|---|
| Ober-/Unterhitze | 170–200 °C (vorgeheizt) |
| Heißluft | 150–170 °C (nicht vorgeheizt) |
| Gas | Stufe 2–3 (vorgeheizt) |
| Backzeit | 10–15 Minuten |

# Mandel-Ingwer-Krokant

(Foto unten)

| | |
|---|---|
| 200 g Zucker<br>200 g Honig | in einem Topf schmelzen lassen |
| 100 g weiche Butter | hinzufügen, so lange rühren, bis eine einheitliche Masse entstanden ist |
| 250 g abgezogene, gehobelte Mandeln<br>75–100 g fein gewürfelten Ingwer (aus dem Glas) | unterrühren, zum Kochen bringen, einige Minuten unter ständigem Rühren kochen lassen, die Masse 1–2 cm dick auf ein gut mit |
| Speiseöl | ausgestrichenes Backblech streichen, etwas abgekühlt in kleine Rauten, Dreiecke oder Rechtecke schneiden, erkalten lassen |
| etwa 100 g Halbbitter-Kuvertüre | in einem kleinen Topf im Wasserbad geschmeidig rühren, die Mandel-Ingwer-Krokant-Stücke jeweils mit einer oder mit zwei Ecken hineintauchen, auf Pergamentpapier setzen, den Guss fest werden lassen, den Krokant in gut schließenden Dosen kühl aufbewahren. |
| **Verpackungsvorschlag zum Verschenken** | Den Krokant in ein Glasschälchen mit Deckel legen, den Deckel mit Tesaband verschließen, locker in Geschenk- oder Cellophanpapier einpacken, mit Schleifenband großzügig versehen. Nach Belieben evtl. kleine Anhänger am Schleifenband befestigen oder Cellophantütchen mit Aufklebern versehen, auf denen der Name des Inhalts vermerkt ist. Den Krokant hineinlegen, das Tütchen mit Schleifenband zusammenbinden. |

# Sahnekonfekt

(Foto)

| | |
|---|---|
| 300 g Vollmilch-Kuvertüre | grob hacken |
| ½ Vanilleschote | aufschlitzen, in |
| 125 ml (⅛ l) Schlagsahne | geben, kurz aufkochen lassen, die Schote herausnehmen, die Kuvertüre hinzugeben, so lange rühren, bis eine einheitliche Masse entstanden ist, diese in eine Schüssel geben, kalt stellen, die fest gewordene Masse mit |
| 30 g Butter | hell-cremig schlagen, nochmals so lange kalt stellen, bis sie wieder fest geworden ist, aus der Masse kleine Kugeln formen, in |
| 50 g gesiebtem Puderzucker | wälzen, mit |
| 20 g Kakao | bestäuben, das Sahnekonfekt in Pralinenförmchen geben und kühl aufbewahren. |

# Dattelkonfekt

| | |
|---|---|
| 250 g getrocknete Datteln | entsteinen |
| 100 g Marzipan-Rohmasse (mit Honig gesüßt) | in so viele Stücke schneiden, wie Datteln vorhanden sind, etwas länglich formen, anstelle des Steins in die Datteln drücken |
| 30–40 g Edelbitter-Schokolade (mit Sucanat) | mit |
| etwas Kokosfett | in einem kleinen Topf im Wasserbad bei schwacher Hitze geschmeidig rühren, die Dattelenden in die Schokolade tauchen, ihm Kühlschrank fest werden lassen. |

# Nuss-Aprikosen-Konfekt

| | |
|---|---|
| 125 g getrocknete Aprikosen | in sehr kleine Stücke schneiden, mit |
| 3 EL Aprikot-Brandy | übergießen, zugedeckt etwa 2 Stunden stehen lassen |
| 200 g Marzipan-Rohmasse | hinzufügen, mit Handrührgerät mit Rührbesen gut verrühren |
| 100 g gesiebten Puderzucker | unterkneten, aus der Masse etwa 2 cm dicke Rollen formen, in etwa 1 ½ cm dicke Scheiben schneiden |
| 100 g Kuvertüre | in einem kleinen Topf im Wasserbad bei schwacher Hitze zu einer geschmeidigen Masse verrühren, jedes Marzipanstückchen hineintauchen, auf Pergamentpapier setzen, evtl. nochmals umsetzen, damit das Konfekt keine »Füßchen« bekommt, mit |
| 100 g Walnusskernhälften | garnieren, das Konfekt möglichst in kleine Papiermanschetten setzen, bis zum Verzehr in gut schließende Dosen oder Gläser geben und kühl aufbewahren. |

# Butterkonfekt

| | |
|---|---|
| 150 g Butter | mit Handrührgerät mit Rührbesen geschmeidig rühren |
| 100 g Puderzucker | sieben, mit |
| 1 Päckchen Vanillin-Zucker | nach und nach unterrühren |
| 2 Eigelb | unterrühren |
| 200 g Zartbitter-Schokolade | in kleine Stücke brechen, in einem kleinen Topf im Wasserbad bei schwacher Hitze zu einer geschmeidigen Masse verrühren, etwas abkühlen lassen, unter die Eigelbcreme rühren, kalt stellen, aus der fest gewordenen Masse teelöffelweise nussgroße Mengen abstechen, nochmals kalt stellen, in |
| Schokoladenstreuseln oder Kakao | wälzen, mit den Händen leicht rund oder länglich formen, das Butterkonfekt in Cellophantüten verpacken oder in gut schließende Glas- oder Porzellangefäße geben, kühl aufbewahren (Kühlschrank). |

## Kandierte Rosenblätter

**250 g Zucker** mit
**150 ml Wasser** in einen breiten Topf geben, zum Kochen bringen, in etwa 5 Minuten zu einem Sirup einkochen lassen

**100 g frische Rosenblütenblätter (groß, duftend)** von den Stielen befreien, in den Sirup geben, den Topf sofort von der Kochstelle nehmen, die Masse etwa 4 Stunden ziehen lassen, anschließend Sirup und Rosenblätter wieder zum Kochen bringen, kurz aufkochen lassen, über Nacht kalt stellen, den Sirup am nächsten Tag nochmals aufkochen lassen, die Rosenblätter mit einer Gabel herausnehmen, leicht abtropfen lassen, auf ein mit Backpapier belegtes Backblech legen, in den Backofen schieben, trocknen lassen.

**Ober-/Unterhitze** etwa 100 °C (vorgeheizt)
**Heißluft** etwa 80 °C (nicht vorgeheizt)
**Gas** etwa Stufe 1 (vorgeheizt)
**Backzeit** etwa 40 Minuten

Die Rosenblätter auskühlen lassen, kühl und trocken aufbewahren.

**Tipp** Anstelle der Rosenblätter frische Veilchenblüten verwenden.

## Nougat-Rauten

**200 g Nussnougat** mit
**3 EL Weinbrand**
**100 g Marzipan-Rohmasse**
**100 g geriebener Halbbitter-Kuvertüre** mit einem Handrührgerät mit Knethaken zunächst kurz auf niedrigster, dann auf höchster Stufe gut durcharbeiten, anschließend auf der Arbeitsfläche zu einem glatten Teig verkneten, auf
**gesiebtem Puderzucker** etwa 1 cm dick ausrollen, mit einem Messer in kleine Rauten schneiden, 12–24 Stunden an einem kühlen Ort stehen lassen, die fest gewordenen Pralinen zur Hälfte mit
**60 g gesiebtem Puderzucker** bestreuen.

# Himbeersahne in Pasteten

**Für die Pasteten**

**1 Packung (300 g) tiefgekühlten Blätterteig** bei Zimmertemperatur auftauen lassen (nicht durchkneten), den Teig zu einem Rechteck (etwa 43 x 18 cm) ausrollen, 10 Kreise (Durchmesser etwa 8,5 cm) ausstechen, die Kreise nochmals so ausstechen (Durchmesser etwa 5 cm), dass Ringe und Deckel entstehen, 10 Ringe und 4 Deckel beiseitelegen, die restlichen kleinen Kreise übereinanderlegen, nochmals zu einem Rechteck (etwa 25,5 x 18,5 cm) ausrollen, 6 Kreise (Durchmesser etwa 8,5 cm) und davon wieder 6 Ringe ausstechen, diese wieder beiseitelegen, den restlichen Teig nochmals zu einer Platte (40 x 8,5 cm) ausrollen, 4 Kreise (Durchmesser etwa 8,5 cm) ausstechen, diese auf ein mit kaltem Wasser abgespültes Backblech legen, mehrmals mit einer Gabel einstechen, den Rand der Kreise dünn mit

**Kondensmilch** bestreichen, je 3 Ringe mit Kondensmilch bestreichen, jeweils 4 Ringe auf einen Kreis legen (an den Rändern darf keine Milch herunterlaufen), nach Belieben aus dem restlichen Teig kleine Plätzchen ausstechen, auf die mit Kondensmilch bestrichenen Deckel legen.

**Ober-/Unterhitze** 200–220 °C (vorgeheizt)
**Heißluft** 180–200 °C (nicht vorgeheizt)
**Gas** Stufe 4–5 (vorgeheizt)
**Backzeit** 15–20 Minuten (die Deckel etwas früher herausnehmen)

**Für die Füllung**

**250 g Himbeeren** sorgfältig verlesen, je 1 Esslöffel davon in die erkalteten Pasteten füllen, die übrigen (einige zum Garnieren zurücklassen) durch ein Sieb streichen

**125 ml (1/8 l) Schlagsahne** 1/2 Minute schlagen
**25 g Puderzucker** sieben, mit
**1 Päckchen Sahnesteif** mischen, einstreuen, die Sahne steif schlagen, die Himbeeren unterheben, die Himbeersahne in die Pasteten füllen, mit zurückgelassenen Himbeeren garnieren, die Deckel darauflegen.

**Tipp** Anstelle von Himbeeren Erdbeeren, Johannisbeeren, Brombeeren oder gedünstete Preiselbeeren verwenden.

# Erdbeerkonfekt

**Etwa 500 g Erdbeeren mit Stiel** vorsichtig waschen, trocken tupfen

**100 g Zartbitter-Schokolade** mit
**etwas Kokosfett** in einem kleinen Topf im Wasserbad geschmeidig rühren, die Erdbeeren zur Hälfte hineintauchen, zum Trocknen auf Pergamentpapier setzen.

**Verpackungsvorschlag zum Verschenken** Das Erdbeerkonfekt in Porzellankörbchen geben, mit Schleifenband verzieren und in Cellophanpapier großzügig verpacken oder das Konfekt in Spankörbchen oder Glasschalen oder -dosen geben und in Cellophanpapier verpackt verschenken.

# GRUNDTEIGE

Es stimmt nicht, dass man für einen guten Kuchen nur sieben Sachen braucht. »Backe, backe Kuchen ...« – solche Weisheiten haben allenfalls in der Kinderstube, aber keineswegs mehr in einer modernen Backstube Platz. Es wäre auch schade, sich allein nach solch einem simplen Rezept zu richten, obwohl Urgroßmutters Rührkuchen (der damit wohl gemeint war) durchaus seine Qualitäten hat. Aber es gibt ja auch noch andere Grundteige, die ausprobiert sein wollen, die eine unendliche Vielfalt leckerster Überraschungen garantieren. Selbstgemachtes ist Trumpf!

# Biskuitteig

## Grundrezept

3–4 Eier
2–6 EL heißes Wasser
125–150 g Zucker
1 Päckchen Vanillin-Zucker
75–100 g Weizenmehl
50–100 g Speisestärke
1 Messerspitze Backpulver

## Vorbereitung

1. Es ist empfehlenswert, Backform oder Backblech mit Pergament- oder Backpapier auszulegen ❶, bei der Biskuitrolle das Papier an der offenen Seite des Backblechs doppelt knicken.
2. Das Papier für eine Springform so herstellen: Die Form umdrehen (Boden nach oben), das Papier darauflegen. Mit einem Messerrücken das am Rand überstehende Papier abstreifen.
3. Das Ausfetten der Form: Den Boden an etwa 4 Stellen mit streichfähiger Butter oder Margarine einfetten, am besten mit einem Pinsel. Den Rand nicht fetten!
4. Geräte und Zutaten bereitstellen bzw. abwiegen.
5. Die Eier einzeln in eine Tasse aufschlagen. Zuerst jedes Ei überprüfen, ob es frisch ist, danach mit den anderen Eiern in eine Rührschüssel geben.
6. Mehl, Backpulver, evtl. Kakao und Speisestärke vermischen und sieben. Der Teig wird dadurch lockerer.

## Zubereitung »Schneller Biskuitteig« (Biskuit aus ganzen Eiern)

1. Eier und heißes Wasser mit dem Rührbesen des Handrührgeräts oder der Küchenmaschine etwa 1 Minute schaumig schlagen.
2. Zucker aus einer kleinen Schüssel in 1 Minute einstreuen und den Teig etwa 2 Minuten auf höchster Schaltstufe weiterschlagen.
3. Zuerst die Hälfte der gesiebten Mehlmischung auf niedrigster Schaltstufe unterrühren ❷. Danach den Rest unterrühren ❸.
4. Den Teig in die vorbereitete Form oder auf das Backblech füllen, glatt streichen, sofort backen.
5. Die Gebäckplatte auf ein mit Zucker bestreutes Geschirrtuch stürzen, das Backpapier mit etwas kaltem Wasser bestreichen und sofort von der Platte abziehen ❹.

❶

❷

### Zubereitung – Biskuit aus getrennten Eiern

1. Eigelb mit heißem Wasser mit den Rührbesen des Handrührgeräts oder der Küchenmaschine in 1 Minute schaumig schlagen.
2. Zucker und Vanillin-Zucker in 1 Minute einstreuen und weitere 2 Minuten auf höchster Schaltstufe weiterschlagen.
3. Eiweiß zu festem Schnee schlagen, auf die Eigelbmasse geben, das mit Mehl gemischte Backpulver darübersieben.
4. Eiweiß und Mehl mit einem Teigschaber flach, aber sorgfältig unterheben.

### Tipps und Hinweise

- Nur sauber gespülte Gefäße und Geräte verwenden, da sie nicht fetthaltig sein dürfen.
- Eier bzw. Eigelb mit heißem, aber nicht kochendem Wasser aufschlagen; die Eier würden sonst ausflocken (gerinnen).
- Zubereiteten Teig sofort backen; bei längerem Stehen fällt der Teig zusammen, da die eingeschlagene Luft wieder entweicht.
- Bei Biskuitteig kann durch leichtes Auflegen der Handfläche vor dem Herausnehmen aus dem Backofen geprüft werden, ob er fertig gebacken ist. Der Teig fühlt sich watteähnlich an und darf nicht mehr feucht sein.
- Nüsse und Mandeln nur grob gemahlen im Biskuitteig verarbeiten. Sie sind sehr fetthaltig und machen fein gemahlen den Teig zäh und fest.

3

4

# Blätterteig

**Echter Blätterteig**

**250 g Weizenmehl**
**1/4 TL Salz**
**1 EL Essig**
**125 ml (1/8 l) Wasser**
**250 g Butter**

**Zubereitung**

1. Zutaten bereitstellen und abwiegen bzw. abmessen. Teig und Butter müssen die gleiche Temperatur haben.
2. Mehl in eine Rührschüssel sieben, in die Mitte eine Mulde drücken.
3. Salz, Essig und die Hälfte des Wassers zugeben ➊, von der Mitte aus verrühren.
4. Das restliche Wasser zugeben und die Masse schnell zu einem Teig verkneten.
5. Aus dem Teig eine Kugel formen, in Frischhaltefolie einwickeln.
6. Butter und Teig etwa 30 Minuten kalt stellen.
7. Die Arbeitsfläche mit Mehl bestäuben, den Teig zu einem Rechteck von 25 x 35 cm ausrollen.
8. Die Butter quer in Scheiben schneiden, die Hälfte des Teiges dicht mit Butterscheiben belegen ➋, die unbelegte Teighälfte darüberklappen ➌.
9. Das Teigstück schnell in einer Richtung zu einem langen schmalen Rechteck ausrollen, dann so zusammenlegen, dass die beiden schmalen Enden sich in der Mitte berühren.
10. Das Teigstück nochmals zusammenklappen, mit einem Tuch abdecken, kalt stellen.
11. Das Teigstück so drehen, dass die offenen Seiten rechts und links liegen, nach vorn und hinten unter Druck leicht ausrollen.
12. Das Teigstück um eine Vierteldrehung (um 90 Grad) drehen, in Gegenrichtung zu einem langen Rechteck ausrollen ➍, wieder auf die Art wie vorher zusammenlegen, kalt stellen. Diesen Vorgang mindestens drei Mal wiederholen.

➊

➋

Tipps
- Instantmehl oder doppelgriffiges Mehl (Strudelmehl) verwenden.
- Wasser nach und nach zugeben.
- Nur frische, ungesalzene Butter verwenden.
- Teig nicht zusammenkneten, sondern übereinanderlegen und ausrollen.
- Teigstücke an den Kanten nicht mit Eigelb bestreichen.
- Das Backblech immer mit kaltem Wasser benetzen, das Wasser verdampft und treibt die Blätter auseinander ⑤.

⑤

③

④

# Brandteig

### Grundrezept

250 ml (1/4 l) Wasser
50 g Margarine oder Butter
150 g Weizenmehl
30 g Speisestärke
4–6 Eier
1 gestrichenen TL Backpulver

### Vorbereitung

1. Das Backblech einfetten und die Hälfte leicht bemehlen ❶. Damit sich das Mehl gleichmäßig verteilt, die nicht bemehlte Seite des Backblechs auf den Tisch aufschlagen. Dabei verteilt sich das restliche Mehl gleichmäßig über das ganze Blech. Restliches Mehl entfernen. Oder das Blech mit Backpapier belegen.
2. Sämtliche Zutaten und Geräte bereitstellen.
3. Mehl und Speisestärke (je nach Rezept) abwiegen und in eine kleine Schüssel sieben ❷.
4. Wasser abmessen und in einen kleinen Topf gießen.
5. Fett abwiegen und zu dem Wasser geben.

### Zubereitung

1. Wasser und Fett aufkochen.
2. Den Topf von der Kochstelle nehmen. Mehl-Speisestärke-Gemisch auf ein Mal hineinschütten. So wird die Bildung von Klümpchen verhindert.
3. Die Zutaten kräftig verrühren, bis sie sich zu einem glatten Kloß verbinden.
4. Den Topf wieder auf die Kochstelle geben und den Teig unter Rühren etwa 1 Minute erhitzen (abbrennen). Dabei wird der Teig fester und es entsteht ein weißlicher Belag auf dem Topfboden ❸.
5. Den Teigkloß in eine Rührschüssel umfüllen. Er kühlt schneller ab und lässt sich besser rühren. Außerdem könnten die Eier auf dem heißen Topfboden gerinnen, sodass der Teig seine Bindefähigkeit verlieren würde.
6. Die Eier nacheinander einzeln mit den Knethaken des Handrührgeräts oder der Küchenmaschine unter den Teig rühren. Werden die Eier auf ein Mal untergerührt, so verbinden sie sich nicht mit dem Teig ❹.

❶

❷

7. Ist der Teig zu fest, die Zugabe von einem weiteren Ei jedoch zu viel, 1 Ei in einer Tasse verschlagen und die Hälfte der Masse unter den Teig rühren. Die Konsistenz des Teiges ist richtig, wenn er glänzt und so von den Knethaken abreißt, dass lange Teigspitzen hängen bleiben ⑤.
8. Das Backpulver unter den abgekühlten Teig rühren. Das Backpulver darf vor dem Backen nie mit heißen oder warmen Zutaten vermischt werden. Die Triebkraft würde zu früh ausgelöst werden und ginge für das Gebäck verloren.
9. Den Teig in einen Spritzbeutel füllen, auf das vorbereitete Backblech spritzen und backen.
10. Teigabstände auf dem Backblech einhalten. Beim Backvorgang verdoppelt sich das Volumen.

Hinweise

- Das Backblech erst in den Backofen schieben, wenn die gewünschte Temperatur erreicht ist.
- Die Backofentür erst kurz vor Beendigung der Backzeit öffnen; das Gebäck ist sehr empfindlich und fällt sonst leicht zusammen.
- Soll der Teig im Fettbad ausgebacken werden, ihn auf ein gefettetes Pergamentpapier spritzen oder mit 2 Teelöffeln abstechen und vorsichtig in das heiße Fett gleiten lassen. Das Fett muss genügend heiß sein (beim Eintauchen mit einem Holzlöffelstiel bilden sich kleine Bläschen), damit das Gebäck nicht zu viel Fett aufsaugt.
- Das fertige Gebäck ist luftig und locker. Der innere Hohlraum darf dabei nicht mehr feucht sein.
- Die Gebäckstücke mit einer Schere aufschneiden, so lange sie noch heiß sind. Die Gefahr des Zerbrechens an ungewünschten Stellen wird dadurch verhindert.
- Das Gebäck nur ausgekühlt, am besten erst kurz vor dem Verzehren füllen.

⑤

③

④

# Hefeteig

### Grundrezept

500 g Weizenmehl
1 Päckchen Trocken-Backhefe
oder 1 Würfel Frischhefe (42 g)
75 g Zucker
1 Päckchen Vanillin-Zucker
1 Prise Salz
250 ml (1/4 l) lauwarme Milch
75–100 g zerlassene,
abgekühlte Margarine oder Butter
oder 6–7 EL Speiseöl

### Grundrezept für kleine Bleche

375 g Weizenmehl
1 Päckchen Trocken-Backhefe
50 g Zucker
1 Päckchen Vanillin-Zucker
1 Prise Salz
200 ml lauwarme Milch
50-75 g zerlassene,
abgekühlte Margarine oder Butter
oder 4–5 EL Speiseöl

### Vorbereitung

1. Die Zutaten abwiegen
2. Backformen oder -bleche sorgfältig einfetten.
3. Das Handrührgerät mit Knethaken oder die Küchenmaschine bereitstellen.
4. Das Mehl in eine Rührschüssel sieben.
5. Die Flüssigkeit zur Teigzubereitung auf etwa 37 °C erwärmen. Zu heiße Flüssigkeit tötet die Hefezellen ab und die Triebkraft geht verloren. Kalte Flüssigkeit verlängert die Zeit bis zum Gehen des Teiges, die Triebkraft entwickelt sich sehr langsam.

### Zubereitung mit Trocken-Backhefe

1. Gesiebtes Mehl und Trocken-Backhefe in einer Rührschüssel sorgfältig vermischen.
2. Übrige Zutaten hinzufügen.
3. Die Zutaten mit den Knethaken des Handrührgeräts oder der Küchenmaschine verarbeiten; auf niedrigster Schaltstufe beginnen. Dann so lange auf höchster Schaltstufe rühren, bis der Teig glatt ist (etwa 5 Minuten).
4. Den Teig zugedeckt an einem warmen Ort gehen lassen, bis er sich sichtbar vergrößert hat (etwa 20 Minuten).
5. Den Teig in eine Form füllen oder geformt auf ein Backblech gelegt noch ein Mal gehen lassen.
6. Laut Anweisung backen.

❶

❷

### Zubereitung mit Frischhefe

1. Das Mehl in eine Rührschüssel sieben, eine Mulde hineindrücken, den Zucker hineingeben. Hefe zerbröckeln, in die Mulde geben ❶, mit etwas Zucker und 2–3 Esslöffeln lauwarmer Milch so lange verrühren, bis sie sich vollkommen aufgelöst hat. Restliche Milch hinzugießen. Teig etwa 15 Minuten gehen lassen ❷.
2. Alle übrigen Zutaten mit Ausnahme von Früchten zu dem Mehl geben.
3. Mit den Knethaken des Handrührgeräts oder der Küchenmaschine zuerst auf niedrigster, danach auf höchster Schaltstufe so lange kneten, bis ein glatter Teig entstanden ist ❸.
4. Zum Schluss evtl. Früchte oder Nüsse unterkneten ❹.
5. Weiterverarbeitung wie mit Trocken-Backhefe ab Punkt 4.

### Tipps und Hinweise

- Es gibt eine Anzahl von Hefeteigen mit unterschiedlicher Konsistenz und Teigzusammensetzung (z. B. Stollen, Brioches, Savarinteig).
- Hefeteigen können ein oder mehrere Eier zugefügt werden (vgl. Rezepte), dann allerdings reduziert sich die Flüssigkeitsmenge (Milch).
- Hefe nie direkt mit Fett oder Salz in Verbindung bringen. Die Triebkraft geht dabei verloren.
- Kleingebäck nicht zu dicht nebeneinander auf ein Backblech setzen, es vergrößert beim Backen sein Volumen.
- Ist zum Gehen des Teiges nicht genügend Zeit vorhanden, Teig ohne Geh-Zeit verarbeiten und in den kalten Backofen schieben. 10 Minuten bei 50 °C gehen lassen.
  Danach die vorgeschriebene Temperatur einstellen. Erst jetzt beginnt die vorgeschriebene Backzeit laut Rezept.
- Zugluft während der Teigzubereitung vermeiden; der Teig fällt sonst zusammen.

❸

❹

# Knetteig

### Grundrezept

150–200 g Weizenmehl
½ gestrichener TL Backpulver
75–125 g Zucker
1 Päckchen Vanillin-Zucker
1 Prise Salz
1 Ei
75–125 g weiche Butter oder Margarine

### Vorbereitung

1. Sämtliche Zutaten bereitstellen und abwiegen.
2. Kuchenform, Backblech oder Ausstechförmchen bereitstellen. Auf das Einfetten der Backformen kann bei Teigen mit hohem Fettgehalt verzichtet werden. Ausnahmen davon sind: Tortelettformen, Stollenformen und Spezial-Tortenformen.
3. Evtl. das Handrührgerät oder die Küchenmaschine mit den Knethaken bereitstellen.
4. Mehl und Backpulver in eine Rührschüssel oder auf die Arbeitsfläche sieben. Das Backpulver verteilt sich besser und der Teig wird lockerer.
5. Wird Kakao in dem Teig mitverarbeitet, diesen mit dem Mehl sieben.
6. Gemahlene Nüsse oder Mandeln usw. unter das mit Backpulver vermischte Mehl geben.
7. Das Fett rechtzeitig aus dem Kühlschrank nehmen; es muss weich sein, damit sich die Zutaten besser miteinander verbinden. Ausnahme: Wenn der Teig mit den Händen geknetet wird, wird kaltes Fett in kleinen Flöckchen unter die Teigzutaten gearbeitet.
8. Das Ei in eine Tasse aufschlagen. So kann geprüft werden, ob es frisch ist.

❶

❷

### Verarbeitung mit den Händen

1. Mehl und Backpulver mischen und auf eine Arbeitsfläche sieben. In die Mitte eine Vertiefung drücken.
2. Zucker, Vanillin-Zucker, Gewürze, Ei und, je nach Rezept, Flüssigkeit hineingeben und mit einem Teil des Mehls mit einer Gabel zu einem dicken Brei verarbeiten.
3. Das in Flöckchen geschnittene kalte Fett und, je nach Rezept, die vorbereiteten Früchte daraufgeben, mit Mehl bedecken und von der Mitte aus alle Zutaten mithilfe einer Teigkarte vermengen, schnell zu einem glatten Teig verarbeiten.

### Verarbeitung mit dem Handrührgerät

1. Sämtliche Zutaten auf das gesiebte Mehl in der Rührschüssel geben ❶.
2. Zutaten erst auf niedrigster, danach auf höchster Schaltstufe mit den Knethaken des Handrührgeräts oder der Küchenmaschine zu Bröseln verkneten ❷.
3. Anschließend auf eine bemehlte Arbeitsfläche geben und mit bemehlten Händen zu einem glatten Teig verarbeiten.
4. Den Teig zu einer Rolle formen.
5. Falls der Teig klebt, ihn in Folie gewickelt 20–30 Minuten kühl stellen.
6. Den Teig auf einer von Teigresten befreiten, bemehlten Arbeitsfläche mit einem bemehlten Teigroller ausrollen. Ab und zu mit einer Palette oder einem großen Messer vorsichtig unter dem Teig herfahren, um ein Ankleben oder Reißen zu verhindern ❸.
7. Laut Rezeptanweisung weiterverarbeiten und backen.

### Tipps und Hinweise

- Nicht zu viel Mehl in den Teig einarbeiten. Sonst wird der Teig bröselig und trocken.
- Bei der Verarbeitung von Früchten diese nach Fertigstellung des Teiges unterkneten.
- Knetteige mit Vollkornmehl möglichst vor dem Ruhen in die Form geben, da sie sich leichter verarbeiten lassen, bevor die Kleie gequollen ist.
- Wird der Teig in einer Springform gebacken, ⅔ des Teiges für den Boden ausrollen und ⅓ des Teiges für den Rand zu einer Rolle formen.
- Den Teigboden in die Springform legen.
  Den Teigrand so an die Springform andrücken, dass er gleichmäßig etwa 3 cm hoch wird.
- Den Teigboden mit einer Gabel mehrmals einstechen, damit die evtl. eingearbeitete Luft entweichen kann und keine Blasen entstehen.
- Kuchenböden mit saftigem Belag evtl. etwa 5 Minuten blind (ohne Belag) vorbacken, der Teig bleibt knusprig und durchweicht nicht so leicht.
- Bei der Zubereitung von Kleingebäck jeweils nur kleine Teigstücke ausrollen, damit die mürbe Teigbeschaffenheit erhalten bleibt.
- Den Teig so ausstechen, dass möglichst wenig Teigreste entstehen. Durch öfteres Ausrollen wird jedes Mal erneut Mehl eingearbeitet; das Gebäck kann dadurch hart und fest werden.
- Gebackene Teige sofort von Form oder Blech lösen und auf einem Kuchengitter erkalten lassen.
- Kleingebäcke mit der Palette vorsichtig vom Backblech heben, damit es nicht zerbricht. Zum Auskühlen einzeln nebeneinanderlegen.

❸

# Plunderteig

## Grundrezept

375 g Weizenmehl
1 Päckchen Trocken-Backhefe oder
1 Würfel (42 g) Frischhefe
50 g Zucker
1 Päckchen Vanillin-Zucker
1 Prise Salz
1 Ei
50 g in Stücke geschnittene Butter
200 ml kalte Milch
150 g kalte Butter zum Einarbeiten

## Vorbereitung

1. Die Zutaten abwiegen. Kuchenformen, Backbleche und Geräte bereitstellen.
2. Kuchenform oder Backblech gleichmäßig einfetten.

## Verarbeitung

1. Das Mehl in eine Rührschüssel sieben und mit der Trocken-Backhefe sorgfältig vermischen (Verarbeitung mit Frischhefe siehe Grundrezept Hefeteig).
2. Alle übrigen Zutaten zum Mehl geben ❶. Für die Zubereitung von Plunderteig brauchen die Zutaten Fett und Milch nicht lauwarm zu sein. Sie werden kalt verarbeitet.
3. Alle Zutaten mit den Knethaken des Handrührgeräts oder der Küchenmaschine zunächst kurz auf niedrigster, dann auf höchster Stufe in etwa 5 Minuten zu einem glatten Teig verarbeiten.
4. Den Teig etwa 5 Minuten bei Zimmertemperatur ruhen lassen.
5. Den Teig auf einer bemehlten Arbeitsplatte zu einem Rechteck ausrollen.
6. Die Hälfte des Teiges mit in dünne Scheiben geschnittener Butter belegen ❷. Die nicht belegte Teighälfte darüberklappen und leicht mit dem Teigroller andrücken.

❶

7. Den Teig wieder zu einem Rechteck ausrollen. Von den schmalen Seiten so falten, dass die Teigkanten in der Mitte aneinanderstoßen. Den Teig zu vier Schichten zusammenklappen ❸. Den Teig etwa 15 Minuten kalt stellen. Den Vorgang drei- bis viermal wiederholen ❹. Dann laut Rezept weiterverarbeiten.

**Hinweise**

– Die Zutaten wie Milch und Fett nicht lauwarm, sondern kalt zufügen und verarbeiten.

❹

❷

❸

# Quark-Öl-Teig

## Grundrezept

300–400 g Weizenmehl
1 Päckchen Backpulver
150–200 g Speisequark (Magerstufe)
6 EL Milch
6–8 EL Pflanzenöl
75–100 g Zucker
1 Päckchen Vanillin-Zucker
evtl. 1 Ei (je nach Rezept)
1 Prise Salz
Gewürze

## Vorbereitung

1. Die Zutaten abwiegen. Formen und Geräte bereitstellen.
2. Kuchenform oder Backblech gleichmäßig einfetten.
3. Mehl und Backpulver vermischen und in eine Rührschüssel sieben ❶. Der Teig wird durch das Sieben des Mehls lockerer.
4. Wird ein Ei mitverarbeitet, dieses zuerst in eine Tasse aufschlagen und überprüfen, ob es frisch ist.
5. Sehr feuchten Magerquark zuerst in einem Küchentuch ausdrücken und danach abwiegen. Krümeligen Quark vor dem Verarbeiten durch ein Sieb streichen.

## Verarbeitung

1. Zu dem gesiebten Mehl und Backpulver die übrigen abgewogenen Zutaten geben ❷.
2. Mit den Knethaken des Handrührgeräts oder der Küchenmaschine die Zutaten auf höchster Schaltstufe etwa 1 Minute zu einem Teig verarbeiten.
3. Den Teig auf eine bemehlte Arbeitsfläche legen und mit bemehlten Händen zu einer Rolle formen, evtl. ausrollen ❸.
4. Laut Rezept weiterverarbeiten.

❶

Tipps und Hinweise
- Magerquark macht den Teig luftig und locker. Der Quark muss frisch sein, damit kein säuerlicher Geschmack entsteht.
- Das Öl bestimmt zu einem erheblichen Teil die Konsistenz des Teiges. Öl kann nicht durch andere (feste) Fettsorten ersetzt werden. Geschmacksneutrale Öle wählen.
- Die Konsistenz des Teiges ist ähnlich der des Hefeteiges, weich und elastisch.
- Falls der Teig noch an den Händen klebt, ist er zu weich. Dann vorsichtig noch etwas Mehl unterkneten.
- Beim Ausrollen des Teiges beachten, dass nicht zu viel Mehl eingearbeitet wird, damit das Gebäck nicht zu trocken wird.
- Das Gebäck schmeckt frisch gebacken am besten.

❷

❸

# Rührteig

### Grundrezept einfacher Rührteig

200 g Butter oder Margarine
200 g Zucker
1 Päckchen Vanillin-Zucker
oder abgeriebene Schale von
1 Zitrone (unbehandelt)
1 Prise Salz
4 Eier
500 g Weizenmehl oder
350 g Weizenmehl und 150 g Speisestärke
1 Päckchen Backpulver
evtl. 150 g Rosinen
evtl. 150 g Korinthen
gut 125 ml (1/8 l) Milch

### Grundrezept Sandteig

375 g weiche Butter
375 g feinkörniger Zucker oder Puderzucker
2 Päckchen Vanillin-Zucker
1 Prise Salz
6 Eier
175 g Weizenmehl
175 g Speisestärke
1 1/2 gestrichene TL Backpulver
evtl. 2 EL Rum oder Arrak

### Vorbereitung

1. Zutaten bereitstellen und abwiegen. Alle Zutaten sollten Zimmertemperatur haben.
2. Backform mit streichfähigem Fett (Butter oder Margarine, kein Öl) auspinseln, evtl. mit Semmelbröseln, Kokosflocken, gemahlenen Nüssen oder Mandeln ausstreuen. Kastenformen, aus denen sich der Kuchen schwer lösen lässt, vorher mit Pergament- oder Backpapier auslegen. Dafür den Boden der Kastenform auf dem Papier aufzeichnen ❶, die Form kippen und die Seitenlinien aufzeichnen. Den Vorgang auf allen 4 Seiten wiederholen. Die Ecken ausschneiden, Bodenlinien knicken.
3. Handrührgerät oder Küchenmaschine mit Rührbesen bereitstellen.
4. Mehl, evtl. Speisestärke und Backpulver mischen und sieben. Der Teig wird durch das Sieben lockerer.
5. Trockenfrüchte vorbereiten. Korinthen und Rosinen verlesen, Mandeln abziehen und zerkleinern.
6. Eier einzeln in eine Tasse aufschlagen und prüfen, ob sie frisch sind.

❶

❷

### Zubereitung

1. Weiches Fett (Butter oder Margarine) in eine Rührschüssel geben und mit den Rührbesen eines Handrührgeräts oder der Küchenmaschine geschmeidig rühren.
2. Zucker und Vanillin-Zucker mischen und nach und nach zu dem geschmeidig gerührten Fett geben.
3. Die Gewürze (Zitronenschale, Backöle oder Aromen) hinzufügen.
4. Eier (Eigelb) nacheinander unterrühren ❷.
   Jedes Ei etwa ½ Minute unterrühren, bevor das nächste dazugegeben wird. Die Crememasse so lange rühren, bis sich der Zucker vollkommen gelöst hat.
5. Das mit Backpulver gemischte, gesiebte Mehl unterrühren.
6. Nur so viel Milch hinzufügen, dass der Teig schwer reißend von den Rührbesen fällt. Beim Sandteig entfällt die Milch.
7. Evtl. vorbereitete Früchte vorsichtig unter den Teig rühren ❸.
8. Teig mithilfe einer Teigkarte und eines Messers in die vorbereitete Form füllen ❶ und glatt streichen.
9. Form auf dem Rost in den Backofen schieben und nach Anweisung backen.
10. Eine Garprobe mit einem Holzstäbchen machen. Wenn kein Teig mehr am Hölzchen hängen bleibt, den Kuchen aus dem Ofen nehmen und etwas ausdampfen lassen.
11. Den Kuchen aus der Form auf ein Kuchengitter stürzen.
12. Vor dem Anschneiden gut auskühlen lassen.

### Tipps und Hinweise

- Das Fett soll weich, aber nicht flüssig sein, zu weiches Fett lässt sich nicht geschmeidig schlagen.
- Feinkörnigen Zucker verwenden, er löst sich beim Rühren schneller auf.
- Sobald das Mehl untergerührt ist, den Teig nur noch kurze Zeit rühren, da sonst Blasen entstehen, die eine unregelmäßige Lockerung des Teiges verursachen.
- Bei Rezepten mit besonders vielen Eiern wird der Teig besonders locker, wenn die Eier getrennt und der Eischnee am Schluss nur untergehoben wird.

❸

❹

# Strudelteig

### Strudelteig ohne Ei

200 g Weizenmehl
1 Prise Salz
75 ml (5 EL) lauwarmes Wasser
50 ml (3 EL) Speiseöl

### Strudelteig mit Ei

250 g Weizenmehl
1 Prise Salz
1 Ei
75 ml (5 EL) lauwarmes Wasser
1 EL Speiseöl
etwas Speiseöl zum Bestreichen

### Vorbereitung

1. Alle Zutaten bereitstellen und abwiegen.
2. Das Backblech oder die Fettfangschale sorgfältig fetten.
3. Für den Strudelteig mit Ei das Ei in eine Tasse aufschlagen und prüfen, ob es frisch ist.
4. In einem Kochtopf Wasser kochen, trocknen lassen; der Topf muss heiß und trocken sein.

### Zubereitung

1. Das Mehl in eine Rührschüssel sieben, in die Mitte eine Vertiefung eindrücken ➊.
2. Salz, das Ei oder nur Salz, Wasser und Öl hineingeben.
3. Die Zutaten mit den Knethaken des Handrührgeräts oder der Küchenmaschine zunächst kurz auf niedrigster, dann auf höchster Stufe gut durcharbeiten ➋.
4. Den Teig anschließend auf der Arbeitsfläche zu einem glatten Teig verkneten.
5. Den Teig auf Pergamentpapier in den heißen, trockenen Kochtopf legen, mit einem Deckel schließen, 1/2 Stunde ruhen lassen ➌.
6. Den Teig etwas auf einem bemehlten, großen Küchentuch ausrollen, dünn mit etwas von dem Fett bestreichen.
7. Den Teig über den Handrücken zu einem Rechteck ausziehen (etwa 50 x 70 cm), bis er durchsichtig ist (das Muster des Küchentuchs muss durch den Teig sichtbar sein ➍.
8. Die Ränder, wenn sie dicker sind, abschneiden.
9. Weitere Verarbeitung wie im Rezept beschrieben.

➊

Tipps und Hinweise
- Der Teig muss sehr elastisch, darf aber nicht zu weich und klebrig sein. Deshalb evtl. noch etwas Mehl einarbeiten.
- Den Strudel vor und während dem Backen immer wieder mit Fett bestreichen; dadurch wird er saftiger.

❹

❷

❸

# Zwillingsteig

## Grundrezept für den Hefeteig

250 g Weizenmehl
1 Päckchen Trocken-Backhefe
25 g Zucker
1 Päckchen Vanillin-Zucker
1 Prise Salz
1 Ei
125 ml (1/8 l) lauwarme Milch
oder 150 g (1 Becher) Crème fraîche

## Grundrezept für den Knetteig

100 g Weizenmehl
25 g Zucker
1 Päckchen Vanillin-Zucker
1 Prise Salz
50 g Margarine oder Butter

## Zubereitung für den Hefeteig

1. Gesiebtes Mehl und Trocken-Backhefe in einer Rührschüssel sorgfältig vermischen ➊.
2. Übrige Zutaten hinzufügen.
3. Die Zutaten mit den Knethaken des Handrührgeräts oder der Küchenmaschine verarbeiten ➋; auf niedrigster Schaltstufe beginnen. Dann so lange auf höchster Schaltstufe rühren, bis der Teig glatt ist (etwa 5 Minuten).
4. Den Teig zugedeckt an einem warmen Ort gehen lassen, bis er sich sichtbar vergrößert hat (etwa 20 Minuten) ➌.

## Tipps und Hinweise

1. Beim Zwillingsteig werden Hefe- und Knetteig miteinander verarbeitet. Aus diesem Teig lassen sich »hefeähnliche« Gebäcke zubereiten wie beispielsweise Blechkuchen und Kleingebäck.
2. Zwillingsteiggebäcke haben eine etwas mürbe Beschaffenheit und sind feinporiger als Hefegebäcke.
   Der Vorteil: Zwillingsteiggebäcke halten sich länger frisch als Hefegebäcke.

➊

➋

Zubereitung für den Knetteig

1. Die Zutaten mit den Knethaken des Handrührgeräts zunächst kurz auf niedrigster, dann auf höchster Stufe gut durcharbeiten, bis ein krümeliger Teig entsteht ④, anschließend auf der Arbeitsfläche zu einem glatten Teig verkneten.
2. Den gegangenen Hefeteig aus der Schüssel nehmen, auf der Arbeitsfläche nochmals gut durchkneten, mit dem Knetteig gut verkneten ⑤.
3. Den Teig je nach Rezept in der Backform oder auf dem Backblech nochmals gehen lassen.
4. Nach Anleitung backen.

⑤

③

④

# RATGEBER

Es gilt seit altersher: Übung macht den Meister. Denn vom Himmel gefallen ist bekanntlich noch keiner. Profilieren kann sich indes nur derjenige, der bereit ist zu lernen, zu probieren und zu experimentieren, der die Tipps und Tricks der Profis kennt und sie entsprechend berücksichtigt. Und Qualität erhält nur derjenige, der von Anfang an auf Qualität setzt. Das beginnt bei der sorgfältigen Auswahl der Zutaten und endet beim Gebrauch zweckmäßiger Backgeräte. Zweifellos sind die leistungsstarken Küchenmaschinen oder die trendgerechten Backformen von heute vergleichbar mit den Heinzelmännchen von früher: stille, aber unentbehrliche Helfer, die das Gelingen selbst schwieriger Rezepte garantieren.

# BACKZUTATEN

Das A und O des Erfolgs liegt in der perfekten Vorbereitung eines jeden Unternehmens. Wenn die Grundlagen nicht stimmen, nützt die beste Idee nichts mehr. Sind die Zutaten also schon falsch gewählt, wurde an falscher Stelle gespart oder nicht auf gute Qualität geachtet, dann ist der schönste Tortentraum rasch ausgeträumt. Dabei ist die Palette hochwertiger Backzutaten heutzutage so reichhaltig wie nie zuvor. Man muss nur wissen, was wofür und wie am besten geeignet ist.

### Getreide; Speisestärke
Alle Getreidearten, ob Weizen, Roggen, Hafer oder Gerste usw., enthalten wertvolle Nähr- und Aufbaustoffe, die einen wichtigen Pfeiler unserer Nahrung bilden. Zum wichtigsten Backgetreide ist in Mitteleuropa der Weizen geworden, da er das zum Backen notwendige Klebereiweiß in ausreichender Menge enthält. Der Kleber hilft, das Gerüst aufzubauen, das notwendig ist, damit aus Teig Gebäck wird.

### Zucker
Zucker ist erst seit dem Beginn des letzten Jahrhunderts für größere Bevölkerungsschichten erschwinglich geworden, als es gelang, Zucker aus hiesigen Zuckerrüben zu gewinnen.

### Fette zum Backen
Zum Backen werden überwiegend Margarine, Butter und Pflanzenöl verwendet. Mit Ausnahme der Biskuitteige, die ihren Fettanteil durch die Eier erhalten, gibt es keinen Teig, der ohne die Zugabe von Fett zubereitet wird. Fett ist wichtig für die Teigbeschaffenheit (Konsistenz), trägt dazu bei, dass der Teig saftig und mürbe wird, und sorgt dafür, dass die verschiedenen Aromastoffe richtig zur Geltung kommen.

### Teiglockerungsmittel
Aus Teig wird erst ein Kuchen, wenn Wärme und ein Teiglockerungsmittel zusammenwirken. Üblich sind heute Backpulver, Frischhefe, Trocken-Backhefe, Hirschhornsalz, Pottasche und Sauerteig. Auch Eier sind ein wichtiges Teiglockerungsmittel. Insbesondere durch Eischnee gelangt Luft in den Teig, die sich beim Backen ausdehnt und ihn lockert.

### Anis
Stark aromatische Samenkörner mit süßlichem Aroma. Gemahlen verflüchtigt sich das Aroma sehr schnell. Deshalb besser kurz vor Gebrauch und in geringen Mengen einkaufen.

### Ahornsirup
Saft des Zuckerahorns; wird vorwiegend in Kanada und dem US-Staat Vermont gewonnen. Findet Verwendung z. B. für Backwaren (besonders Vollkorngebäck), Konfitüren und Eiszubereitung.

### Arrak
Trinkbranntwein; hergestellt aus Reis, Zuckerrohrmelasse oder zuckerhaltigen Pflanzensäften. Zum Aromatisieren für Glasuren oder Teige.

### Aprikosenkonfitüre
Backwaren mit Aprikosenkonfitüre überziehen (aprikotieren). Als Zwischenschicht auf Teige oder als Unterlage für Kuchenglasuren.

### Backaroma
Auszug aus verschiedenen Grundsubstanzen in Öl zum Aromatisieren des Gebäcks. In kleinen Fläschchen oder Beuteln gibt es die Geschmacksrichtungen Arrak, Bittermandel, Butter-Vanille, Rum, Zimt und Zitrone.

### Backpulver
Teiglockerungsmittel aus Natriumbicarbonat, einem Säureträger und einem Trennmittel. Im Teig entwickelt sich beim Backvorgang Kohlensäure, die aus dem Teig entweicht.

### Backhefe
Biologisches Triebmittel zur Teiglockerung. Als Frisch- und Trockenhefe im Handel.

### Backoblaten
Hauchdünnes Dauergebäck (rund oder viereckig) aus Mehl oder Speisestärke (ohne Backtriebmittel) hergestellt. Sie dienen als Unterlage z. B. für Makronen und Lebkuchen.

### Bittermandeln
Steinfrucht des Bittermandelbaums. Bitterer Geschmack mit Blausäuregehalt. Nur in kleinsten Mengen als geschmacksgebende Zutat verwenden.

### Erdnusskerne
Geschälte Kerne der Erdnusspflanze. Wie Nüsse und Mandeln verwenden.

### Farin-Zucker
Gelb- bis dunkelbrauner Zucker aus Zuckerablaufsirup, z. B. für Lebkuchen oder Honig.

### Hagelzucker
Grob kristallisierter Zucker zum Bestreuen von Gebäck.

❶

❷

❸

❹

❺

❻

❼

❽

### Hirschhornsalz
Chemisches Triebmittel aus Ammoniumcarbonat oder aus kohlensaurem Ammonium. Bei Temperaturen über 60 °C zerfällt es in Ammoniak, Wasser und vor allem Kohlensäure, die den Teig lockert. Besonders geeignet für flache Gebäcke wie Lebkuchen (in hohen Gebäcken kann ein Rest Ammoniak zurückbleiben). Es zersetzt sich an der Luft, deshalb in gut verschlossenen Behältern aufbewahren.

### Honig
Naturprodukt; von Bienen erzeugt als Blütennektar mit verschiedenen Geschmacksrichtungen. Flüssige bis feste, auskristallisierte Konsistenz. Besonders häufig verwendet bei der Vollkorn- und Weihnachtsbäckerei.

### Ingwer ❶
Gewürz aus dem Wurzelstock der Ingwerpflanze. Frisch, gemahlen, getrocknet, eingelegt in Sirup oder kandiert im Angebot. Stark würziger, leicht brennender Geschmack.

### Kakaopulver
Hergestellt aus Kakaopresskuchen (Pressrückstand nach Abpressen der Kakaobutter aus Kakaobohnen). Angebot von Kakaopulver mit 20 % und Kakaopulver mit 8 % Fettgehalt in der Trockenmasse. Es ist gezuckert und ungezuckert zu erhalten.

### Kardamom ❷
Getrocknete Kapselfrucht der einjährigen Kardamompflanze. Ganz oder gemahlen im Angebot. Leicht brennender, würziger Geschmack.

### Kartoffelmehl
Speisestärke aus Kartoffeln.

### Kokosraspel
Geraspeltes Fruchtfleisch der Kokosnüsse. Begrenzt lagerfähig, da ungeschwefelt im Handel erhältlich.

### Koriander
Getrocknete Früchte des Korianderstrauchs mit süßlich, aromatischem Duft. Ganz, geschrotet oder gemahlen im Angebot; u. a. sehr beliebt für Gebäck wie z. B. Gewürzkuchen, Spekulatius, Printen, Lebkuchen.

### Korinthen
Grundsätzlich ungeschwefelte, getrocknete rötlich bis violett-schwarze, kernlose Beeren, eine Abart der Weinrebe. Fruchtgeschmack und Aroma sind intensiver als bei Rosinen.

### Krokant
Aus karamellisiertem Zucker und mindestens 20 % Nüssen und Mandeln.

### Kuvertüre
Schokoladen-Überzugsmasse mit unterschiedlichen Geschmacksnuancen. Hergestellt zum Überziehen von Gebäck, auch als Zusatz für Teige, Füllungen oder Cremes geeignet.

### Mandeln
Steinfrucht des Mandelbaums. Im Handel geschält oder ungeschält, im Ganzen, gehackt, gehobelt oder gestiftelt erhältlich.

### Marzipan-Rohmasse
Vorwiegend aus süßen Mandeln und Zucker hergestellt. Geeignet für Füllungen, Teige, Konfekt oder Garnituren.

### Mehl
Zum Backen wird fast ausschließlich Weizenmehl verwendet. Mehl wird nach seinem Ausmahlungsgrad bzw. nach Höhe des unverbrennbaren Anteils in definierte Typenbezeichnungen eingeteilt. Eine niedrige Typenzahl bedeutet einen wesentlich niedrigeren Ausmahlungsgrad (z. B. normales Haushaltsmehl Type 405) als eine höhere Typenzahl (z. B. Weizenmehl Type 1050). Vollkornmehl enthält außer Ballaststoffen, Vitaminen und Mineralstoffen auch den fetthaltigen Keimling und ist deshalb empfindlich und wird schnell ranzig. Es sollte baldmöglichst verarbeitet werden. Mehl kühl und trocken aufbewahren.

### Mohn
Ölhaltige Samen der Mohnpflanze; Verwendung z. B. für Füllungen oder als Teigzusatz (ganz oder gemahlen).

### Muskatnuss ❸
Frucht des immergrünen Muskatbaums. Intensiver würziger Geschmack. Sparsam dosieren. Wird ganz oder gemahlen angeboten.

### Nelken
Kurz vor dem Aufblühen geerntete dunkelbraune Blütenknospen des Gewürznelkenbaums. Getrocknet, ganz oder gemahlen im Handel. Intensives Aroma mit kräftigem, leicht brennend-scharfem Geschmack. Sehr sparsam dosieren.

### Nougatmasse
Konzentrierte, weiche Rohmasse aus Nüssen, Zucker und Kakaoerzeugnissen; z. B. für Kuchen, Torten, Füllungen oder Garnituren.

### Nüsse
Schalenfrüchte mit einem relativ hohen Fettanteil und ausgeprägtem Geschmack je nach Sorte; z. B. für Teige, Füllungen oder Garnituren. Ganz, gehackt, gemahlen oder gehobelt im Handel.

### Orangeat
Kandierte Fruchtschale der Pomeranze. Im Handel meist gewürfelt, aber auch in halben Schalen angeboten. Wird als Teigzusatz und zum Verzieren verwendet.

**Piment ❹**
Gewürz aus den getrockneten Beeren des Nelkenpfefferbaums. Im Handel gemahlen erhältlich. Wird für Honiggebäck und Gewürzkuchen verwendet.

**Pinienkerne**
Ölhaltige Samenkerne der Pinien in den Mittelmeerländern. Im Geschmack Mandeln sehr ähnlich; z. B. für Teige, Füllungen und Garnituren.

**Pistazien**
Schalenfrucht des Pistazienbaums oder -strauchs mit hellgrüner Farbe. Im Handel meist schon entkernt erhältlich. Für Füllungen, Teige und Garnituren.

**Pottasche**
Weißes, geruchloses Salz (Kaliumcarbonat), das nur in Verbindung mit Säure den Teig lockert. Vor allem für Honigkuchen.

**Rosenwasser**
Nebenprodukt (Kondensat) bei der Gewinnung von Rosenöl. Beliebt zum Aromatisieren von Marzipan und Teigen.

**Rosinen (Sultaninen)**
Im Ursprungsland luftgetrocknete, helle oder dunkle, kernlose Beeren verschiedener Weinreben. Geschwefelt oder ungeschwefelt im Handel, z. B. für Teige, Füllungen oder Garnituren.

**Safran**
Getrocknete Blütenstempel einer Krokuspflanze des Mittelmeerraums. Stark färbend. Aromatischer, leicht bitterer Geschmack, sparsam dosieren.

**Schokolade**
Aus Kakao, Kakaobutter und Zucker hergestellt mit unterschiedlichen Geschmacksrichtungen. Wird eingesetzt: gerieben, geschmolzen oder geraspelt für Teige, Füllungen oder Garnituren.

**Sesamsaat ❺**
Samen aus den Schoten der in tropischen Ländern beheimateten Pflanze. Zum Würzen von Backwaren, Gemüse und Salaten.

**Soja**
Aus der hauptsächlich in Ostasien kultivierten Sojabohnenpflanze wird das Sojamehl gewonnen, das Gebäcken einen besonderen Geschmack gibt.

**Speisestärke**
Aus Mais oder Kartoffeln hergestelltes Bindemittel für Pudding, Saucen und Cremes. Mit Mehl vermischt zur Teigbereitung.

**Sternanis ❻**
Samenhülse des in Südchina beheimateten Würzbaums. Im Geschmack ähnlich dem Anis. Beliebt für die Weihnachtsbäckerei, aber auch für Brot, Süßspeisen, Saucen.

**Sukkade**
(Andere Bezeichnung für Zitronat.)

**Tortenguss**
Geleepulver; wird mit Wasser, Wein oder Fruchtsaft angerührt und über mit Obst belegte Tortenböden gegossen (erstarrt). Als Gelee klar oder rot im Angebot.

**Vanille ❼**
Fermentierte Kapselfrucht einer im tropischen Amerika beheimateten Kletterorchidee. Verwendet wird das ausgekratzte Mark der Schote oder die ganze klein geschnittene oder vermahlene Schote. Ausgekratzte Schoten in Zucker legen und in einem (verschlossenen) Gefäß durchziehen lassen.

**Vanillin-Zucker**
Eine Mischung aus Zucker und Vanillin. Es ist im Handel in Päckchen abgepackt erhältlich.

**Zimt ❽**
Getrocknete Innenrinde des Zimtbaums. Für die Herstellung von Gebäck ist der würzige, milde Ceylon-Zimt dem stark würzigen Kassia-Zimt (China) vorzuziehen.

**Zitronat (Sukkade)**
Kandierte Fruchtschale der Zitronat-Zitrone. Im Handel meist gewürfelt angeboten, aber auch als halbe Schale. Wird als Teigzusatz und zum Garnieren verwendet.

**Zitronen**
Saft und Schale unbehandelter Früchte zum Würzen, z. B. von Teigen, Cremes oder Füllungen.

**Zucker**
Aus Zuckerrüben oder Zuckerrohr gewonnener Rüben- oder Rohrzucker. Je nach Teig- oder Gebäckart kommt Zuckerraffinade, Rohr-, Farin-, Hagel- oder Puderzucker zur Verwendung.

BOSCH
electronic

# BACKGERÄTE

Egal ob Anfänger oder Profi, für beide gilt gleichermaßen: Ohne die richtigen Geräte geht es nicht. Kunst kommt von Können – aber dabei sollte man sich helfen lassen. Zweckmäßige Helfer sind daher niemals überflüssiger Luxus, sondern unentbehrliche Mittel zum Zweck. Schüsseln in verschiedenen Größen, eine exakte Waage, ein übersichtlich eingeteilter Messbecher, Schneebesen, Backpinsel, Sieb und Spritzbeutel sind nur sieben jener Sachen, die den späteren Erfolg ausmachen.

**Mess- und Wiegegeräte**
sind von großer Wichtigkeit, damit die Rezepturen genau nachvollzogen werden können, z. B. eine genaue Küchenwaage evtl. zum Zuwiegen und ein übersichtlich eingeteilter Messbecher.

**Rührlöffel**
(günstig mit durchlochtem Blatt) zum Rühren verschiedener Zutaten.

**Teigrädchen**
zum Ausschneiden ausgerollter Teige, die damit einen dekorativ gezackten Rand erhalten.

**Palette, Metallspachtel**
einem breiten, großen, aber stumpfen Messer ähnlich. Unter anderem zum Lösen evtl. angeklebter Teige beim Ausrollen. Eignet sich auch zum Bestreichen von Teigen mit Creme usw. oder Umsetzen von Kleingebäck oder Kuchen.

**Schneebesen**
in unterschiedlichen Größen, z. B. zum Schlagen von Sahne, Eiern und Creme bzw. zum Unterheben lockerer, empfindlicher Massen.

**Backpinsel**
zum Ausfetten von Backformen, Bestreichen von Gebäck, Auftragen von Glasuren usw.

**Teigschaber**
zum Umfüllen von Teigen aus der Rührschüssel oder zum Verstreichen von Kuchenteig in Backformen.

**Mandel-/Nussmühle**
mit verschiedenen Einsätzen.

**Kuchengitter**
zum fachgerechten Auskühlen von Gebäck (kühlt Gebäck auf Kuchenplatten aus, beginnt die Bodenunterseite zu schwitzen und wird feucht).

**Reiben**
z. B. für Zitronenschale oder Schokolade.

**Spritzbeutel**
mit verschiedenen Tüllen, z. B. zum Verzieren von Gebäck oder zum Spritzen von Teigen.

**Tortenscheibe**
aus Cromargan oder stabilem Kunststoff, z. B. zum Umsetzen von Torten oder Abheben durchgeschnittener (halbierter) Tortenböden.

**Siebe**
für Mehl, Speisestärke, Kakao oder Backpulver. Für kleinere Mengen ist das Einhand-Mehlsieb besonders zu empfehlen.

# KLASSIKER ........ 8

# HOHE SCHULE ........ 76

# SAISONALES BACKEN ..................... 170



# GRUNDTEIGE ..................... 252



# RATGEBER ..................... 274

Genehmigte Lizenzausgabe für Verlagsgruppe Weltbild GmbH,
Steinerne Furt, 86167 Augsburg

Redaktion: Jasmin Gromzik, Eva Müller, Carola Reich
Foodstyling: Alexandra Böhme, Hamburg
Innenfotos: Walter Cimbal, Hamburg
Thomas Diercks, Hamburg
Marketing Oetker, Bielefeld
Christiane Pries, Borgholzhausen
Michael Somoroff, Hamburg
Fotostudio Toelle, Bielefeld
Brigitte Wegner, Bielefeld
Bernd Wohlgemuth, Düsseldorf
Arnold Zabert, Hamburg
Text: Doris Pieper, Rheda-Wiedenbrück
Umschlaggestaltung: Atelier Seidel – Verlagsgrafik, Teising
Umschlagmotiv: Eigenarchiv Atelier Seidel, Teising (© Floortje)
Gesamtherstellung: Firmengruppe APPL, aprinta druck, Wemding
Printed in the EU
978-3-8289-1352-3

2010 2009 2008
Die letzte Jahreszahl gibt die aktuelle Lizenzausgabe an.